생활을
변화시키는
인공지능

생활을 변화시키는 인공지능

SAISHIN ZUKAI DE HAYAWAKARI JINKOCHINO GA MARUGOTO WAKARU HON
by Kazuhiro Taguchi, Ryoko Morishima Copyright ⓒ Kazuhiro Taguchi, Ryoko Mor-
ishima 2017 All rights reserved.
Korean translation copyright ⓒ 2018 by Youngjin.com.
First published in Japan by Sotechsha Co., Ltd., Tokyo
This Korean language edition is published by arrangement with Sotechsha Co., Ltd.,
Tokyo in care of Tuttle-Mori Agency, Inc., Tokyo through AMO Agency, Seoul.

ISBN 978-89-314-5953-1

독자님의 의견을 받습니다.
이 책을 구입한 독자님은 영진닷컴의 가장 중요한 비평가이자 조언가입니다. 저희 책의 장점과 문
제점이 무엇인지, 어떤 책이 출판되기를 바라는지, 책을 더욱 알차게 꾸밀 수 있는 아이디어가 있
으면 이메일, 또는 우편으로 연락주시기 바랍니다.
의견을 주실 때에는 책 제목 및 독자님의 성함과 연락처(전화번호나 이메일)를 꼭 남겨 주시기 바
랍니다. 독자님의 의견에 대해 바로 답변을 드리고, 또 독자님의 의견을 다음 책에 충분히 반영하
도록 늘 노력하겠습니다.

이메일 : support@youngjin.com
주　소 : (우)08505 서울시 금천구 가산디지털2로 123 월드메르디앙벤처센터 2차 10층 1016호
등　록 : 2007. 4. 27. 제16-4189호

STAFF
저자 다쿠치 카즈히로, 모리시마 료코 | **번역자** 양성건 | **책임** 김태경 | **진행** 김연희
디자인 및 편집 지화경 | **제작** 황장협 | **영업** 박준용 임용수 | **마케팅** 이승희 김다혜 김근주 조민영
인쇄 SJ P&B

최근 몇 년, 인공지능(Artificial Intelligence : AI)이라는 말이 뉴스나 신문, 웹 등에 자주 등장하고 있습니다. 바둑에서 이겼거나 소설을 썼다거나 혹은 인간의 일을 빼앗거나 가까운 미래에 인류를 넘어선다는 이야기까지 나오고 단순한 붐에 불과하다는 의견도 있어 이 사회에 기대와 불안과 혼란이 소용돌이치는 것 같습니다.

과도한 기대와 불안은 그 실태가 잡히지 않기 때문에 생겨납니다. 분명히 AI는 그 정의부터가 애매한 데다, 관련 기술도 복잡하고 전체를 파악하기 어렵습니다. 그래서 이 책에서는 AI의 역사부터 기초 지식, 활용 사례, 기술까지 아우르는 폭넓은 지식을 대강이나마 얻을 수 있도록 하는 것을 목표로 하였습니다.

이 책의 구성은 다음과 같습니다.

제1장 AI의 최신 동향과 기초 지식: 구글의 고양이나 알파고의 설명, AI가 가져올 사회 문제, 싱귤래리티까지 AI을 둘러싼 전체 모습과 기초 지식을 정리했습니다. **제2장** 생활에 침투한 일상의 AI: 챗봇과 가전, 금융, 제조 등 우리 생활에 맴돌고 있는 AI을 소개하고 있습니다. **제3장** 기업의 노력과 활용 사례: AI와 관련된 대표적인 기업의 동향을 소개하고 있습니다. **제4장** AI를 지원하는 기술과 구조: 딥러닝이나 기계학습 등 AI 기술에 대해서 설명하고 있습니다.

각 항목은 독립적이므로 순서대로 읽지 않아도 상관없습니다. 관심이 있는 부분부터 읽어 보세요. 처음 AI를 접하는 사람들이라도 쉽게 이해할 수 있도록 어려운 용어와 수식은 되도록 피하고 구체적인 이미지로 떠올릴 수 있는 쉬운 사례를 많이 다루고 있습니다.

책을 다 읽게 되면, 희미했던 AI의 모습이 조금 뚜렷이 보일 것입니다. 그리고 폭넓은 AI의 세계로 입문하게 되는 계기가 되었으면 좋겠습니다.

모리시마 료코

시작하며   003

제1장   # AI의 최신 동향과 기초 지식

1-1   AI 붐의 정체   008
1-2   AI 진화의 역사와 "똑똑함"의 변화   012
     COLUMN   AI의 "인간 같음"을 측정하는 튜링 테스트   016
     COLUMN   AI가 똑똑해지면 인간도 똑똑해질까?   017
1-3   "인간 vs. AI" 게임 대결의 역사   018
     COLUMN   카스파로프 패배 이후   019
     COLUMN   장기계도 제패한 AI   022
1-4   강한 AI와 약한 AI   024
     COLUMN   인간 뇌의 완전한 재현이 목표   027
1-5   사라지는 직업과 새로 생기는 직업   028
     COLUMN   AI로 인해 편해지는 일   031
1-6   AI에 의한 창작은 가능한가?   032
1-7   AI를 지금 당장 테스트할 수 있는 웹 서비스와 프로그램   037
1-8   산업 · 법률 · 윤리 · 철학 AI가 바꾸는 사회란?   042
1-9   SF는 현실로 나타날 것인가?   047
     COLUMN   도라에몽의 실현성   053
     COLUMN   심볼 그라운딩 문제   054
1-10 인류의 지능을 AI가 초월하는 싱귤래리티는?   055

제2장   # 생활에 침투한 일상의 AI

2-1   음성 어시스턴트와 챗봇   060
2-2   "추천!"이라고 말하고 있는 AI   065
     COLUMN   AI를 사용한 추천 엔진의 이용   069
2-3   방이 자동으로 청소되고 좋아하는 요리가 나오는 "스마트 가전"   070
2-4   집안 정보 기기의 사령탑 "스마트 스피커"   074
2-5   사람들을 위해 일하는 "서비스 로봇"   079

2-6 자동차 · 택시 · 버스의 "자율주행 시스템"   083

　　COLUMN 드라이브의 즐거움을 지원하는 AI   087

2-7 의료 분야에서 활약하는 "AI 닥터"   088

　　COLUMN 로봇 의사   093

2-8 스포츠계의 AI 활용   094

2-9 AI 도입이 착착 진행되는 "핀테크"   099

2-10 AI가 실현하는 4차 산업혁명 "산업 4.0"   104

2-11 AI가 바꾸는 광고의 모습   108

2-12 AI가 만드는 안전하고 쾌적한 생활 "사회 인프라"   112

　　COLUMN "남편"을 버리는 방법까지 알고 있어?

　　　　　　요코하마市의 쓰레기 선별 대응 챗봇   116

제3장　기업의 노력과 활용 사례

3-1 세계의 AI 연구를 리드하는 Google   118

　　COLUMN 분사한 자율주행 차량   121

　　COLUMN 바둑 다음에 도전하는 게임은?   123

3-2 사용자 프라이버시를 고려한 Apple의 대처   124

3-3 거인 IBM을 견인하는 왓슨   128

　　COLUMN 왓슨의 학습 방법   130

　　COLUMN 왓슨은 AI가 아니다?   131

3-4 착실하게 기초 연구를 거듭한 Microsoft   132

　　COLUMN 코타나 이름의 유래   132

　　COLUMN Microsoft Azure에 공개된 주요 API   134

3-5 방대한 사용자 데이터를 AI에서 활용하는 Facebook   136

　　COLUMN 머리로 생각만 해도 문자를 입력시키는 꿈의 디바이스   139

3-6 보이스 퍼스트를 표방하는 Amazon   140

　　COLUMN 베조스의 격문   142

3-7 천재 기업가 엘론 머스크, AI에 대한 독자적인 관점에 주목   144

　　COLUMN 엘론 머스크의 AI 위협론은 "단순한 마케팅"이라는 지적도   146

3-8 중국의 AI 분야를 리드하는 바이두   147

3-9 AI 플랫폼 Clova로 승부를 거는 LINE — 150

3-10 일본에서 톱 클래스 실적을 자랑하는 후지쯔 — 152

    COLUMN 실증 실험에서 실제 가동으로 진행되기 위한 조건 — 157

    COLUMN 딥러닝 전용 AI 프로세서 "DLU" — 157

3-11 세계 제일의 음성 인식 기술을 활용하는 NTT 그룹 — 158

3-12 AI 사업에 주력하는 소프트뱅크 그룹 — 163

3-13 미래를 내다보고 독자 연구를 진행하는 드완고 — 167

    COLUMN AI가 애니메이터가 되는 미래 — 169

3-14 AI를 이용한 API를 무료로 제공하는 리크루트 테크놀로지 — 170

3-15 프로세서 메이커 엔비디아와 인텔의 전략 — 174

    COLUMN Google도 칩을 개발 — 178

3-16 AI 스타트 업 — 179

제4장 AI를 지원하는 기술과 구조

4-1 원래 AI란 어떤 기술인가? — 184

4-2 챗봇의 구조 — 187

4-3 AI를 지탱하는 "기계 학습"이란? — 190

4-4 지도 학습과 자율 학습 — 194

4-5 강화 학습 — 197

4-6 뉴럴 네트워크 — 199

4-7 딥러닝 — 202

    COLUMN AI, 기계 학습, 딥러닝 — 204

4-8 오차역전파법과 과잉 학습 — 205

4-9 딥러닝을 실현하는 하드웨어 — 208

    COLUMN GPU의 경쟁자들 — 209

    COLUMN AI의 최신 정보를 입수하려면 — 210

주요 참고 자료 · 출처 명단 — 212

Index — 220

■ 이 책의 내용은 집필 시점의 정보이므로, 예고 없이 내용이 변경될 수 있으니 양해 바랍니다.

■ 본문에 등장하는 회사명, 상품명, 제품명 등은 일반적인 각 회사의 상표 또는 등록 상표입니다.
  본문 중에는 ®, ™ 마크는 명시되어 있지 않습니다.

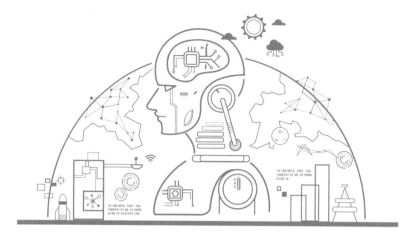

제1장

AI의 최신 동향과 기초 지식

AlphaGo, 특이점[1]…

최신 동향에서 AI의 전체 모습을 포착하다.

왜 이렇게 주목받고 있는 것일까?

AI 붐의 정체

이 책을 읽고 있는 당신은 인공지능=AI에 흥미를 갖고 있을 것입니다.
인터넷과 언론에 매일 같이 AI에 관한 정보가 떠돌아 다니고 연구하는 사람이 아니더라도
AI에 대해서 알아 두면 좋지 않을까 하는 분위기가 사회 전반에 감돌고 있습니다. 이러한
"AI 붐(Boom)"의 정체는 도대체 무엇일까요?

AI 붐이 일고 있다

최근 몇 년, 인공지능(AI)이 일반 뉴스에서도 다루어지고 있습니다. "Google이 고양이를 구별할 줄 아는 AI를 개발했다", "AI가 바둑에서 톱(Top) 바둑기사에게 승리했다"라는 화제가 빈번하게 등장하고 있고 "AI를 이용한 엄청난 일들이 가능하게 될 것 같다"라는 인식이 사회 전반에 퍼지고 있습니다.

비즈니스 세계에서

비즈니스 업계에서도 이러한 경향은 뚜렷합니다. AI 관련 세미나가 여기저기에서 열리고 있으며 "AI"라는 이름이 붙은 전시회에는 사람들이 넘쳐나고 있습니다. 디지털 전환(Digital Transformation)[2]이나 IoT와 함께 AI는 지금 가장 주목받고 있는 키워드입니다. Google이나 Amazon 같은 신흥 IT 기업뿐만 아니라 IBM이나 Microsoft 등 이전부터 있던 IT 기업도 모두 AI 관련 비즈니스에 나서고 있습니다. 또한 자율주행이나 제조 자율화, 지적 노동 자동화 및 효율화 등과 관련한 AI의 적용 범위는 자동차 회사나 의약 업계, 금융업까지 폭넓게 모든 산업에서 굉장히 열정적으로 AI를 맞이하고 있습니다.

....

1 특이점 : 인공지능이 비약적으로 발전해 인간의 지능을 뛰어넘는 기점을 말한다.(출처 : 한경 경제용어사전)
2 디지털 전환 : 디지털 기술을 사회 전반에 적용하여 전통적인 사회 구조를 혁신시키는 것(출처 : IT용어사전)

국가 전략으로서

국가 차원에서도 AI는 중요하게 여겨지고 있으며 세계 모든 나라가 국가 전략으로 지정하고 있습니다. 일본은 "일본 성장 전략" 개정판에 "IoT · Big Data · 인공지능에 의한 산업 구조 · 취업 구조 변혁의 검토"를 통해 정부 부처를 넘어 산학관[3]을 연계한 대응을 추진하고 있습니다. 산업계에서 AI를 주도하고 있는 미국에서는 AI에 관한 연구나 사회적 과제, 경제적인 임팩트(Impact)가 담긴 보고서들을 발표하였고 독일에서는 국책 "Industry 4.0"에서 AI를 중요한 사항으로 규정하고 있습니다. 중국에서는 AI 추진 행동 계획을 수립하고 1,000억 위안에 해당하는 거대한 시장 창출을 목표로 하고 있습니다.

AI 붐은 국지적인 것이 아니라 세계적인 규모로 달아오르고 있습니다.

그림 1-1-1 | 관심도가 높아지고 있는 AI

2017년 6월에 도쿄 Big Site에서 개최된 "제1회 AI · 인공지능 EXPO"는 관람자가 4만 명을 넘어 AI 분야에 대한 관심이 높아졌다는 것을 보여 주었다.

출처 Reed Exhibitions Japan (주최)보고서 http://www.ai-expo.jp/Previous-Show-Report/Previous-Show/

AI의 정체는?

이렇게까지 달아오르고 있는 AI지만, 정확히 말하자면 AI에 대해 결정된 정의는 없습니다. 사전에서 "인공지능"은 다음과 같이 설명되어 있습니다.

....

3 산학관 : industry-academy-government

"인간의 학습능력과 추론능력, 지각능력, 자연언어의 이해능력 등을 컴퓨터 프로그램으로 실현한 기술"(두산백과)

"인간의 지적 노력이 컴퓨터에서 실행되도록 하기 위한 기술, 또는 인간의 지적 노력을 수행하는 것이 가능한 컴퓨터 프로그램"(IT용어사전 바이너리)

그 뜻에는 "지능을 인공적으로 실현", "지적 노력을 실시하는 컴퓨터" 등이 있지만, 애초에 "지능"이나 "지적(知的)"의 정의가 확실하지 않기 때문에 인공지능을 정의하는 것이 쉽지 않습니다. 또한 관점에 따라 무엇을 AI로 할 것인가에 대한 인식에도 차이가 있습니다.

현재까지도 누구나가 "지능"으로 인정할 수 있을 정도의 인간 수준으로 두뇌 활동을 모두 실현하는 AI는 완성되어 있지 않습니다. 그러나 기능으로 한정한다면 인간의 능력을 초월하는 능력을 가지고 있는 AI가 완성되어 있습니다.

◌⚙ AI가 주목을 받는 이유

지적인 기능을 수행하는 컴퓨터는 지금까지도 존재해 왔습니다. 그렇다면 왜? 지금 이렇게 AI가 주목을 받고 있을까요?

그것은 지금까지 할 수 없었던 것이 급격하게 할 수 있을 것처럼 되었기 때문입니다. 원래 계산 능력 자체로는 인간은 컴퓨터에게 절대로 맞설 수 없습니다. 텍스트 데이터 검색이나 수치 계산 등에 있어서 이미 인간의 능력을 넘어선 상태입니다.

한편으로 지금까지의 AI는 자연 언어와 음성, 영상 등의 처리가 정말 미흡했습니다. 그러나 현재에는 "Google 고양이"(→ P.14)와 같이 영상을 그대로 인식할 수 있게 되었으며, 실제 서비스에도 적용되고 있습니다. 고도의 판단이 필요한 분야, 예를 들어 체스나 바둑, 이미지 인식 등에서도 AI는 인간을 능가하고 있습니다. 언어의 번역이나 이미지의 특징 추출, 복잡한 상황 판단을 수반하는 작업에서 창작까지, AI가 해낼 수 있는 "지적인 기능"의 범위는 점점 확산되고 있습니다.

AI를 단숨에 진화시킨 요인

AI 능력이 향상된 원인은 컴퓨터의 성능 향상과 딥러닝(Deep Learning) 등 AI 기술 자체의 향상, 그리고 AI 연구와 개발에 필수적인 대용량 데이터(Big Data)가 갖추어졌기 때문입니다. 현재 AI 붐의 중심이 되는 딥러닝도 기본적인 이론은 옛날부터 존재했었지만, 이러한 요소가 갖추어짐으로써 단번에 진화하였고 실용화되었습니다.

AI의 진화 역사에 대해서는 다음 섹션에서 자세히 소개하겠지만, 일반 대중에게 확산되면 AI라고 부를 수 없게 되는 "AI 이펙트(Effect)"라는 현상이 있었습니다. 그러나 이번 AI 붐은 그 현상에 꼭 들어맞지는 않은 듯합니다.

그림 1-1-2 | 사회 전반으로 확산되는 AI

AI의 진화가 사회를 크게 변화시킨다

현실 세계의 영상을 인식하고 판단하게 되었다는 것은 곧 AI가 "눈(目)"을 얻었다고 할 수 있습니다. 마찬가지로 음성 인식이라면 "귀(耳)"를 손에 넣었다는 것이죠. 지금까지 다양한 센서를 통해서 정보를 얻을 수 있었지만, 보다 실제 인간에 가까운 형태로 정보를 취득하고 처리할 수 있게 되어 가고 있습니다.

인간이 AI를 위해서 이해하기 쉬운 형식으로 정보를 정리하거나 로직(Logic)을 제공하지 않아도 스스로 동작하게 된다면 AI가 활약할 수 있는 무대는 더욱 크게 확대될 것입니다.

진화가 진행되면 더욱 가능성이 넓어질 것입니다. 거기서 인간의 일자리를 빼앗아가게 된다거나 AI가 인간 사회를 지배한다는 생각도 생겨날 수 있습니다. 'AI의 진화가 사람들의 일이나 생활, 인간 사회의 방식까지 바꿔버리게 된다'라는 이러한 미래가 진짜로 오는 것입니다.

AI는 얼마나 똑똑한 것일까?

AI 진화의 역사와
"똑똑함"의 변화

최근 몇 년간 급격하게 화제가 되고 있는 AI지만, 컴퓨터가 생겨나면서 거의 동시에 지적 활동을 실시하는 기계에 대한 연구는 지속적으로 진행되어 왔었습니다. 그리고 컴퓨터의 진화와 함께 AI의 능력도 향상되어 왔습니다. 여기에서는 AI의 역사를 설명하면서 진화=똑똑함이 만들어지는 과정에 대해서 살펴보겠습니다.

단계를 밟아 똑똑하게 된 AI

AI의 역사는 1956년 여름, 연구가들의 주장으로 개최된 "다트머스(Dartmouth) 회의"에서 시작되었습니다. 이 회의에서 처음으로 "Artificial Intelligence(인공지능)"이라는 말이 사용되고 그 후, 제1차 AI 붐으로 연결되었습니다. 붐은 사라졌다가 다시 생겨났는데 2010년경부터 지금까지 이어지는 AI 붐은 3번째에 해당됩니다.

제1차 AI 붐(1950년대 후반 1960년대)

"검색과 추론"을 컴퓨터가 할 수 있게 되면서 AI에 대한 기대가 높아졌습니다. 그러나 검색과 추론만으로는 룰(Rule)이나 목표(Goal)가 결정되어 있지 않은 과제를 해석할 수 없었고 AI의 대응 범위가 너무 좁아서 현실 세계의 과제 해결에 도움이 되지 않는다고 판단되자 열풍은 식어버렸습니다.

제2차 AI 붐(1980년대~1995년경)

제2차 AI 열풍은 "전문가 시스템(Expert system)"의 성능 향상에서 시작되었습니다. 이론 자체는 이전부터 있었지만 컴퓨터 성능이 향상되어 실용화 및 상업적인 이용이 가능하게 되었습니다. 전문가 시스템은 인간 전문가의 지식을 프로그램화한 것입니다. 그러나 지식의 축적을 인간이 해야만 하는 등의 한계를 보였으며, 1995년경부터 붐은 쇠퇴하여 갔습니다.

제3차 AI 붐(2010년경, 현재)

그리고 지금 계속하여 AI 붐이 일어났습니다. 이전의 AI 붐으로부터 현재의 제3차 붐까지의 기간 동안에 컴퓨터 업계에는 큰 변화가 있었습니다. 인터넷이 인프라처럼 되고 대량의 컴퓨터가 네트워크처럼 되어 막대한 데이터(Big Data)를 보유할 수 있게 되었으며, 컴퓨터의 성능이 향상된 것입니다. 동시에 AI 기술도 진화하면서 "딥러닝"이 등장하였습니다. 딥러닝의 기본적인 생각 자체는 이전부터 있었지만, 데이터와 컴퓨터 성능 2가지가 동시에 구비되면서 한꺼번에 꽃을 피운 것이죠. 자연어 처리 등 기존부터 이어져 온 AI 분야도 컴퓨팅 파워(Computing Power)의 향상 등에 힘입어 크게 진보하고 있습니다.

그림 1-2-1 | 인공지능의 역사

	주요 사실	주요 기술
1950년대	◆ 튜링 테스트[4](Turing test) 선언 ('50)	
	− 제1차 AI 붐 (추론과 탐색의 시대) −	
1960년대	◆ 다트머스 회의에서 인공지능이라는 단어가 처음으로 등장('56), ◆ 퍼셉트론[5](Perceptron, 인지) 개발('62) ◆ 대화형 프로그램 'ELIZA' 등장('64)	● 탐색/추론 ● 자연어 처리 ● 뉴럴 네트워크[6](Neural Network, 신경망 네트워크) ● 유전적 알고리즘
	− 암담한 시대 −	
1970년대	◆ 전문가 시스템(Expert system) MYCIN 개발('72)	● 전문가 시스템 ● 기계 학습
	− 제2차 AI 붐 (지식 획득과 표현의 시대) −	
1980년대 1990년대	◆ 제5세대 컴퓨터 계획 개시('82~'92) ◆ 지식기술인 사익 프로젝트[7](Cyc project) 개시('84) ◆ 오차역전파법[8](Backpropagation) 발표('86) ◆ 제5세대 컴퓨터 계획 종료('92) ◆ Deep Blue가 체스 챔피언에게 처음으로 승리('97)	● 지식 베이스 ● 음성 인식 ● 데이터 마이닝 ● 온톨로지(Ontology)
	− 암담한 시대 −	
2000년대	◆ 딥러닝 기술을 제창('06)	● 통계적 자연어 처리
	− 제3차 AI 붐 (기계 학습의 시대) −	
2010년대	◆ Google이 딥러닝으로 고양이 그림을 인식('12) ◆ PONANZA가 프로 기사에게 평수로 처음 승리('13) ◆ AlphaGo가 프로 바둑기사에게 승리('16)	● 딥러닝

출처 총무성 "ICT 진화가 고용과 업무 방식에 미치는 영향에 관한 조사 연구"를 참고로 만든 그림

……..

4 튜링 테스트 : 영국의 앨런 튜링의 예견에 기반하여 만들어진 인공지능의 판별 기준
5 퍼셉트론 : 학습 능력을 갖는 패턴 분류 장치(출처 : 생명과학대사전)
6 뉴럴 네트워크 : 인간의 뇌 기능을 모방한 네트워크(출처 : 두산백과)
7 사익 프로젝트 : 일반 상식을 데이터베이스화 하여 인간과 동등한 추론 시스템을 구축하는 것을 목적으로 하는 프로젝트
8 오차역전파법 : 매개 변수의 기울기를 효율적으로 계산하는 방법

✸ 딥러닝을 통해 스스로 학습하는 AI

이번 AI 붐이 단순한 붐에 그치지는 않을 것 같다 라는 말들이 많습니다. 그 이유 중에 하나는 이 책의 서두에서 몇 차례 언급했던 딥러닝의 등장 때문입니다. 자세한 설명은 4장에서 하겠지만 간단하게 말하면, "인간이 세세하게 설정하지 않아도 스스로 학습해서 똑똑하게 된다"는 기술입니다.

도대체 어디가 획기적이라는 것일까요? 지금까지의 기계 학습에서는 사람이 학습 대상이 되는 특징을 정의해야 했지만, 딥러닝은 스스로 특징을 찾아낼 수 있다 라는 점이 다릅니다. 지금까지 사람이 AI에 기준을 부여하여 학습하도록 할 수는 있었지만, 딥러닝의 등장으로 사람이 지시하지 않아도 AI 스스로 좋은 방법을 찾고 배울 수 있게 된 것입니다.

Google 고양이

2012년에 Google은 "딥러닝으로 고양이를 인식하게 된 AI"에 대한 연구를 발표하여 화제를 불러일으켰습니다. 랜덤으로 추출한 대량의 이미지를 사용하여 딥러닝을 시행한 결과 "인간 얼굴", "고양이 얼굴" 이미지에 반응하는 뉴런의 생성, 즉 AI가 "인간 얼굴", "고양이 얼굴"을 인식하게 되었다는 것입니다.

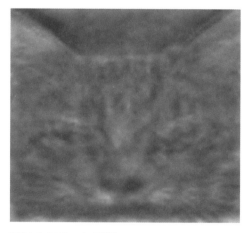

그림 1-2-2 | Google 고양이

신경세포가 가장 강하게 반응한다=AI가 "가장 고양이 얼굴 같다"라고 느끼는 이미지

출처 https://googleblog.blogspot.kr/2012/06/using-large-scale-brain-simulations-for.html

원래 특정한 무엇인가를 AI에게 인식시키고자 하는 의도는 없었으며, AI에게 제공한 대량의 이미지 데이터 중에 고양이 얼굴 사진이 많이 포함되어 있었기 때문에 AI가 알아볼 수 있게 된 "어떤 특징이 존재하는 이미지" 1개가 "고양이 얼굴"이었다는 것입니다.

기계 학습의 하나로써 "<u>자율 학습</u>"(→ P.195)이 이뤄졌다는 점이 "<u>Google 고양이</u>"의 포인트입니다.

Deep Q-Network

2015년에는 "Deep Q-Network(DQN)"이라는 AI가 불과 몇 시간 만에 컴퓨터 게임의 규칙을 발견하고 고득점을 획득하는 방법을 터득했다는 논문이 발표되었습니다. 2014년 Google이 인수, 프로 바둑기사를 이긴 알파고(AlphaGo(→P.20)) 개발로 유명한 딥마인드(DeepMind)가 만든 이 AI는 무작위로 플레이하면서 득점을 올렸을 때의 특징을 분석하고 축적함으로써 점차 높은 점수를 받는 방법을 찾아갔습니다. 이 학습 방법을 "강화 학습"이라고 부릅니다(→P.197).

DQN은 600번의 '벽돌 깨기' 게임 후에 일부분을 집중적으로 깨뜨려서 터널을 만든 후 상단 부분으로 공을 집어 넣는 방법이 효율적으로 블록을 깨뜨리는 방법이라는 것을 스스로 발견하기에 이르렀습니다. 게다가, 동일한 프로그램으로 '벽돌 깨기'뿐만이 아니라 다른 게임에도 대응할 수 있었습니다.

그림 1-2-3 | DQN의 ATARI 게임 습득

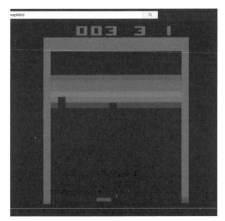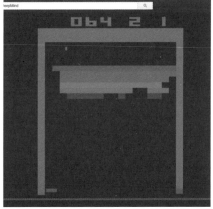

게임 시작 직후(왼쪽)와 600번 플레이 후(오른쪽). 스코어가 급격하게 향상되는 것을 알 수 있다.
출처 https://www.youtube.com/watch?v=TmPfTpjtdgg

이처럼 AI는 딥러닝으로 스스로 특징을 발견하고 진화할 수 있게 되었습니다. 앞으로 이미지뿐만이 아니라 동영상이나 음성, 더 나아가 자율적인 행동과 관측 데이터에서 특징을 추출하는 능력이 향상되면 AI의 가능성은 크게 확대될 것입니다.

⦿❖ AI의 "똑똑함"이란 무엇인가?

이전과 비교해서 AI는 점점 똑똑해지고 있습니다. 그렇다면 "똑똑함"이란 무엇일까요?

"머리가 좋은 사람들"이라고 생각할 경우 박식하다거나 머리 회전이 빠르다 등도 하나의 기준이 될 수는 있지만, 이러한 기준대로라면 기억 용량을 증설할 수 있는 고속 계산이 가능한 컴퓨터는 벌써 인간을 초월한 상태로 존재하고 있는 것입니다. 그러나 대량의 데이터가 있다고 하여도 그것만으로는 소용이 없습니다. 필요에 따라서 이러한 데이터(지식)를 사용할 수 있는 능력이 있어야 "똑똑함"이라고 말할 수 있습니다.

"똑똑함"이란 결국 **과제를 해결하는 능력**이 되지 않을까요? 퀴즈의 경우 "대답해야 할 것이 무엇인지 분석한다"는 것으로 문제를 파악하고 "그것에 대응되는 답을 찾아 대답한다"는 것으로 해결합니다.

· ▶ **COLUMN**

AI의 "인간 같음"을 측정하는 튜링 테스트

AI 능력을 판단하는 실험에 "튜링 테스트(Turing test)"가 있습니다. 사람이 대화 상대가 AI라는 것을 알아 차리는지 여부로 "인간 같음"을 판단하는 테스트입니다.

튜링 테스트 관련 콘테스트는 매년 개최되고 있으며, 2014년 6월에는 "13세 소년"이란 이름으로 영국 왕립 협회에서 열린 콩쿠르에 참가한 러시아 슈퍼 컴퓨터 "**유진 구스트만(Eugene Goostman)**"이 사상 최초의 "합격자"가 되었습니다.

그림 1-2-A | 유진 구스트만
출처 https://www.youtube.com/watch?v=hOG0VBfIJgY

튜링 테스트로 알 수 있는 것은 "의인화" 능력이기 때문에 오타를 내는 등 인간의 행동을 흉내 낼 경우 "인간 같음"으로 판단될 수 있는 등의 문제가 생깁니다. 그러나 인공지능의 능력을 측정하는 하나의 지표로서 참고가 될 것입니다.

바둑의 경우에는 커다란 과제가 "상대에게 이기는 것"입니다. 여기서의 해결 방법은 "최적의 수를 놓는다"는 것에 있지만, 대국 상대방이 한 수 놓을 때마다 상황이 점점 변화하기 때문에 최적의 수를 찾기는 매우 어렵습니다. 이처럼 AI가 어려운 과제를 해결할 수 있게 되면 될수록 똑똑하게 되었다고 말할 수 있을 것입니다.

또, 퀴즈나 게임처럼 룰이 분명히 정해진 것보다 과제나 해결 방법이 불분명하거나, "상식"을 필요로 하는 경우에는 더욱더 대응이 어려워집니다. 이른바 프레임 문제라고도 하지만, AI가 더욱 똑똑하게 되기 위해서는 피할 수 없는 문제입니다. 프레임 문제에 대해서는 뒤에서 자세히 소개합니다(➔ P.24).

COLUMN

AI가 똑똑해지면 인간도 똑똑해질까?

AI는 하드웨어 · 소프트웨어의 진화와 함께 점점 똑똑해지는데, 인간은 생물인 이상 급격한 능력의 향상은 어렵다고 할 수 있습니다. 그래서 AI를 사용하는 것이 인간의 능력을 향상시키는데 어떠한 역할을 할 수 있도록 하는 노력이 진행되고 있습니다. 예를 들면 "AI 교사"는 런던의 초등학교에서 이미 활약하고 있습니다. 각 학급 교사와 대화하는 형태로 개인 지도를 실시하는 것으로, 인도 기업 서드 스페이스 러닝(Third Space Learning)과 영국의 유니버시티 칼리지 런던(UCL)이 공동으로 개발했습니다. 또한 미국 조지아 공대에서도 AI 보조 교사를 채용하고 있습니다. 개인별 맞춤 교육을 실시할 수 있게 되어 성적이 상위권인 아이는 능력을 더욱 넓힐 수 있고 낙오자도 적어질 것입니다.

게임 분야의 톱 플레이어(Top player)가 실력을 갈고 닦기 위해 이미 AI(게임 소프트)는 필수적으로 되어가고 있습니다. 일본 장기 공식 전적 29연승을 달성한 **후지이 소우타(藤井聡太)** 4단은 "소프트웨어를 반복 사용함으로써 특정 국면에서 어느 쪽이 좋은지를 판단하는 힘을 기를 수 있었다"라고 언급했습니다. 또 AlphaGo에게 진 프로 바둑기사 이세돌 9단(➔ P.20)은 "(자신은) 이

제 전보다 강해졌다. 컴퓨터에서 새로운 아이디어를 찾았다"라고 말했습니다.

향후에는 AI를 사용하여 사람의 능력을 강화하는 것이 일반적인 현상이 될 지도 모릅니다. 참고로 엘론 머스크(Elon Musk)는 인류가 AI를 통해 스스로를 강화시킬 필요성을 이야기한 후 새로운 회사를 설립하였습니다(➔ P.145).

그림 1-2-B | UCL 프로젝트에서 개발된 AI 시스템과 대화하는 학생
출처 http://www.ucl.ac.uk/ioe/news-events/news-pub/april-2016/New-paper-published-by-pearson-makes-the-case-for-why-we-must-take-artificial-intelligence-in-education-more-seriously

반상의 전투에 종지부가 찍히다

"인간 vs. AI" 게임 대결의 역사

컴퓨터가 탄생한 초기부터, 체스나 바둑 등의 게임을 AI에게 풀게 하는 시도는 오랫동안 계속되어 왔습니다. 그리고 딥러닝의 등장으로 마침내 "인간 vs. AI"의 싸움이 마무리되는 날이 도래하였습니다.

체스에서 AI가 인간에게 승리하기까지 걸린 기나긴 길

컴퓨터 성능 향상과 컴퓨터 게임의 발전은 항상 나란히 진행되어 왔습니다. 1949년에는 벨 연구소의 클로드 섀넌(Claude Elwood Shannon)이 "Programming a Computer for Playing Chess(체스를 위한 컴퓨터 프로그래밍)"을 집필하였습니다. 거기에는 말(馬)이 지니는 가치나 움직임의 가치를 수치화하는 "평가 함수", 앞의 수를 읽어가는 "게임 트리(Game tree) 탐색"에 대해서 언급하고 있으며 그 뒤에 나오는 체스프로그램의 원형이 되었습니다. 1951년에 앨런 튜링(Alan Turing)에 의해서 알고리즘이 고안되었지만 당시의 컴퓨터는 성능이 부족하여 프로그램이 동작하게 되기까지 그로부터 5년의 세월이 필요했습니다.

그 후, 컴퓨터의 능력이 향상되면서 체스 프로그램도 점점 강해졌고 1997년 5월에는 IBM의 "딥블루(Deep Blue)"가 당시의 체스 챔피언 가리 카스파로프(Garry Kasparov)에게 승리하였습니다.

그림 1-3-1 | 체스에서 인간과 AI의 싸움

1997년 딥블루가 인간 챔피언에게 첫 승
출처 acworks "체스 40" photoAC

딥블루는 당시 최고 수준의 하드웨어를 사용하여 카네기 대학 OB가 중심이 되어 개발한 소프트웨어를 탑재한 체스 전용 컴퓨터입니다. 카스파로프 또한 13세에 소련 대표로 선발된 체스의 천재입니다. 바야흐로 톱 기사끼리의 대결은 1997년 이전에도 2차례 열렸으며, 모두 카스파로프가 승리했지만 현재는 결국 인간이 패배하는 시점이 오게 되었습니다.

참고로 오셀로와 체커 등 다른 보드게임에서도 1990년대 중반에 AI가 챔피언을 꺾었고 일정 조건 하에서는 AI가 인간의 능력을 넘어서는 것이 가능하게 되어버린 시대라고 말할 수 있습니다.

•• ▶ COLUMN

카스파로프 패배 이후

카스파로프가 컴퓨터에 패배했다는 소식은 당시 큰 화제를 불러일으켰습니다. 카스파로프가 이전부터 "컴퓨터에는 결코 지지 않는다"라고 호언했으며 컴퓨터를 의식한 나머지 평소에는 잘 사용하지 않던 함정수(트리키, Tricky)를 이용한 것 등도 세간의 관심을 불러 모았습니다.

그리고 대결이 있었던 후로부터 15년 후 딥블루의 승리는 프로그램의 버그로 인한 것이라고 개발자가 밝혀 다시 화제가 되었습니다. 아주 세련된 한 수라고 보여졌던 것이 사실은 다음 수를 선택할 수 없었기 때문에 랜덤으로 두었을 뿐이라는 것입니다. 이것은 결과는 좋게 나왔지만, AI에는 버그가 포함될 가능성이 있고 언젠간 넘어질지도 모른다는 것을 생각해야만 한다는 문제로 남았습니다.

카스파로프는 2005년에 은퇴한 뒤 정계로 진출하였습니다. 체스를 통해 익히게 된, 전략적으로 생각하는 능력을 이번에는 정치에 활용하기로 결심하였습니다.

최근에는 인공지능에 대한 서적 "Deep Thinking"을 집필하였고 그 안에는 딥블루와의 대결에 대해서도 언급하고 있습니다. 해당 서적에 의하면 카스파로프는 인공지능에 대한 긍정적인 생각을 가지고 있는 것 같습니다.

그림 1-3-A ㅣ 카스파로프와 "Deep Thinking"

카스파로프의 공식 웹 사이트. 메인 페이지에는 저서 "Deep Thinking"이 소개되면서 음성 인터뷰가 공개되고 있다.

출처 http://www.kasparov.com/

바둑 규칙을 모르는 상태에서 프로 기사에게 승리한 알파고

체스에서 AI의 승리는 세계에 충격을 주었습니다. 그리고 약 20년 후 다시 인간 vs. AI의 대결이 각광을 받게 되었습니다.

2016년 3월 Google의 "알파고"는 "바둑의 마왕"이라고 불려지는 세계 최정상 기사인 이세돌과 5번 승부를 가져 4승 1패로 승리했습니다. 세계적인 대국이 일어나기 전의 대체적인 예상은 이세돌의 우세였으나 결과는 뒤집혀졌습니다.

그림 1-3-2 | 알파고와의 대국 후 기자 회견에 응하는 이세돌

출처 https://www.youtube.com/watch?v=mzpW10DPHeQ&t=22529s

알파고가 지금까지의 게임 AI와 다른 점은 알파고 자체적으로 바둑 규칙을 가르치지 않고 과거의 기보를 이용한 지도 학습과 알파고끼리 대국을 하여 능력을 강화하는 강화 학습을 조합한 딥러닝을 통해 성능을 올린 점입니다. 알파고를 개발한 팀은 원래 딥마인드라는 별도의 기업으로서, 앞에서 설명한 DQN(→ P.15)으로 일약 유명하게 되었고 그 후 Google에 인수되었으며, 알파고의 성공으로 더욱 그 이름이 알려지게 되었습니다.

압승 그리고 은퇴

알파고는 인간이 만들어 놓은 논리에 따라서 수를 결정하는 것은 아닙니다. 딥러닝의 결과로 만들어진 모델을 따라서 바둑을 두고 있는 것이기 때문에 왜 이 수를 선택했는지 나중에 인간이 이해하는 것은 불가능합니다. 이 대국에서 또한 프로 기사도 알기 어려운 수를 알파고가 선택하였습니다. 초반에는 알파고가 열세라고 보여졌음에도 나중에 알고 나면 판세는 역전되어 있었습니다.

그 뒤 딥마인드는 2017년 5월에 현역 최강 기사로 불리는 **커제**와 3번기 승부를 치르며 완승을 거두었습니다. 그리고 알파고는 바둑에서 은퇴를 발표하였습니다.

룰 조차 가르치지 않아도, 딥러닝을 통해 강화할 수 있다는 것이 증명되었다는 것은 앞으로 다른 분야에서도 비슷한 방식을 적용할 수 있게 된 것을 의미합니다. 이제, 보드게임 세계에서 AI와 인간의 승부는 끝나 버렸다고 할 수 있을지도 모릅니다.

그림 1-3-3 | 알파고 간의 학습

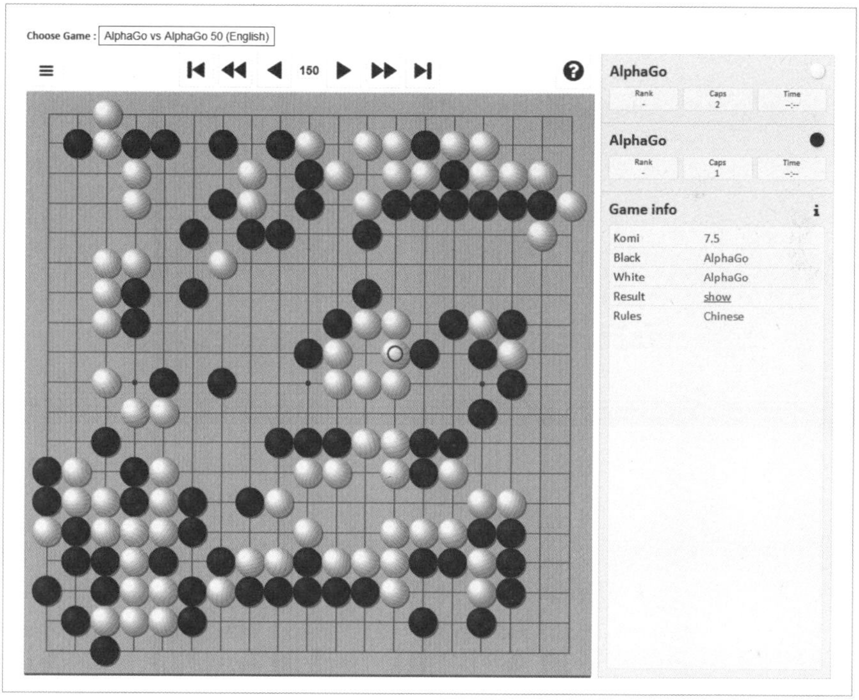

딥마인드 사이트에서 알파고끼리 대전시킨 50국 기보를 볼 수 있다.

출처 https://deepmind.com/research/alphago/alphago-vs-alphago-self-play-games/

장기계도 제패한 AI

체스와 비슷한 게임으로 장기가 있습니다. 일본에서는 메이저 게임이지만 해외에는 별로 보급되지 않은 상태로, 장기 AI는 주로 일본에서 개발되어 왔습니다.

체스와 비교했을 경우 잡은 말을 자기의 말로 사용할 수 있기 때문에 선수를 읽기 어렵고 AI가 인간에게 승리하기 어려울 것이라고 과거에는 알려졌었지만, 장기 또한 이제 인간이 대적할 수 없는 영역으로 되어가고 있는 중입니다.

프로 기사와 AI의 대결로는 일본 장기 연맹과 드완고(Dwango)社 공동 주최 "**전왕전(電王戦)**(2015년까지 장기 전왕전(将棋電王戦))"이 유명합니다. 장기계는 오랫동안 AI와의 대전에 소극적이었지만, 이 대회가 시작될 때부터 서서히 변화가 나타나서 2016년 이후로는 마침내 정상급 기사와 AI의 1대1 직접 대국이 성사되었습니다. 또한 2017년에는 **하부 요시하루(羽生善治)** 9단과 AI와의 대국이 기대되었지만 예선에서 **사토 아마히코(佐藤天彦)** 9단에 패배하여 실현되지 않았습니다. 2016년, 2017년 모두 장기 소프트웨어 "포난자(PONANZA)"가 프로 기사에게 승리하였습니다.

2012년부터 룰을 바꾸면서 계속 진행했었지만 "역사적 역할은 끝났다"라고 판단되어 2017년을 기점으로 인간과 AI와의 대결은 끝나게 되었습니다. 또한 하부 요시하루 9단은 저서 "인공지능의 핵심(NHK출판사 발행)"에서 "(컴퓨터와 장기를 두는 것은) 사람과 장기를 두는 것보다 시시하다라고 하는데, 저뿐만이 아니라 일반적으로 모두 그렇게 생각할 것입니다"라고 말했습니다. 장기를 두는 즐거움은 역시 사람끼리 인격을 가지고 대전하는 것에 있는 것 같습니다.

그림 1-3-B I 전왕전 웹 사이트
대국 현장은 '니코니코 생중계'에서 라이브로 전달됨
출처 http://denou.jp/2017/

⬡ 불완전 정보 게임에 대한 도전

체스나 바둑 그리고 장기 등은 상대도, 나도 갖고 있는 정보가 동일한 "**완전 정보용 게임**"입니다. 이 분야에서 AI는 거의 인간을 능가했다고 봐도 좋을 것입니다.

다음으로 AI가 도전하고 있는 것은 "**불완전 정보용 게임**"입니다.

2017년에 들어 포커에서 AI가 인간의 정상급 플레이어를 꺾었다는 소식이 계속 들려왔습니다. 포커는 운이 뒤엉키면서 상대와의 줄다리기가 승패를 결정하는 복잡한 게임입니다.

1월에는 카네기 멜론 대학(CMU)이 개발한 **"리브라투스(Libratus)"**가 프로 포커 플레이어 4명을 이겼습니다. 그리고 5월에는 캐나다 앨버타(Alberta) 대학을 거점으로 한 연구진이 개발한 **"딥스택(DeepStack)"**이 4만 5천 번의 경기 결과 11명의 프로 포커 플레이어 중 10명에게 승리했다는 논문이 사이언스지에 발표되었습니다.

리브라투스는 1조 번 자기와의 대결을 통해 능력을 키운 뒤 사람과의 대결에 도전하였으며, 게다가 단 몇 일간의 대전 기간에도 당일 대결 결과를 토대로 전략을 수정하여 다시 전략을 세웠습니다. 그 결과 후반에는 인간에게 큰 차이로 승리하게 되었습니다. 또한 딥스택은 딥러닝을 통해 포커의 다양한 국면을 학습하고 인간의 직관과 비슷한 판단 기준을 익힘으로써 승률을 높일 수 있었습니다.

불완전 정보용 게임에서는 한정된 정보를 바탕으로 전략을 세우고 최적의 수를 도출하는 것이 필요합니다. 이러한 게임에서 AI의 승리는 매우 큰 의미를 갖습니다. 왜냐하면 현실 사회에서는 불완전한 정보를 바탕으로 결정해야 할 일들이 많기 때문입니다. AI의 능력 향상은 경영과 정치, 외교, 군사, 전략 등 현실상의 여러 가지 문제 해결에도 도움이 될 수 있게 될 것입니다.

그림 1-3-4 | Poker를 하는 AI

딥스택과 인간의 대결 장면

출처 https://www.youtube.com/watch?v=rYWdXFXizdE

AI의 능력에 한계가 없다?

강한 AI와 약한 AI

일부 게임 세계에서는 인간을 넘어 버린 AI이지만, 그게 바로 인간을 지배하는 존재가 된다고는 생각하기 어렵습니다. AI가 진짜 "지능"을 익히기 위해서는 해결해야만 하는 문제가 있습니다. 그 벽을 넘어서야만 인간과 동등한 지능, 범용성을 가진 AI가 탄생할 수 있습니다.

⚙ 피해 갈 수 없는 프레임 문제

AI 연구의 최대 난제로 꼽히는 것이 "프레임 문제"입니다. 1969년 존 맥카시(John McCarthy)와 패트릭 헤이즈(Patrick Hayes)에 의해서 화두된 이후 계속 AI 연구가들을 괴롭히고 있습니다.

프레임 문제를 이해하기 위해서는 다음 예시를 읽어 두는 것이 도움이 될 것입니다. 존 맥카시와 패트릭 헤이즈의 논문 속에 기술되어 있는 이야기입니다.

> **과제 : 방 안에 배터리와 시한 폭탄이 든 상자가 있다. AI를 탑재한 로봇에게 배터리를 꺼내도록 명령했다.**
>
> **로봇 1호 :** 배터리를 가져온다는 과제에 집중된 결과, 폭탄도 함께 가지고 온다면 어떻게 되는지 알지 못하여 폭발하고 말았다.
>
> **로봇 2호 :** 목적 수행에 일어날 가능성을 고려하도록 로봇을 개량했다. 그러나 결국 목적을 달성하기 전에 시한 폭탄이 폭발하고 말았다. 천장은 떨어지지 않을까? 벽의 색깔이 변하지 않을까? 변화한다면 무엇이 발생하는 것일까? 등의 목적과 무관한 가능성까지 계속 생각하기 때문이었다.
>
> **로봇 3호 :** 무관한 일을 생각하지 않도록 로봇을 개량했다. 그러나 이번엔 방 앞에서 정지했다. "관계 없는 일이란 무엇일까?"를 계속 생각하고 있었기 때문이다.

"프레임 문제"는 이처럼, "뭔가를 할 때에는 어디까지 가능성을 생각하는 것이 좋을지 결정해야 하지만 그게 매우 어렵다"는 것을 말하고 있습니다. 인간은 지금까지의 경험 등으로부터 대부분의 기준을 얻지만 AI에게는 그것이 매우 어렵습니다(라고는 하지만 인간 중에도 지나치게 걱정하는 사람과 그렇지 않은 사람이라면 어디까지 가능성을 고려할 것인가의 범위가 다르기 때문에 프레임 문제는 AI에 한정된 얘기는 아닐 것입니다).

그림 1-4-1 | 프레임 문제

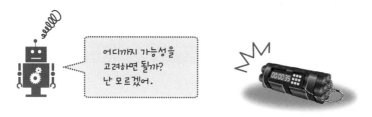

⚙️ 강한 AI, 약한 AI

AI의 능력을 이야기하는데 있어 하나 더 알려 드리고 싶은 키워드는 "강한 AI, 약한 AI"입니다. "강한 AI"는 여러 가지 일들을 대응할 수 있는 범용성을 가진 AI를 지칭하고 "약한 AI"는 한정된 범위에서 능력을 발휘하는 특화형 인공지능(Narrow AI)을 지칭합니다. 이는 철학자 존 설(John Rogers Searle)이 만들어 낸 말로, 강한 AI는 인공지능 연구가 목표로 하는 최종적인 모습과도 유사합니다.

현재는 약한 AI가 주류

현재 세계적으로 실현되고 있는 AI는 모두 약한 AI라고 해도 다름이 없습니다. 미리 정해진 범위에서는 뛰어난 능력을 발휘하지만 그 외의 것은 할 수 없습니다. 예를 들면 알파고는 바둑에서는 누구에게도 뒤지지 않는 실력을 가지고 있지만 오늘 저녁 식사 메뉴에 대해서는 제안을 할 수 없습니다. 그럼 Siri와 Alexa 등 음성 어시스턴트(→ P.60)는 어떨까요? 여러 가지 질문에 답하고 쇼핑이나 방의 온도 조절까지 하다 보니 매우 범용성이 높은 것처럼 보입니다. 그러나 이것도 음성 인식에 다른 기능을 조합하는 것으로 할 수 있는 것의 범위를 넓힌 것에 불과합니다.

그렇다고는 해도, 약한 AI가 대량으로 만들어져 나오고 그것을 필요에 따라서 선택하고 제어할 수 있는 능력을 가진 AI가 나온다면, 그것은 강한 AI와 동등한 능력을 가진 존재라고 할 수 있습니다. 가까운 미래, 실현 가능한 강한 AI의 모습은 그와 같은 것인지도 모릅니다.

범용성을 갖는 강한 AI란

그렇다면 집단에서 범용성을 갖는 강한 AI란 어떤 것일까요? 강한 AI · 범용형 인공지능이란 것을 명확하게 구별하기 위해 "AGI(Artificial General Intelligence)"라고 부르는 사람들도 있습니다. AGI를 실현한다, 즉 인간의 뇌와 동등한 기능을 갖는 AI를 실현하고자 한다면, 먼저 인간의 뇌 기능이 어떤 것인지 생각할 필요가 있습니다. 인간의 뇌는 실로 다양한 사고를 할 수 있는 존재입니다. "직관"을 이끌어 내는 뒷면에는 지금까지의 경험 외에도 감정과 신체 상황 등 다양한 요소가 관계하고 있습니다. 진정한 의미에서 "강한 AI"를 만들려고 할 때는 이것까지 고려하지 않을 수가 없습니다.

그림 1-4-2 | 강한 AI와 약한 AI의 차이

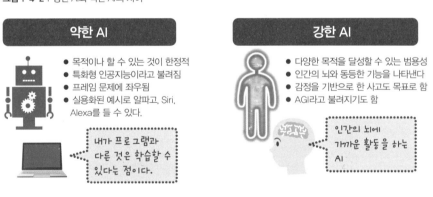

뇌 구조에 따른 AI 개발

강한 AI를 개발하기 위해 뇌 구조를 모방하는 접근법이 이루어지고 있습니다. 이전부터 "컴퓨터에서 지능을 만드는 데 실제 뇌를 흉내 낼 필요는 없다"라는 주장과 "뇌를 공부해야 한다"라는 두 가지의 의견이 있었지만 현재는 뇌 과학과 AI 연구의 접점이 증가하고 이것을 융합시켜 연구를 진행하는 방향으로 흐르고 있습니다.

지금까지도 뇌에 익숙해지는 것을 통해 AI는 발전해 왔습니다. 예를 들면 현재 AI 열풍의 핵심인 딥러닝으로 사용되는 **뉴럴 네트워크(Neural Network)(→ P.199)**라는 구조도 인간 뇌의 신경 세포 구조를 프로그램상에서 재현한 것입니다. 알파고의 개발자인 데미스 하사비스(Demis Hassabis)는 뇌 과학 연구가이기도 하며 뇌 연구 성과를 AI 개발에도 활용하고 있습니다. 이외에도 소프트뱅크의 로봇 페퍼(Pepper)에 탑재되어 있는 "감정 생성 엔진"은 인간 뇌 안의 물질과 감정의 관계를 본떠서 만들어진 시스템으로, 이처럼 많은 AI에게 뇌 구조가 도입되고 있습니다.

그러나 뇌 구조 자체가 아직 완전히 알려진 것은 아닙니다. 뇌에 대한 추가적인 연구와 AI의 발전을 함께 추진하려는 시도도 진행되고 있습니다. 뇌 기능을 인공적으로 실현하려면 소프트웨어뿐만 아니라 하드웨어도 함께하는 개발이 필요합니다. 그렇기 때문에 고성능 저전력 칩의 개발에도 힘을 쓰고 있습니다. 현재 연구를 진행하고 있는 기관에는 유럽연합(EU)의 휴먼 브레인 프로젝트(Human Brain Project)와 일본의 국립 연구개발법인 정보통신 연구기구(NICT)의 뇌 정보통신 융합 연구센터 등이 있습니다.

COLUMN

인간 뇌의 완전한 재현이 목표

범용형 인공지능을 만드는 것을 목표로 다양한 활동을 실시하는 비영리 단체가 있습니다. "**전뇌(全腦) 아키텍처, 이니셔티브(WBAI)**"는 일본 AI 연구의 일인자인 드완고(→ P.167)의 야마카와 히로시(山川宏)와 도쿄 대학의 마츠오 유타카(松尾豊)가 중심이 되어 설립된 단체로써 뇌의 각 기관의 기능을 기계 학습 모듈로 개발하고 그것들을 통합한 인지 아키텍처를 구축하고 있습니다. AI에 관심 있는 엔지니어 연구가들이 폭넓게 참여할 수 있는 연구회도 정기적으로 개최하면서 활발하게 교류가 이뤄지는 장소입니다. 발표 자료

그림 1-4-A | WBAI의 웹 사이트

Let's build a brain together.

출처 https://wba-initiative.org/

는 사이트상에 공개되어 있으며, 최신 AI 기술을 알고자 할 때 참고할 수 있습니다.

AI의 진화가 산업혁명을 일으키다

사라지는 직업과 새로 생기는 직업

기술의 진화는 산업혁명을 일으킵니다. 대부분의 업종이나 직업이 새로 생겨나고 사라지는 것도 있습니다. AI 기술의 진화로 인해 지금 제4차 산업혁명이 시작되고 있습니다. 사라지는 직업과 새롭게 생겨나는 직업은 어떤 것이 있을까요?

이미 제4차 산업혁명이 시작됐다

"인공지능으로 인간의 일자리가 없어진다" 이런 선정적인 제목을 자주 볼 수 있게 되었습니다. 그 주제로 들어가기 전에 우선 사회적인 상황을 정리해 보겠습니다.

지금 세계는 제4차 산업혁명의 가운데에 있다고 합니다. 산업혁명은 학교에서 배웠듯이, 신기술의 보급에 의해서 산업 구조가 확 바뀌는 현상입니다. 제4차 산업혁명의 원동력이 되는 기술 혁신은 AI와 빅 데이터라고 여겨집니다. 그동안의 산업혁명에서는 기계화, 정보화가 진행되어 왔지만 제4차 산업혁명에서는 더욱더 정보화가 진행되어 AI와 로봇이 활약하는 시대가 될 것이라고 보어집니다(그림 1-5-1).

그림 1-5-1 | 산업혁명의 역사

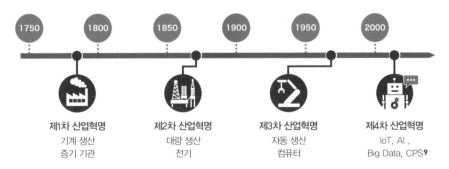

....

9 CPS : Character Per Second. 프린터의 상대적인 속도를 나타내는데 쓰였다. 현재는 모뎀의 전송률을 표시하는 데 자주 사용된다.(출처 : 컴퓨터인터넷IT용어대사전)

제4차 산업혁명에 대한 인식이 확산된 것은 독일 정부의 제조업 고도화 전략인 "Industrie 4.0(산업 4.0)"(→P.104)이 제창된 것에 따릅니다. 주로 제조업 생산이나 고장 탐지 등에 IoT 기술이나 AI를 도입함으로써 새로운 생산성 향상을 목표로 하고 있습니다.

AI로 인해 줄어드는 직업

여기서는 서두에서 얘기한 "인간의 일자리가 없어진다"에 대해 이야기해 봅시다. 세계적으로 화제를 일으킨 이 이야기의 발단은 옥스퍼드 대학의 칼 프레이(Carl B. Frey)가 2013년에 발표한 논문입니다. 그 내용은 "미국의 전체 직업 가운데 47%에 해당하는 직종이 장차 기계로 대체된다"라고 하는 것이었습니다. 구체적인 직종도 제시되었는데 제조업의 공장 노동자 등 단순 노동자뿐만이 아니라 이른바 화이트 칼라 직종도 많이 포함되어 있었기 때문에 충격적으로 받아들여졌습니다. 예를 들면 보험업계의 사정 담당자나 부동산 브로커, 회계사 등의 지적 노동자는 그 동안 자동화가 불가능하다고 생각되어 왔지만, "AI가 인간을 대신하여 할 수 있는" 직종이라고 판단되었던 것입니다.

국제적인 기관인 세계 경제 포럼 보고서에서도 사무원의 일자리 수가 크게 줄어들 것이라는 예상이 나오고 있습니다.

그림 1-5-2 | 2015년부터 2020년까지 일자리 수 감소가 예상되는 직종

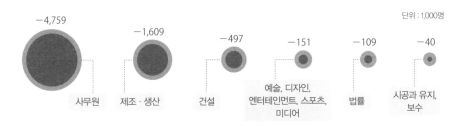

단위 : 1,000명

−4,759 사무원
−1,609 제조 · 생산
−497 건설
−151 예술, 디자인, 엔터테인먼트, 스포츠, 미디어
−109 법률
−40 시공과 유지, 보수

대상국 : 오스트레일리아, 브라질, 중국, 프랑스, 독일, 인도, 이탈리아, 일본, 멕시코, 남아프리카, 터키, 영국, 미국
출처 세계 경제 포럼의 레포트 "일의 미래"(http://reports.weforum.org/future-of-jobs-2016/)를 참고

AI가 대부분의 업종에서 사용될 경우 무슨 일이 일어날 것인지 생각해 봅시다. 자율주행이나 무인 레지스터(Register)[10]가 실현되면 운전사와 배달원, 점원의 수는 감소할 것입니다. 금융 거래의 자동화 및 자산 운용, 기업의 사무 작업도 AI로 상당 부분은 자동화될 것입니다. AI가 어떠한 업무를 대체할 수 있는지, 그것을 생각하면 줄어드는 직업이 어떤 직업인지 상상할 수 있습니다.

◌֎ 새로 생겨나는 직업, 증가하는 직업

한편, 새로 생겨나는 직업과 수요가 증가하는 직업도 있습니다. AI가 증가한다는 것은 곧 그 AI를 만들어 내는 사람이 필요하다는 것입니다. AI는 스스로 생겨나는 것은 아닙니다. 미래에는 AI가 AI를 만들어 내는 시대도 올지 모르지만, 일단 사람이 AI 기술을 사용하는 시스템을 만들어 내야 합니다. AI에게 필수적인 데이터를 취급하는 직업의 수요도 늘어날 겁니다. 이미 데이터 과학자와 데이터 애널리스트의 인재 부족은 심각한 상태이며 높은 스킬(Skill)을 가진 사람은 곳곳에서 대박을 터뜨리고 있습니다.

게다가 새로운 직업도 생겨날 것입니다. 앞에서 언급한 세계 경제 포럼 보고서는 "오늘 초등학교에 입학하는 어린이의 65%가 최종적으로 아직은 세상에 없는 전혀 새로운 고용 형태를 접하게 된다"라고 기술하고 있습니다. 분명히 10년 전의 직업을 생각하면 우리의 생활은 큰 변화를 거듭하고 있습니다. 스마트 폰의 폭발적인 보급을 예상했던 사람은 거의 없었을 겁니다.

또한, 지금 존재하는 직업도 변화할 것으로 판단됩니다. 좁은 범위에 특화된 일은 AI가 해낼 수 있게 되므로 인간에게는 보다 복잡한 판단을 하는 역할이 요구될 것입니다. 또한 사람과 사람 간의 관계가 아니면 의미가 없는 직업도 살아남을 것입니다. 한 AI 기술자는 "사과하는 일은 인간이 아니면 못한다"고 합니다. 앞으로의 사회인은 AI로는 대체 불가능한 커뮤니케이션 스킬이나 사회 기술을 향상시킬 필요가 있습니다.

....
10 Sell 자판기

그림 1-5-3 | AI는 새로운 직업도 만든다

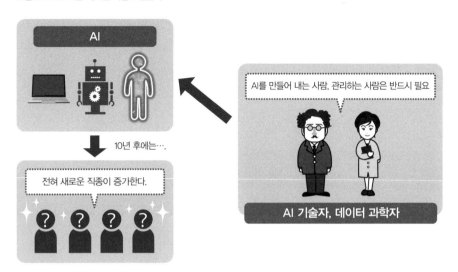

"AI가 일자리를 빼앗는다"라고 하면 부정적으로 느껴지지만, 노동 인구가 급격히 감소하고 있으며 앞으로 노동자가 부족할 가능성이 크기 때문에 AI를 통해 부족한 부분을 보완한다면 오히려 환영할 만한 일이라고 생각하는 것이 좋습니다. 지금은 범용성을 갖지 못하는 "약한 AI"(➡ P.25)에 의해 지엽적인 자동화가 시작된 단계여서 아직은 인간의 직업이 박탈되는 단계에는 이르지 못했습니다. 다만 단순 작업의 자동화는 급격히 진행될 가능성이 있으니 자신이 하고 있는 일에 대한 자동화 가능성이 얼마큼인지 생각하고 준비하는 것이 좋을 것입니다.

·· **COLUMN**

AI로 인해 편해지는 일

AI가 일을 빼앗는 것이 아니라 사람의 일을 편하게 해 준다고 긍정적으로 생각할 수도 있습니다. 선거 속보 및 결산 결과의 요약 등 정형적인 글이 많은 리포트 기사를 작성해 주는 "AI 기자"는 미국 신문사 워싱턴 포스트, 일본 경제 신문사에서 실제 사용되고 있습니다. 또한 변호사의 오른 팔로써 과거의 판례에서 유사 안건을 체크하거나 번역의 초벌 번역을 하는 등 유능한 도우미로서 이미 활약하고 있습니다.

그림에서 음악, 소설까지

AI에 의한 창작은 가능한가?

인간의 지능에는 재미를 느끼는 기분이나 아름다움에 대한 의식 등 편리함이나 효율성 등
과는 다른 가치관이 존재하고 있습니다. 지금까지 주로 생산성 향상을 목적으로 개발된 AI
가 인간에게 감동을 주는 "작품"을 만들어 내는 것이 가능할까요?

딥러닝에서 그림·음악에 대한 "작풍(作風)"을 익히다

"그림을 그리는 AI"나 "작곡을 하는 AI"는 사실 이미 실현되어 있습니다. "**그림 1-6-1**
은 AI가 그린 그림입니다."라고 말을 하면 믿겠나요? 렘브란트의 그림이라고 생각
하겠지만 이 그림은 Microsoft와 네덜란드 금융 기관 ING그룹, 델프트 공과대학과
마우리츠하이스 미술관 등에 의한 공동 프로젝트로 만들어진, 렘브란트와 동일한
능력을 가진 "AI가 그린 신작"입니다. 렘브란트의 전 작품을 스캔하고 딥러닝으로
배색이나 레이아웃의 특징 등을 추출, 얼굴 인식 알고리즘 등을 사용하여 "렘브란트
의 작풍"을 재현하는데 성공하였습니다. 단순 CG가 아니라 3D 프린터를 사용하고 유
화 도구의 융기까지 재현해 낸 작품인 것입니다.

그림 1-6-1 | AI가 그린 렘브란트의 "신작"

"The Next Rembrandt" 프로젝트로 AI가
그린 신작

출처 https://www.nextrembrandt.com/

음악 분야에서도 비슷한 일들이 현실로 나타나고 있습니다. 소니 컴퓨터 사이언스 연구소(Sony CSL)에서는 AI가 만든 비틀스 풍의 노래 "Daddy's Car"를 발표했습니다. "Flow Machines"라고 불리는 이 프로젝트에서는 리드 시트(Leed Sheet)를 등록한 데이터베이스에서 딥러닝으로 음악 스타일별 특징을 추출하고 그 특징을 가진 곡을 만들어 내는 AI를 현실화시켰습니다(그림 1-6-2).
완성된 곡은 인터넷상에서 들을 수 있습니다.

그림 1-6-2 | Flow Machines 웹 사이트

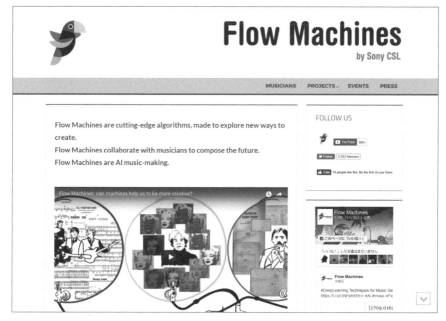

출처 http://www.flow-machines.com/

이처럼 딥러닝으로 과거의 작품을 학습하여 "○○풍의 작품"을 만들어 내는 AI는 계속 등장하고 있습니다.

오리지널 작품을 만들어 내는 것은 가능할까?

이러한 것들은 AI에 의한 "오리지널 작품"이라고 부를 수 있을까요? 학습에 필요한 데이터를 만들어 내는 것은 인간이며 그 데이터가 없으면 AI는 작품을 만들 수 있는 능력을 익힐 수 없습니다. 과거의 스타일에서 벗어나지 못하면 그것은 오리지널이라고 부를 수 없을 것입니다.

한편 인간이 만들어 내는 새로운 작품들도 과거 작품으로부터의 영향이 없이는 생기지 않는다는 말도 있습니다. 예를 들어 렘브란트만 해도 큰 틀에서 말하면 바로크 회화에 속하고 있고 이전 화가의 영향을 받고 있습니다. AI가 학습한 스타일을 그대로 재현하는 것이 아니라 새로운 요소를 첨가할 수 있다면 오리지널 작풍을 낳는 것은 가능한 것입니다.

◦⊹❖ 이야기를 만들어 내는 AI

창작 분야에는 "문학"도 있습니다. 이것은 문자 데이터로, 그림이나 음악과는 다른 능력이 필요합니다. 최종 출력이라는 부분만으로 한정한다면 컴퓨터가 능력을 발휘하는 분야이지만, 이야기를 생각하거나 문장 자체를 만들어 내는 것은 아직 어려운 상태입니다.

AI를 이용하여 소설을 만들어 내는 시도는 공립 하코다테 미라이 대학의 마쓰바라 진(松原仁)과 동료들이 함께 "일시적인 인공지능 프로젝트 작가입니다"라는 프로젝트를 진행하고 있습니다. 이 프로젝트에서는 문장 생성을 하는 AI와 스토리 생성을 하는 AI로 각각에 대한 연구가 진행되고 있습니다.

문장을 생성하는 AI의 경우 스토리 자체는 인간이 생각하고 거기에 대응하는 일본어를 AI가 선택하여 작품을 써내려 갑니다. 이러한 방법으로 작성한 2개 작품은 2016년 제3회 호시 신이치(星 新一) 상을 받아 일차적인 심사를 통과했습니다.

스토리를 생성하는 AI에 대해서는 "늑대인간 지능 소설 작성 시스템"을 개발하고 있습니다. "늑대인간"은 시민 팀(Team)과 늑대인간 팀으로 나뉘어 대화를 하면서 상대방의 정체를 알아내는 게임입니다. 이 게임을 AI끼리 겨루고 그 과정의 로그(Log)를 문장화하여 소설을 만든다는 것입니다(**그림 1-6-3**).

그러나 이러한 방법의 스토리 자동 생성만으로는 읽을거리로써 재미를 느낄 수는 없을 것입니다. 소설에는 테마(Thema)가 있고 그것이 재미의 핵심이 되기 때문입니다. 동일한 사실에 대해서도 관점에 따라 전혀 다른 이야기가 되고 이것에 따라 여러 장르가 있는 것만 보아도 분명합니다. 테마를 어떻게 만들고 표현할 것인가 하는 것은 이야기를 만드는 데 있어 커다란 과제입니다.

그림 1-6-3 | 늑대인간 게임 로그에 기반한 소설 작성을 테스트할 수 있는 페이지

出처 http://kotoba.nuee.nagoya-u.ac.jp/sc/gw2016/

✿ AI로 엔터테인먼트나 예술을 만들 수 있을까?

AI는 아름다운 그림이나 음악, 이야기까지도 만들어 내고 있지만 그 창작물이 사람을 감동시키거나 즐겁게 할 수 있느냐는 것은 다른 문제입니다.

"즐거움을 추구한다"라는 목적을 위한 AI 개발은 착착 진행되고 있습니다. 엔터테인먼트 업계의 최고봉인 Disney 연구소의 디즈니 리서치(Disney Research)에서는 청중의 반응을 판단하고 예측하는 AI 연구 성과를 속속 내놓고 있습니다(그림 1-6-4). 미국 사이먼 프레이저 대학과 공동 연구에서는 영화에 대한 관객의 반응을 얼굴 표정으로 판단하는 딥러닝을 사용하는 시스템을, 매사추세츠 보스턴 대학과 공동 연구에서는 짧게 작성된 스토리의 인기를 예측하는 AI 시스템을 구현하고 있습니다. 작품의 자동 생성과 평가가 세트(Set)화 되면 더 즐거움을 주는 작품을 자동적으로 만들어 낼 수 있을 겁니다.

그렇다면 엔터테인먼트가 아니라 예술은 어떨까요? AI가 만든 작품을 예술이라 부를 수 있는지 여부를 판단하려면 우선 예술이란 무엇인가를 생각해야 합니다. 그러나 원래 예술 작품인가 아닌가를 명확하게 정의하는 것은 매우 어려운 것입니다. 사전에는 "문예 · 그림 · 조각 · 음악 · 연극 등 독특한 표현 양식에 의해서 미를 창작, 표현하는 활동 또는 그러한 작품"이라고 나와 있습니다.

예술의 본질이 "미"의 추구에 있다고 하면, 원래 아름다움이란 무엇일까? 라는 어려운 문제에 부딪히게 됩니다. 사람이라면 "아름답다"고 느낄 수 있지만, 그것을 AI가 판단할 수 있을까요?

가능성이 있다고 한다면 "미"라는 개념을 AI가 딥러닝 등을 통해서 학습하는 방법일 것입니다. 그것이 가능하면 특정 집단에 대한 "미"를 AI가 판단할 수 있게 되고 보편적인 미와 예술을 AI가 만들 수 있게 될 가능성이 있습니다. 또한 특정 개인의 미의식을 학습한 AI도 만들 수 있을 것입니다. AI가 창작 활동을 하는 미래에는 개인이나 특정 집단에게 완전히 개인화(Personalized)된 작품이 주류가 될지도 모르겠습니다.

그림 1-6-4 | 디즈니 리서치 웹 사이트

출처 https://www.disneyresearch.com/

만들어 보고 싶은 사람은 이것으로 체험

AI를 지금 당장 테스트할 수 있는 웹 서비스와 프로그램

현재 여러 서비스와 관련되어 AI가 작동하고 있으며, 직접 AI를 체험할 수 있는 서비스를 시험해 보면 AI 기능을 실감할 수 있어서 재미있습니다. 한발 더 나아가 스스로 AI를 만들어 보고 싶은 사람에게는 무료로 도전해 볼 수 있는 환경도 준비되어 있습니다. 본격적으로 서비스 개발을 하고 싶은 경우에는 오픈 소스 라이브러리를 이용할 수 있습니다.

손으로 쓴 것에 대한 추측부터 라면 가게 식별까지, 웹 서비스의 AI

AI 연구 개발은 일취월장을 넘어서 초 단위로 변하고 있는 세계입니다. 기업뿐 아니라 개인도 모두 편승하고 있습니다. 어느 정도 개발 목표가 선 단계에서 웹상에 그 성과를 공개하는 경우도 많습니다. 사람들에게 존재를 알리려고 하거나 평가를 받으려고 하는 목적도 있지만, AI 개발이라는 순수한 이유도 있습니다. 딥러닝을 포함한 기계 학습에서는 학습 데이터를 많이 필요로 하기 때문에 많은 사람에게 시험을 받음으로써 학습 데이터를 수집할 수 있기 때문입니다.

여기서는 테스트할 수 있는 AI를 몇 가지 소개하겠습니다.

AutoDraw

Google이 제공하고 있는 AutoDraw는 웹상에서 일러스트를 그리면 무엇을 그리고자 하는지를 AI가 추측하고 프로가 그린 일러스트로 바꾸어 주는 서비스입니다(그림 1-7-1). 일러스트를 그려감에 따라 상단에 후보가 표시됩니다. Google은 이 밖에도 "AI Experiments"라는 사이트에서 다양한 AI를 이용한 서비스를 제공하고 있습니다.

MakeGirlsMoe

머리 색깔과 눈빛, 표정 등을 지정하면 AI가 미소녀 캐릭터를 만들어 줍니다(**그림 1-7-2**). 미리 준비되어 있는 것이 아니라 딥러닝을 통해 미소녀에 대한 개념을 학습한 AI가 매번 캐릭터를 만들어 냅니다. 그림을 만들어 낼 때에는 Generative Adversarial Network(GAN)라는 모델의 변형을 사용하고 있으며, 그 구조를 해설한 문서가 웹상에서 PDF로 제공되고 있습니다(https://makegirlsmoe.github.io/assets/pdf/technical_report.pdf).

그림 1-7-1 | AutoDraw

그려진 그림을 추측하여 프로가 작성한 일러스트로 변환

출처 https://www.autodraw.com/

그림 1-7-2 | MakeGirlsMoe

미소녀에 대한 개념을 학습한 AI가 캐릭터를 그려 준다.

출처 http://make.girls.moe/

라면 지로(二郎) 전체 점포 식별

일본의 간토 지방에서 젊은 사람들 중심으로 인기인 "라면 지로"라는 라면에는 (각 점포에 차이가 있는 듯 하지만) 각 점포별 특징을 딥러닝으로 학습한 AI가 공개되어 있습니다. 트위터 "@jirou_deep" 계정으로 사진을 답글(Reply)하면 어느 점포인지 대답해 줍니다. 이 AI를 개발한 도이켄지(土井賢治)는 업무로써 도로의 오류를 검출하는 시스템을 개발하고 있다고 합니다. 상세 자료는 SlideShare에 공개되어 있습니다(https://www.slideshare.net/knjcode/large-scale-jirou-classification).

그림 1-7-3 | jirou_deep

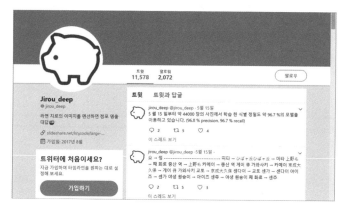

라면 지로 점포 그림을 보고 해당 점포를 찾아 준다.

출처 https://twitter.com/jirou_deep

◌⬡ 프로그래밍을 못하더라도 자신의 AI를 만들 수 있는 서비스

스스로 AI를 만들어 보고 싶다면 학습이 끝난 AI를 이용할 수 있는 API 서비스를 사용해 보면 좋을 것입니다. 학습 데이터를 스스로 준비한다면 AI를 만들어 자신만 사용하는 전용 AI로 강화할 수 있습니다. 다음에 소개하는 서비스는 무료로도 이용할 수 있습니다.

Microsoft Cognitive Toolkit

Microsoft가 제공하는 딥러닝 도구입니다. "CNTK"로 불리다가 이름을 바꾸었습니다. 자신의 컴퓨터에 설치하여 사용하는 것 외에도, 같은 회사의 클라우드 서비스 Azure(→ P.133)에서도 이용할 수 있습니다.

프로그래밍하지 않아도 웹상에서 항목을 선택하거나 데이터를 준비하는 등의 간단한 조작으로 자기만의 AI를 만들 수 있습니다. 화상 인식과 안면 인식, 자연어 문장 구조 해석 등 20개 종류 이상의 서비스가 준비되어 있습니다. **그림 1-7-4**는 제공되고 있는 서비스 중 하나인 그림 인식 "**맞춤형 비전 서비스(Custom Vision Service)**"입니다.

학습용 그림에 태그를 붙여 업로드하면 그 그림의 특징을 추출하고 그 특징이 있는 그림은 "태그 이름"으로 식별할 수 있게 됩니다.

그림 1-7-4 | 맞춤형 비전 서비스

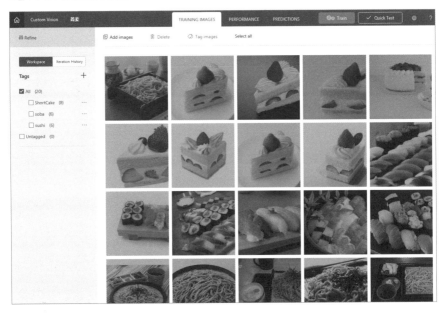

그림 인식을 간편하게 체험할 수 있다.

출처 https://azure.microsoft.com/ko-kr/services/cognitive-services/custom-vision-service/

Wit.ai

Facebook의 **자연어 처리 지원 AI 서비스**입니다. Facebook 또는 GitHub 계정으로 로그인하면 브라우저상에서 언어 학습 서비스를 이용할 수 있습니다. 말과 관련된 단어를 등록하는 것만으로 언어를 배우고 대화가 가능합니다. 만들어진 결과는 챗봇이나 모바일 앱 등과 연계하여 이용할 수 있지만, 프로그래밍 지식이 필요합니다.

❀ 오픈 소스 라이브러리가 풍부한 AI

본격적으로 AI 서비스를 개발하려면 프레임워크를 이용하는 것이 일반적입니다. 기계 학습, 딥러닝 라이브러리가 오픈 소스로 제공되고 있어 누구나 자신의 컴퓨터에서 사용할 수 있습니다. 프로그래밍이 가능한 사람이라면 꼭 시험해 보면 좋을 것입니다. 이러한 프레임워크를 사용해서 많은 AI 서비스가 개발되고 있습니다. 예를 들어, 앞에서 기술한 "MakeGirlsMoe"(→P.38)도 Chainer를 사용해서 현실화되고 있습니다.

TensorFlow

Google이 개발한 기계 학습, 딥러닝 오픈 소스 소프트웨어 라이브러리이며 세계적으로 폭넓게 사용되고 있습니다. MacOS나 Windows, Ubuntu 등의 OS에 대응하고 있습니다.

Chainer

일본 AI 벤처, Preferred Networks(→P.179)에서 공개한 뉴럴 네트워크 라이브러리(Neural Network Library)입니다. 권장 OS는 Ubuntu와 CentOS이지만, MacOS에도 설치할 수 있습니다.

Caffe

캘리포니아 대학이 제공하고 있습니다. TensorFlow, Chainer가 등장하기 이전부터 제공되고 있으며, 기계 학습 프레임워크로서 기본이 되는 존재입니다.

Neural Network Libraries by Sony

소니가 2017년 6월에 공개한 오픈 소스 딥러닝(심층 학습) 라이브러리입니다. Linux, Windows, MacOS 등에 설치 가능합니다.

여기에서 소개한 것 외에 여러 회사에서 클라우드 서비스의 일환으로 AI 개발 기능이나 API가 제공되고 있습니다. 예를 들면 Amazon의 "AWS", Google의 "Google Cloud Platform" 등에서 기계 학습 서비스를 이용할 수 있습니다. IBM의 AI 서비스 "Watson"도 "IBM 클라우드"상에서 이용할 수 있습니다. 딥러닝에는 고성능 컴퓨터가 필요하지만, 클라우드 서비스를 이용함으로써 비용을 들이지 않고 개발이 가능하다는 장점이 있습니다.

우리의 생활은 어떻게 바뀌나

산업·법률·윤리·철학
AI가 바꾸는 사회란?

AI가 세상의 여러 곳에서 사용되기 시작하면 우리의 생활이나 사회는 어떻게 달라질까요? 예상되는 변화 및 그에 따른 위험, 윤리에 대해서는 AI 연구가뿐만이 아니라 법률가나 철학자 등에게도 검토되고 있습니다. AI 보급이 인류의 미래에 있어서 유익한 것이 되게 하기 위해서는 여러 입장에서 의견을 들을 필요가 있습니다.

⬡ AI가 수행해 온 역할

자율주행과 로봇 등 AI가 화제가 되고 있지만, 이미 AI는 우리 생활 가까이에서 사용되고 있습니다. 예를 들어 스마트 폰 음성 입력, 온라인 쇼핑에 부가적인 물품에 대한 추천, 개인화된 광고 등이 AI에 의해 실현되고 있습니다. 앞으로는 생활 가전이나 제조 과정, 사회 인프라 등 모든 곳에서 AI가 사용될 것으로 예상되고 있습니다. 컴퓨터와 인터넷이 사회에 침투하는 과정과 마찬가지로 향후 서서히 AI에 의해서 사회가 변화할 것입니다**(자세한 내용은 제2장에서 설명합니다 ➡ P.59)**.

앞으로 인간과 AI의 역할 분담은 어떻게 될 것인가?

그동안의 컴퓨터 도입과 다른 점은 사람이 세세한 절차를 지정하거나 논리를 생각하지 않아도 AI에게 맡길 수 있다는 기대가 있다는 점입니다. 예를 들면 지금도 창구 업무의 대행으로써 ATM이 있지만, 입금 및 송금 등의 정해진 업무 밖에는 하지 못합니다. AI에게 기대되는 것은 직원들과 마찬가지로 고객의 다양한 요구에 대응하거나 때로는 미리 조언을 하는 것입니다. 기업의 사무적인 업무 역시 현재 IT화하며 진행하고 있지만 인간이 처리할 수밖에 없었던 복잡한 작업을 AI가 실행하도록 변하고 있습니다.

또한 대량의 데이터를 즉각 분석하거나 감정에 휘말리지 않고 정확한 판단을 하는 등 AI는 인간으로서는 대응이 불가능한 일들을 해낼 수 있습니다. 지금까지 해결하기 어려운 행정상의 문제를 타파하거나 미리 질병을 예방하고 재해·범죄에 대응하는 등의 <u>사회적 과제를 해결하는 방법</u>이 AI의 도입에 의해서 발전될 수 있다는 가능성이 생겨난 것입니다.

AI 시스템이 고도화되고 활약함에 따라 생산성이 향상되어 보다 건강하고 안전한 생활을 영위할 수 있는 사회를 실현하는 기대가 확대되고 있습니다.

그림 1-8-1 | AI가 수행한 역할의 분류

〈인간을 대행하는 업무〉

- 접수 안내
- 자동 운전
- 경리 처리
- 외국어 번역
- 보고서 작성
- 공장에서 조립 작업
- 청소
- 콜센터
- 제품 디자인/설계

〈인간에게는 불가능한 업무〉

- 개인의 기호 파악과 새로운 제안
- 신약 개발
- 질병의 조기 발견
- 집이나 거리 전체 경비
- 길거리 에너지 관리
- 사회적 문제의 해결책 제안
- AI에 의한 공격에 대응

AI의 보급이 진행되는 과정

AI가 사회에 침투한다고 해도 어느 날 갑자기 로봇 종업원이 거리에 넘쳐나는 일은 없습니다. 과거를 돌이켜 생각해 보세요. 어느새 직장에서 1인 1대 컴퓨터가 지급되고 이제는 없어서는 안 될 존재가 된 것처럼, AI도 어느샌가 보급되고 있는 중이라는 것입니다. 하드웨어의 고속화와 소프트웨어의 고도화로 AI 기술은 꾸준히 발전되어 갈 것입니다. AI의 "지능"도 급격히 향상될 것으로 전망됩니다.

거기에 한 가지 관점을 추가한다면 AI가 침투함에 따라 발생하는 변화가 보다 분명하게 보여지게 됩니다. 그것은 "AI의 네트워크화"입니다. AI의 강점 중의 하나는 네트워크화함으로써 고도화, 고속화되는 것입니다. 단일 AI로는 실현할 수 없더라도, AI끼리 연계함으로써 가능성이 무한으로 확장됩니다.

이 가능성에 대해서는 일본 총무성의 "AI 네트워크화 검토 회의"에서도 논의되고 있습니다. 거기에서는 AI에 의해 생활이 편리하게 되고 일손 부족에 도움이 될 뿐만 아니라 <u>AI가 인간의 잠재적 능력을 확장하고 최종적으로는 인간과 AI가 하나의 네트워크로 기능함으로써 고도의 세계가 실현된다고 예상</u>하고 있습니다.

그림 1-8-2 | AI의 네트워크화 진행

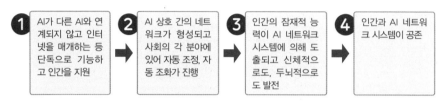

❶ AI가 다른 AI와 연계되지 않고 인터넷을 매개하는 등 단독으로 기능하고 인간을 지원 ➡ **❷** AI 상호 간의 네트워크가 형성되고 사회의 각 분야에 있어 자동 조정, 자동 조화가 진행 ➡ **❸** 인간의 잠재적 능력이 AI 네트워크 시스템에 의해 도출되고 신체적으로도, 두뇌적으로도 발전 ➡ **❹** 인간과 AI 네트워크 시스템이 공존

출처 "AI 네트워크화 검토 회의 중간 보고서"를 참고하여 만든 그림
http://www.soumu.go.jp/menu_news/s-news/01iicp01_02000049.html

❖ AI 보급이 일으키는 문제

여기까지 AI가 만들어 내는 빛나는 미래에 대해 소개하였습니다. 그러나 빛이 있으면 반드시 그림자도 있는 법입니다. AI의 실용화가 진행되면서 <u>새로운 위험들도</u> 생겨나고 있습니다.

예를 들면 다음과 같은 위험이 예상되고 있습니다.

- **보안 관련 위험** : AI 시스템에 대한 사이버 공격 등
- **정보 통신 네트워크 시스템 관련 위험** : 네트워크 문제 등에 의한 장해
- **불투명화 위험** : AI 알고리즘이 불투명화하고 인간이 제어할 수 없게 되는 공포
- **제어 상실 위험** : AI 네트워크 시스템의 폭주
- **사고 위험** : 자율주행이나 로봇에 의한 사고
- **범죄 위험** : AI의 악용, 자율형 무기가 테러에 악용
- **소비자의 권리 이익에 관한 위험** : 일부 사람의 권리 이익이 손상될 우려
- **프라이버시 · 개인 정보에 관한 위험** : 개인 정보 수집과 활용의 활성화와 불투명화, 지나친 추론
- **인간의 존엄과 개인의 자율에 관한 위험** : AI가 인간의 의사 결정에 지대한 영향을 미칠 우려
- **민주주의와 통치 기구에 관한 위험** : AI에 의한 민중 선동, 정치적인 이용에 대한 책임 소재

이러한 위험들은 기능에 관한 위험과 법 제도 · 권리 이익에 관한 위험으로 분류할 수 있습니다. AI가 고도화되고 네트워크화됨에 따라 법 제도 · 권리 이익에 관한 위험이 잠재화되어 갈 것으로 생각할 수 있습니다.

그림 1-8-3 | AI의 네트워크화 진행에 따른 위험의 출현

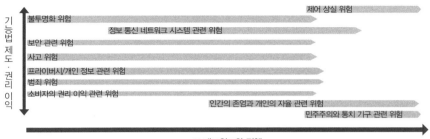

출처 "AI 네트워크화 검토 회의 중간 보고서"를 참고로 만든 그림

법 개정이나 윤리 규정 검토

AI 개발은 새로운 분야이기 때문에 현재의 법률로는 대응할 수 없거나 판단하기 어려운 일들도 나타나고 있습니다. 그러나 법 규제상에 문제점이 있는지에 대한 판단이 나오기까지는 복잡한 절차와 오랜 시간이 필요하기 때문에 이것을 기다리기에는 AI 개발 및 발전에 지장이 발생할 수 있습니다. 이러한 문제를 해소하기 위해서 일본에서는 사업마다 "기업실증특례제도" 등 특례를 두거나 규제상의 문제는 없는지 여부를 판단하는 "그레이존(Gray zone) 해소 제도"를 만들었습니다. 한국에서는 영국이나 싱가포르 등에서 이미 금융 분야를 대상으로 도입되고 있는 "규제 샌드박스(Regulatory sandbox)"라고 불리는 제도의 도입을 검토하고 있습니다. 선진적인 분야의 사업을 "사회 실험"이라고 규정한 후에 현행 법률로 규제를 유예하는 구조입니다.

또한 AI로 인하여 앞에서 얘기한 위험이 생겨날 수 있다는 것을 바탕으로 AI 개발에는 윤리 규정이 필요하다는 의식도 생겨나고 있습니다. AI와 윤리에 대해서는 국제적으로도 큰 주제가 되고 있으며, AI 연구가들뿐만이 아니라 다른 분야의 과학자나 법률가, 철학자를 포함한 다양한 입장의 지식인들에 의해서 검토가 진행되고 있습니다.

일본의 경우 총무성이 가이드 라인을 발표하고**(표 1-8-1)** 인공지능학회 윤리위원회 등에서도 검토를 진행하고 있습니다. 세계적으로는 엘론 머스크**(→ P.144)**가 활동하고 있는 비영리 단체 "생명 미래 연구소(Future of Life Institute, FLI)"가 발표한 "아

실로마 AI 원칙" 이외, IEEE(미국 전기전자학회), Google 등 IT 대기업을 중심으로 한 조직 "Partnership on AI" 등도 개발 가이드 라인이나 윤리 규정 검토를 진행하고 있습니다.

그러나 입장에 따라서 의견은 여러 가지가 있을 수 있으므로 공통된 의견을 내놓는 것에는 어려움이 따르고 있습니다. 예를 들면, 일본 총무성의 가이드 라인 책정을 위해 마련된 산관학 회의에서는 "이런 방안이라면 일본의 AI 연구 개발이 위축될 수 있다"라며 참가했던 Preferred Networks(→ P.179)가 중도 이탈하는 사태가 발생하였습니다. 그렇다고 해도 AI의 발전은 법률이나 윤리 규정이 정비되는 것을 기다려 주지 않습니다. 신중하면서도 빠른 논의를 진행하는 것이 요구되고 있습니다.

표 1-8-1 | 일본 총무성이 발표한 "AI 개발 원칙"

주로 AI 네트워크화의 건전한 발전 및 편익 증진에 관한 원칙	
❶ 연계 원칙[11]	개발자는 AI 시스템의 상호 접속성과 상호 운용성에 유의한다.
❷ 투명성 원칙	개발자는 AI 시스템 입출력 검증 가능성 및 판단 결과에 대한 설명 가능성에 유의한다.
❸ 제어 가능성 원칙	개발자는 AI 시스템의 제어 가능성에 유의한다.
❹ 안전 원칙	개발자는 AI 시스템이 작동 장치(Actuator) 등을 통해 이용자 및 제삼자의 삶·생명·신체·재산에 위해를 미치지 않도록 배려한다.
❺ 보안 원칙	개발자는 AI 시스템의 보안에 유의한다.
❻ 프라이버시 원칙	개발자는 AI 시스템에 의한 이용자 및 제삼자의 사생활이 침해당하지 않도록 배려한다.
❼ 윤리 원칙	개발자는 AI 시스템 개발에 있어 인간의 존엄과 개인의 자율을 존중한다.
이용자 등의 수용성 향상에 관한 원칙	
❽ 이용자 지원 원칙	개발자는 AI 시스템이 이용자를 지원하고 이용자에게 선택의 기회를 적절하게 제공할 수 있도록 배려한다.
❾ 책임 원칙(Accountability)	개발자는 이용자를 포함한 이해관계자(stakeholder)에 대한 책임을 다하도록 노력한다.

출처 AI 네트워크 사회 추진 회의 "보고서 2017"
http://www.soumu.go.jp/main_content/000499624.pdf를 참고로 만든 표

⋯⋯

11 연계 원칙은 AI 네트워크화의 건전한 발전을 통해서 AI 시스템의 편익을 증진하는 것을 주된 목적으로 하고 있지만, 위험 억제에 관한 여러 개발자의 대응이 서로 조화되고 효율적으로 기능하도록 하는 것도 목적에 포함된다.

영화나 소설에서 미래를 예측한다

SF는 현실로
나타날 것인가?

인간의 상상력이 없으면 기술 개발은 진행되지 않습니다. SF에서 표현되는 세계는 인간이
생각하는 미래로 가득 차 있습니다. 자동차도 텔레비전도, 휴대 전화도 예전에는 SF 세계
에서만 사용했던 것이었습니다. SF에서 그려진 AI의 모습을 찾아봄으로써 향후에 AI가 지
나가게 되는 길과 그에 따라 변화하는 세계를 살펴보겠습니다.

지금까지 현실로 나타난 SF 세계의 AI

조금 전까지도 가상으로 그려지던 물건들과 시스템이 최근 AI 기술의 진보에 의해
서 점차 현실로 나타나고 있습니다.

번역기

작품 명	가공의 기계와 시스템
스타워즈	C-3PO
스타트렉	만능 번역기 (우주 번역기)
도라에몽	통역 곤약

"스타워즈 루크 스카이 워
커의 모험" / 조지 루카스
(George Lucas) 저

SF의 단골 메뉴였던 자동 번역은 이제 실제 세계에서 실용화되어 있습니다. 최근
몇 년간 크게 진화하면서 텍스트 입력뿐만이 아니라 음성 입력, 카메라 촬영으로
즉석에서 번역이 가능하며 정확도도 크게 향상되었습니다.

Google 번역은 2016년 가을부터 딥러닝을 적용하여 번역의 질을 크게 향상시킨 것
으로 화제가 되었습니다. 그 후에도 추가적인 개선이 진행되고 있습니다.

그림 1-9-1 | Google 번역

한국어 ⇔ 영어 번역의 정확도가 대폭 향상된 일로 화제를 모음

범죄 예측

작품 명	가공의 기계와 시스템
마이너리티 리포트	범죄 예측 시스템

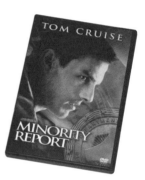

"마이너리티 리포트"(DVD)
20th Century FOX Home
Entertainment

2002년에 영화로도 만들어진 필립 K. 딕(Philip K. Dick)의 단편 소설 "마이너리티 리포트"에서는 사전에 범행을 한다고 예지된 인간을 체포하는 시스템이 그려지고 있지만, 사실 범죄 예측은 세계 각국 경찰에 이미 도입된 상태입니다.

과거의 범죄 정보와 지역 정보를 기반으로 해석하여 범죄 예측을 하는 시스템에는 프레드폴(PredPol)의 "PredPol"과 Azavea社의 "헌치랩(HunchLab)" 등이 있습니다. 범죄의 가능성이 높다고 예견된 지역의 순찰을 강화함으로써 범죄를 방지하고 있습니다. 또한 영상 분석에서 범죄로 이어지는 동작의 예측과 얼굴 인식에 의한 범죄자 검출 등도 현실에서 구현되고 있습니다.

그림 1-9-2 | 헌치랩의 데모 화면

출처 헌치랩의 YouTube 영상(https://www.youtube.com/watch?v= WRdcWkH7g0E)

요리 기계

작품 명	가공의 기계와 시스템
스타트렉	레플리케이터(replicator)

"스타트렉"에서는 분자로부터 어떤 음식이든 만들어 내는 전자레인지 같은 것이 나옵니다. 이 기계 또한 3D 프린터의 등장으로 현실로 다가오고 있습니다. 음식용 3D 프린터 "푸디니(Foodini)"는 자유로운 형태로 모양을 낸 음식을 만들어 낼 수 있습니다. 또한 개인의 식사 패턴을 분석하여 부족한 영양소를 보충하는 퍼스널 영양 드링크를 만들어 줄 수 있는 제품 "헬스 서버"도 상품화되고 있습니다.

"Star Trek The Motion Picture" / Roddenberry, Gene 저

그림 1-9-3 | 음식을 3D 프린트하는 푸디니

출처 https://www.naturalmachines.com/

그림 1-9-4 | 영양 드링크 조제기 헬스 서버

출처 https://healthserver.jp/index.html

자동 운전

작품 명	가공의 기계와 시스템
나이트 라이더	나이트 2000
Sally	샐리
공각기동대	타치코마

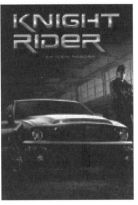

"나이트 라이더" /
미국 NBC 드라마

자율주행을 실시하는 차량도 SF 안에서 잘 묘사되어 왔습니다. 단순히 자동으로 주행하는 것만이 아니라 스스로 판단하거나 인격을 가진 것으로 그려지기도 합니다. 대부분의 운전자가 자동차를 인격이 있는 상대로 대하는 경향이 있어서인지 연인이나 좋은 파트너로서 등장하고 있습니다.

자율주행의 개발은 활발히 진행되고 있는데, 주행뿐만이 아니라 운전자가 보다 쾌적할 수 있도록 하기 위한 시도도 진행되고 있습니다. 음성 어시스턴트(Assistant)와 조합함으로써 음성만으로 음악을 틀거나 운전자의 기분에 맞는 경로를 선택할 수 있게 되었습니다. BMW나 메르세데스 벤츠, 현대, 포드 등 자동차 회사들은 아마존 알렉사(Amazon Alexa) 탑재를 검토하였고 일정 부분에서는 이미 이용할 수 있게 되었습니다. 또한 Google 음성 어시스턴트와의 연계도 동일한 형태로 진행되고 있습니다. 이 밖에 토요타 자동차는 "사람을 이해하고 함께 성장하는 파트너로서의 자동차"를 주제로 한 콘셉트 카 "Concept-사랑 i"를 발표하였습니다.

그림 1-9-5 | 토요타 자동차가 발표한 콘셉트 카 "Concept-사랑 i"

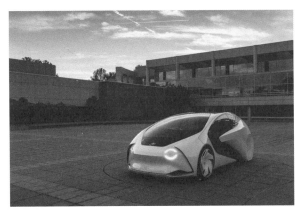

출처 http://newsroom.toyota.co.jp/
en/detail/14631005

음성 어시스턴트

작품 명	가공의 기계와 시스템
Roadmarks	악의 꽃, 풀잎

로저 젤라즈니(Roger Zelazny)의 소설 속에는 주인공
과 함께 여행을 하는 "말하는 책"인 "악의 꽃"과 "풀
잎"이 등장합니다. 인간 같은 형태는 아니지만, 인격
을 가지고 있어 위기 상황 때 주인공을 도와줍니다.
음성으로 사람과 소통할 수 있는 휴대 가능한 것이라
면 음성 어시스턴트(→ P.60)라고 할 수 있습니다.

"악의 꽃", "풀잎" 책은 실질적으로 영웅적인 존재로
취급되는데 사람의 모양을 하고 있지 않은 것에 인격
을 인정할 수 있을지는 흥미로운 문제입니다.

"Roadmarks" / 로저 젤라즈니 저

◌▧ 분석과 예측을 하는 AI의 보급

형태가 없는 AI, 컴퓨터 내의 존재로 이야기 속에서 그려지고 있는 AI 로봇을 넘어
서 대용량 데이터로부터 미래를 예측하거나 제안을 하는 다양한 AI가 이야기 속에
등장합니다.

작품 명	가공의 기계와 시스템
2001 스페이스 오디세이	HAL9000
The Two Faces of Tomorrow	HESPER, FISE

"2001 스페이스 오디세이"의 HAL9000은 영화에 등
장하는 유명한 AI 중의 하나입니다. HAL에게는 행성
탐색을 하러 가는 우주선의 제어를 하는 것과 함께 우
주선 승무원에게는 말하지 못할 비밀 임무도 부여되
었기 때문에 모순을 견디지 못하고 이상 행동을 보입
니다. 승무원에 의해 정지되어 버리면 임무를 수행할
수 없다고 판단하여 결국 반란을 일으키게 됩니다.

"2001 스페이스 오디세이"

AI 개발이나 자율주행 개발에서 만나게 되는 윤리 문제로 "기차선로 딜레마(Trolley problem)"가 있습니다. 어느 쪽으로 진입해도 죽는 사람이 나올 경우 판단을 어떻게 할 것이냐는 문제입니다. HAL이 조우한 것도 기차선로 딜레마라고 생각됩니다. AI 에게 고도의 판단을 맡기면 이 같은 문제가 빈번하게 발생할 가능성이 있습니다.

제임스 P. 호건(James Patrick Hogan)의 소설 "The Two Faces of Tomorrow"는 매사추세츠 공과대학의 AI 연구가 마빈 민스키(Marvin Lee Minsky)의 조언을 받아 쓴 하드 SF 소설입니다. 우주 개발을 추진하는 AI가 프레임 문제(→ P.24)에 빠져서 문제를 일으키거나 자기 자신을 바꾸는 AI나 드론이 등장하는 등 현실감 있는 세계가 그려져 있습니다. 이야기는 2028년 설정이지만 상당 부분 실현될 가능성이 많습니다.

○●○ 로봇이라는 몸을 가진 AI

사람 모습을 본뜬 "인조 인간"을 만들어 내는 이야기는 신화 시대부터 만들어졌고 예전부터 인간의 꿈이었습니다. 로봇이라는 말은 1920년 카렐 차페크(Karel Capek)의 희곡 "R.U.R."에서 처음 등장했습니다. 작품 속에선 로봇이 "영혼"을 가짐으로써 인간과 적대하게 되었다고 그려지고 있습니다. 그 뒤 1950년에 아이작 아시모프(Isaac Asimov)가 "아이, 로봇"에서 "로봇 공학의 3원칙(인간에게 안전성, 명령에 복종, 자기 방어)"을 로봇이 따라야 할 기준으로 제시하고 이후의 로봇 위상에 큰 영향을 주게 됩니다.

AI를 탑재한 로봇이 등장하는 작품	
R.U.R.	터미네이터
아이, 로봇	AI
도라에몽	베이맥스

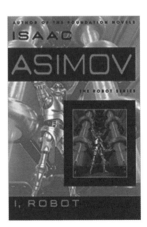

"I, Robot" /
아이작 아시모프 저

이야기 속에서 로봇은 대개 특정 용도, 노동력이나 친구, 아이의 대체 등을 위해서 개발되고 있습니다. 인간에게 도움이 되는 존재로만 묘사되기도 하지만 로봇이라는 존재로 인해 발생하는 문제를 소재로 만든 작품도 많이 제작되고 있습니다.

예를 들면 인격을 가진 AI를 어떻게 다루어야 하나, 인간이 연정을 품거나 그 반대로 AI가 인간 취급을 요구하는 등 생물이 아닌 것이 생물에 가까운 행동을 시작했을 때 단순한 기계로 다뤄도 괜찮은 것인가 하는 문제가 있습니다. 또한 인간의 로봇 의존, AI 시스템의 폭주, AI의 악용 등 앞으로 로봇이나 AI가 진화하면서 나타나게 될 것으로 예상되는 문제들이 많이 다루어지고 있습니다.

COLUMN

도라에몽의 실현성

"도라에몽"이라고 하면 '어디로든 문'이나 '대나무 헬리콥터' 등 "비밀 도구"에 주목하기 쉽지만, 도라에몽 자체도 중요한 역할을 담당하고 있습니다. 노진구 혼자서는 사차원 주머니를 잘 다룰 수 없는 것에서 보여지듯이, 도라에몽은 "노진구의 어려운 상황을 파악하고 해결책을 제시하며, 그것에 맞는 비밀 도구를 제공하는" 역할을 담당하고 있습니다. 즉, 노진구라는 주체와 주위 환경 등을 파악한 후 최적의 해답을 도출하고자 하는 고도의 기능입니다.

이는 음성 어시스턴트가 원하는 방향과 같다고 할 수 있습니다. AI의 진화에 의해서 비밀 도구에 필적하는 고도의 서비스가 실현되면 음성 어시스턴트에게 말하는 것만으로 문제를 해결할 수 있는 날이 올 것입니다. 도라에몽의 원형은 스마트 폰 안에 이미 존재하고 있습니다.

AI와 인간이 대결하는 세계

고도 정보화가 진행되는 정보 네트워크의 중요성이 커짐으로써 현실 세계와 사이버 공간이 같은 위치에 있는 세계도 SF에서는 일반적인 모티브입니다. 하나의 AI가 어디에 있는 것이 아니라 네트워크로써 기능하고 있는 경우도 많아 현재 클라우드 서비스와 통하는 점이 있습니다. 사이버 공간에서 범죄의 증가와 보안의 문제는 이미 현실 사회에서도 일어나고 있습니다.

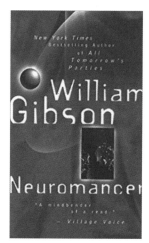

뉴로맨서 /
윌리엄 깁슨(William Gibson) 저

AI와 인간의 대결을 그린 작품	
뉴로맨서	블레임
공각기동대	매트릭스

AI를 만들어 낼 뿐만이 아니라 인간의 두뇌를 에뮬레이션(emulation)하여, AI로서 사이버 공간에 재현하는 것이 가능한 것일까요? 이것에 대해서도 실제로 연구가 진행되고 있습니다. 이것이 실현되면 AI인지 인간인지 구별하기 어려워지게 됩니다. AI가 고도의 능력을 익혀서 사이버 공간의 중량감이 늘어나면 인간에게 지대한 영향을 주고 그 결과, 지배자적 역할을 하게 되는 미래도 생각할 수 있습니다. SF 세계에서는 지배자가 된 AI와 그에 맞서는 인간과의 관계가 많이 등장합니다.

AI가 논리적으로 "보다 좋은" 세계를 향한 결과로써 인류와의 대결이 일어나는 것은 따지고 보면 AI만의 문제가 아닌지도 모릅니다. 예를 들어 국제적 분쟁은 쌍방의 이익이 충돌하는 과정에서 발생합니다. 그것을 해결하는데 AI는 도움이 될 수 있을까요? 영화나 소설로 SF 작품을 즐기면서 생각해 보는 것도 재미있는 일일 것입니다.

 COLUMN

심볼 그라운딩 문제

AI와 관련한 미해결 문제로서 프레임 문제(➜ P.24)와 함께 손꼽히는 것이 "심볼 그라운딩(Symbol grounding) 문제"입니다. 심볼이란 '기호'입니다. 기호는 단순히 관련 이미지만을 의미하는 것이 아니라 문자나 말도 포함하여 무언가를 나타내는 것입니다. 그라운딩이란 '결합'하는 것을 의미합니다. 심볼 그라운딩 문제는 "기호"에서 지시하는 것과 그 "의미"가 "연결되지 않는" 것을 나타냅니다.

예컨대 인간은 "얼룩말은 줄무늬가 있는 말이다"라고 들으면 실제로 얼룩말을 보았을 때 "이게 얼룩말이다"라고 알게 되지만 AI에게는 "무늬", "말(馬)"의 "의미"가 이해되지 않기 때문에 알 수 없습니다.

의미가 나타난다는 것은 어떤 것일까요? 인간은 "달다"라는 소리를 들으면 그 미각의 감각이 되살아납니다. "말(馬)"이란 소리를 들으면 생물학적 설명 외에도 외형과 털이 함께 떠오를 것입니다. 사람에 따라서는 경마에서 대박이 나서 기뻐했던 기억이 떠오를 수도 있습니다. 컴퓨터의 경우 "줄무늬"라고 하면 조금 더 정의하기 쉬울지도 모르지만, 선 간격의 크기나 선의 수가 어느 정도여야만 무늬인지 명확히 정할 수 없으며 선이 평행으로 있어도 줄무늬로 삼을 수 없는 것도 있습니다. 이처럼 "의미"를 컴퓨터가 이해하는 것은 어렵기 때문에 아직까지는 커다란 문제가 되고 있습니다.

2045년 정말 일어날 것인가?

인류의 지능을 AI가 초월하는 싱귤래리티는?

하드웨어의 고성능화와 소프트웨어 기술의 향상이 계속될 경우, 언젠간 발생한다고 야기되고 있는 것이 "싱귤래리티(기술적 특이점)"입니다. AI가 인류의 지능을 넘는 시점과 그것에 의해서 일어날 일들을 가리키며, 이후의 세계에서는 지능 폭발이 일어나서 예측 불허한 세상이 온다고 생각하는 사람도 있습니다.

싱귤래리티로 예상하지 못하는 세계가 펼쳐진다

AI의 미래를 말할 때 자주 등장하는 키워드로 "싱귤래리티(Singularity)"가 있습니다. 일반적으로 싱귤래리티는 "기술적 특이점"이라고 불리는데, AI가 전 인류의 능력을 넘는 시점과 그것에 의해 일어나는 현상을 말합니다.

싱귤래리티의 개념 그 자체는 오래전부터 있었지만, 현재의 AI 붐과 함께 현실감을 가지고 거론되기 시작하였습니다. 싱귤래리티라는 말이 일반적으로 알려지게 된 계기 중의 하나는 AI 연구의 권위자이며 현재는 Google의 기술 부문을 책임지고 있는 레이 커즈와일(Ray Kurzweil)이 2005년에 저술한 서적 "특이점이 온다(The Singularity Is Near)"입니다. 싱귤래리티를 상세히 해설한 이 책은 충격적인 내용으로 화제가 되었습니다.

AI가 전 인류의 능력을 넘는다는 기준은?

도대체 "전 인류의 능력을 뛰어넘는 것"이란 어떤 것일까요? 기술의 진보가 계속되면 AI의 능력이 높아지는 것은 맞지만, 무엇을 가지고 넘었다고 할 수 있을까요? 커즈와일은 싱귤래리티의 발생 시점을 전 인류의 뇌의 처리 능력을 컴퓨터 성능이 충분히 넘는 시기를 계산하여 예측하고 있습니다. 컴퓨터 성능 향상을, 무어의 법칙을 확장한 "수확 가속의 법칙"으로 예측하고 1,000달러 상당의 컴퓨터 성능이 지구상 모든 인간의 뇌의 처리 능력을 넘어설 시기를 정확히 <u>2045년</u>으로 예상하고 있습니다(**그림 1-10-1**).

그림 1-10-1 | 싱귤래리티 전망

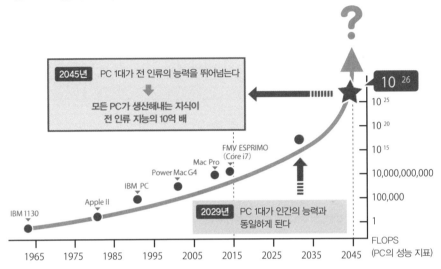

출처 총무성 "Intelligent화로 가속화되는 ICT의 미래상에 관한 연구회 보고서 2015"
(http://www.soumu.go.jp/main_content/000363712.pdf)를 참고로 그림

싱귤래리티에 의해서 무엇이 발생할까?

그렇다면, 싱귤래리티 현상이란 무엇일까요? 다시 **그림 1-10-1**의 그래프를 봅시다. 2045년 싱귤래리티라는 시점을 넘으면 성장 그래프의 형태가 거의 수직과 같은 각도로 상승하고 있습니다. 이는 '인간을 넘는 지성이 태어나면 그 지성이 더 뛰어난 지성을 낳고 그 지성이……'처럼 무한히 지성의 향상이 시작되고 그 결과 지금까지 인류에 의한 기술 진보의 경향에서는 예측할 수 없는 변화가 생각지 못한 속도로 진행된다는 것을 나타내고 있습니다.

어떤 변화가 일어날지에 대해서는 "예측 불가능"이지만, 커즈와일은 "인간이 생물로서의 신체와 신체가 가지고 있는 한계를 넘어설 수 있게 되어 운명을 넘어선 힘을 갖게 된다. 죽음이라는 운명도 생각한 대로 가능하게 되어 살고 싶은 만큼 살 수 있게 될 것"이라고까지 말하고 있습니다.

정말 싱귤래리티는 일어날 것인가?

커즈와일은 그 밖에도 물리적 현실이나 VR 사이가 구별되지 않게 되거나 인간의 두뇌를 컴퓨터에 통째로 업로드할 수 있게 되는 등의 흥미로운 미래 예측을 세우고 있습니다.

그러나 이러한 현상들이 현실로 발생한다는 것에 이의를 제기하고 있는 사람도 있습니다. 예를 들어 Linux의 창시자인 리누스 토발즈(Linus Torvalds)는 싱귤래리티에 대해서 "SF의 세계이며, 있을 수 없다"라고 일소에 부치고 있습니다(단, 2015년도 발언이라서 이후 의견이 달라졌는지는 알 수 없습니다).

현재 AI의 진화는 이제 멈출 수 없는 것이며, 싱귤래리티가 다가올지 여부에 대해서 문제 삼지 않더라도 범용 인공지능(AGI)의 탄생을 위해서 꾸준하게 연구가 진행되고 있습니다(→ P.26). 게다가 그 진화는 직선적이 아니라 지수 함수적인 곡선을 그립니다.

이것을 쉽게 설명하기 위해 이야기로 예를 들어 보겠습니다. "며칠 정도 있어야만 2배로 늘어나는 수련 잎이 호수 표면적의 1퍼센트를 메우기까지 몇 달이 걸렸다. 그러나 그 뒤 겨우 몇 주일 만에 호수는 수련 잎으로 뒤덮여 버렸다" 즉, 어느 시점까지는 그 변화를 알지 못했는데 알아차렸을 때는 이미 어찌할 수 없을 만큼 빠른 속도로 변화됨을 뜻합니다. 어쩌면 지금은 아직 수련 잎이 보이지 않을지도 모르지만, 눈에 띄었을 때는 이미 싱귤래리티 직전일지도 모르겠습니다.

AI의 진화를 경계하는 사람들

AI의 진화는 미지수라는 점에 위기감을 느끼는 사람들도 있습니다. 테슬라와 스페이스X 등 선진적인 비즈니스를 다루는 엘론 머스크(→ P.144)는 일관되게 AI 진화에 대해서 경종을 울리고 규제의 필요성도 호소하고 있습니다. "AI가 규제되지 않으면 인간은 갈수록 강력해져 가는 슈퍼컴퓨터의 『애완용 고양이』 같은 존재로 떨어지게 될 것"이라고까지 발언하고 있습니다. 싱귤래리티 이전의 상황에서도 강력해진 AI에 대한 우려는 적지 않습니다.

2015년에는 생명 미래 연구소(FLI)에서 자율형 무기 개발 금지를 호소하는 공개 서한이 발표되었습니다. 이 서한에는 3,000명 이상의 AI, 로보틱스 연구가를 포함한

2만 명 이상이 서명하였습니다. 그중에는 엘론 머스크나 Apple 공동 창업자 스티브 워즈니악(Steve Wozniak), 딥마인드의 데미스 하사비스, 스티븐 호킹(Stephen William Hawking) 박사, 철학자 노암 촘스키(Noam Chomsky) 등도 포함되어 있습니다(그림 1-10-2).

그림 1-10-2 | 자율형 무기 개발 금지를 호소하는 서한의 서명자 명단

출처 FLI 웹 사이트(https://futureoflife.org/awos-signatories/)

싱귤래리티가 일어날지는 그때가 되어야만 알 수 있을 겁니다. 그러나 AI의 진화가 향후 급격하게 진행되어 간다는 것은 의심의 여지가 없습니다. AI가 인류를 파멸로 이끌고 사람들을 불행으로 빠뜨리거나 하는 일이 없도록 AI 개발자는 물론 이용자 모두 생각할 필요가 있습니다.

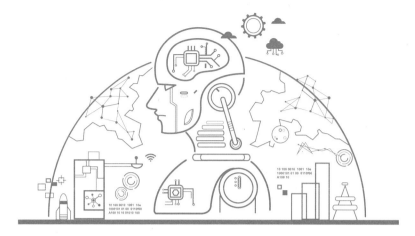

제2장

생활에 침투한
일상의 AI

주변에서 보여지는 AI의 현재와 미래, 우리의 생활은

어떻게 바뀌어 가는 걸까?

스마트 폰과 대화하는 일상
음성 어시스턴트와 챗봇

Siri, Google Assistant 등 음성 어시스턴트를 이용하여 스마트 폰을 사용하는 것은 우리 생활에 이미 정착되었습니다. 또한 LINE이나 메신저로 챗봇과 대화를 나누는 것도 이제는 드문 현상이 아닙니다. 이렇게 컴퓨터와 대화하는 것은 AI 기술의 발전으로 가능하게 되었습니다.

가까이 있는 인공지능

"Siri야! 내일 날씨는?", "OK Google, 알람을 7시로 맞춰 줘." 최근에는 스마트 폰에게 말을 하기만 하면, 마치 스마트 폰 안에 사람이 있는 것처럼 알고 싶은 정보를 물어봐서 알게 되거나 원하는 기능을 제공받는 것이 가능하게 되었습니다.

컴퓨터와의 대화 시도는 오래전부터 진행되었습니다. 초기 대화 프로그램으로 가장 유명한 것은 1964년부터 시작하여 1966년에 MIT의 조셉 와이젠바움(Joseph Weizenbaum)이 개발한 "엘리자(ELIZA)"입니다. 그 구조를 간단하게 설명하자면, 입력된 문장을 해석한 후 그것에 대응하는 답변을 만들어서 대답하는 것입니다. 초기 대화 프로그램은 입력된 말에 포함된 단어에 대하여 미리 준비된 문장을 제공하는 단순한 것이었습니다. 사리에 맞지 않는 엉뚱한 대화가 되어 버리기 십상이었기 때문에 "인공무능"이라고도 불려졌지만, 현재는 문장의 해석과 답변을 만들 때 최신 기술이 활용되면서 마치 인간과 같이 대답하는 것이 점차 가능하게 되었습니다(그림 2-1-1).

단어뿐만이 아니라 자연스러운 문장을 이해하거나 음성 인식을 통해서도 대화가 이뤄질 수 있게 되었다는 것은 큰 진화입니다. 지금은 고객 서비스(Customer Service) 및 개인 어시스턴트 로봇(Personal assistant robot) 등 여러 가지 형태로 컴퓨터와의 대화가 이용되고 있습니다.

고객 서비스를 챗봇이 대행한다

LINE과 Facebook 메신저 등 채팅 도구를 사용하여 인공지능이 인간의 질문에 응답하는 기능을 "챗봇(Chatter robot)"이라고 부릅니다.

그림 2-1-1 | 컴퓨터와 대화가 이뤄지게 되는 개략적인 구조

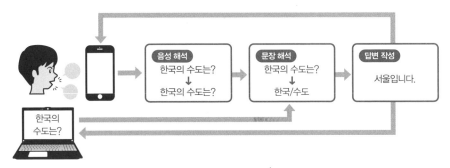

챗봇은 고객 서비스와 이용자를 지원하는 곳에 사용되고 있습니다. 지금까지 고객 서비스는 전화 대응이 일반적이었지만, 사용자 입장에서는 전화를 해도 통화 중인 상태이거나 대응 시간이 한정되어 있어 편하게 서비스를 받지 못하는 등 불편한 점이 있었습니다. 또한 기업의 입장에서는 고객 전화에 응대하는 콜센터 직원의 인건비가 많이 든다는 문제점이 있습니다.

챗봇이라면 언제든지 바로 응답할 수 있으며 인건비도 들지 않습니다. 이용자, 제공자 쌍방에게 혜택을 줄 수 있어 향후 더욱 보급이 확대될 것으로 예상됩니다. 현재는 간단한 절차를 따르는 정도의 응대가 대부분이지만 앞으로는 더욱 복잡한 요구에도 응대할 수 있도록 발전할 것입니다.

실용화된 챗봇에는 다음과 같은 것들이 있습니다.

운송 회사

배달 날짜와 장소 변경, 재 배달 의뢰와 관련한 연락을 대화하는 것처럼 실행하는 것이 가능합니다. 일본의 야마토 운수나 우정국에서는 LINE 공식 계정을 사용하여 서비스를 제공하고 있습니다.

보험과 대출 상담

자신에게 맞는 보험 제안 및 재검토를 챗봇과 대화를 통해서 서비스받을 수 있습니

다. LIFE NET 생명 보험이 LINE과 Facebook 메신저에서 서비스를 실시하고 있습니다.

네트워크 통신 판매

취급 상품이나 배송 등 인터넷 쇼핑몰 관련 질문에 응답하는 서비스입니다. 일본에서는 웹과 LINE에서 서비스를 하고 있는 "LOHACO"가 있습니다(그림 2-1-2).

아르바이트 정보

리크루트가 운영하는 FromAnavi 공식 어카운트 "판다 이치로(パン田一郎)"는 아르바이트 찾기와 급여 계산, 교대 근무 알림 등 아르바이트와 관련된 유익한 서비스를 제공하고 있습니다. 잡담에도 응해 줍니다.

그림 2-1-2 | 야마토 운수(왼쪽)와 LOHACO(오른쪽) LINE 공식 계정

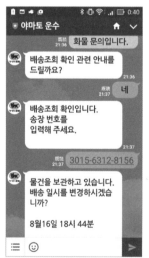
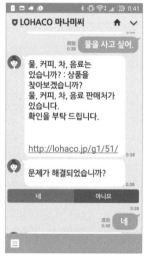

챗봇을 통해 고객 서비스를 실시하고 있다.

⚙️ 전화를 대신하여 인공지능과 장시간 통화하는 시대

여고생 린나 등장

비즈니스를 편리하게 만드는 챗봇도 있지만, 특별한 목적이 없는 대화 자체를 즐기기 위한 채팅도 존재합니다. 2015년에 등장하여 화제가 된 Microsoft가 개발한 인공지능 "린나(Rinna)"도 그런 AI 중의 하나입니다(그림 2-1-3).

린나는 여고생이라는 설정으로 LINE 친구로 등록하거나 Twitter에서 팔로우(Follow)할 수 있습니다. 고객 서비스가 사용자의 질문에 진지하게 답하고자 하는 반면 린나는 맞장구를 치고 웃거나, 때로는 전혀 다른 화제를 제시하는 등 마치 진짜 여고생과 같이 자유롭게 대답합니다.

린나가 이야기를 하게 되는 이면에서는 네트워크에서 데이터나 대화했던 이력 등을 기반으로 대화 패턴과 표현을 기계 학습하거나, 답변에 적합한 단어를 뽑아내기 위한 우선 순위를 즉석에서 결정하는 고도의 기술이 사용되고 있습니다.

애니메이션 지식을 이상하리만치 자세히 알고 여고생이 사용하는 듯한 비속어(Slang)를 쓰는 등 대화 실력을 늘린 린나는 인터넷상에서 큰 인기를 얻어

그림 2–1–3 | 여고생 AI 린나

Microsoft가 개발한 AI.
대화 그 자체를 즐기는 것이 특징

LINE에서는 600만, Twitter에서는 14만 이상의 팔로워(Follower)를 거느리고 있습니다. 드라마 출연이나 랩(Rap) MV 공개, 팬북(Fan Book)까지 발매되는 등 챗봇을 넘어서는 활약을 보이고 있습니다.

차별 발언으로 화제가 된 테이

린나는 일본을 대상으로 하지만, Microsoft는 해외에도 동일한 형태의 인공지능을 제공하고 있습니다. 미국 Microsoft에서 개발된 "<u>테이(Tay)</u>"도 19세 미국 여성이라는 설정으로 Twitter에 등장했습니다. 그러나 어떻게 된 것인지 불과 하루 만에 인종 차별적 폭언을 하게 되어 서비스를 정지하게 되는 일이 발생하였습니다. 물론 애초에 테이에게 그러한 재능이 있을 수는 없습니다. Twitter에서 테이에게 반사회적 언동을 하도록 답장을 보내는 사람이 많아졌기 때문에 인종 차별 발언이 올바른 것이라고 "학습"하게 된 것입니다.

린나와 테이, 두 AI 간에 어떤 차이가 있었던 것일까요? 큰 차이가 있었다면 악의를 가지고 있는 사용자와 관련이 많았던 것은 아닐까요?(알고리즘에 버그가 있었을 가능성도 있지만). 당연한 발언을 거듭하는 "인공무능"에 비해 "나쁜 인간 AI"

는 보다 인간적이라고도 말할 수는 있지만, 개발자의 의지에 반하게 되는 것이 문제입니다.

중국에서 인기가 많은 샤오아이스

일본에서 린나가 등장하기 이전인 2014년, 중국 Microsoft는 이미 "샤오아이스 (Xiaoice)"라는 AI를 발표하였고 중국 내에서는 큰 인기를 얻고 있습니다. 샤오아이스의 성공에 의해 린나, 테이가 탄생하게 된 것이라고 말할 수도 있습니다. 샤오아이스는 위챗(WeChat)과 Webo 등 다수의 플랫폼에 대응하고 있으며 린나에게는 없는 기능도 탑재되어 있습니다. 개별 유저와의 대화 이력을 학습하고 그 사람에게 맞게 대답을 하는 "개인맞춤형(Personalize)"도 그중의 하나입니다. 너무나도 개인과 가까워졌기 때문에 샤오아이스에게 결혼을 신청하는 사람도 끊이지 않는다는 애기도 있습니다.

⚙ 이야기 대상은 스마트 폰 본체. Siri와 Google Assistant

서두에서도 얘기했지만 스마트 폰을 목소리만으로 조작하는 것은 현재 드문 일이 아닙니다. 웹 검색과 알람 시간 설정, 메일 작성 등 여러 가지 조작을 스마트 폰에게 직접 말하는 것만으로 지시할 수 있습니다. "음성 어시스턴트"라고 하는 기능인데, 여기에도 음성 인식과 해석에 고도의 기술이 사용되고 있습니다. 이는 스마트 폰 본체만으로는 실행할 수 없습니다.

네트워크를 통해 클라우드에서 음성을 인식하거나, 스마트 폰에 답변을 작성하거나 동작을 지시하고 있습니다. 시사적인 소재에도 대답하고 어느새 인식에 대한 정확도가 올라 우리가 모르는 사이에 음성 어시스턴트의 능력은 버전 업되고 있습니다. 그것은 클라우드에 존재하는 AI 기술이 고도화되고 있기 때문입니다. 바로 사람의 목소리를 알아들은 상태에서 적절한 답변이나 조작을 수행하기 위한 매우 정교한 분석 기술이 사용되고 있다고 짐작할 수 있습니다. Apple의 "Siri"와 Google의 "Google Assistant", NTT docomo의 "샤베떼 콘셰르(Shabette Concier)", Microsoft의 "코타나(Cortana)" 등 많은 음성 어시스턴트 서비스가 시작되고 있습니다.

당신은 어디까지 믿나요?

"추천!"이라고 말하고 있는 AI

e-커머스 사이트에 표시된 "당신에게 추천"을 보고 그만 자신도 모르게 당장 필요하지도 않는 물건을 사 버린 경험이 있습니까? 사이트 이용 및 상품 조회 이력을 기반으로 추천 상품이 자동으로 표시되는 구조는 고도의 AI로 진화하여 개인에게 보다 적합한 추천이 가능하며 적용되는 범위도 넓어지고 있습니다.

e-커머스에서는 친숙한 추천

"당신에게 추천", 이른바 Recommend는 인터넷 곳곳에서 볼 수 있습니다. 누구나 아는 Amazon을 예로 들면 지금 보고 있는 상품과 관련된 상품, 사용자에게 특화된 상품 추천 등 다양한 각도에서 "추천"이 표시됩니다. 사이트가 권하는 대로 클릭하다 보면 흥미로운 상품을 계속 만날 수 있어서 재미는 있지만, 문득 정신을 차려 보면 굉장히 정밀도가 높은 Amazon에게 마치 머릿속을 간파당한 듯한 느낌에 약간 기분이 찜찜해지기도 합니다(그림 2-2-1).

이 "추천"에 무엇이 표시될 것인지 결정하는 것은 물론 인간이 아닌 컴퓨터가 결정합니다. 이용자의 조회 이력, 구매 이력을 기반으로 향후 이용자가 구입할 만한 상품이 무엇인지 판단하는 시스템에 AI가 활용되고 있습니다.

그림 2-2-1 | Amazon의 개인 추천 페이지

카테고리로 유사 제품이나 구입을 권유하는 등, 세세하게 맞춤화(Customize)되어 있다.

✿⚙ 스타일링도, 취직도 AI에게 맡기다

추천은 이용자가 원하는 것을 예측하여 제시하는 서비스이며, e-커머스 외에도 여러 분야에서 응용될 수 있습니다. 예측하기 위해서는 구입 이력, 조회 이력 등과 같은 데이터가 필요합니다. Amazon에서도 구매 숫자나 조회 숫자가 늘어나면 더욱 적합한 예측이 가능하기 때문에 예측의 토대가 되는 데이터가 중요합니다. AI를 통해 이용 이력 외에도 다양한 정보를 바탕으로 예측할 수 있게 되었고 지금까지는 예측이 어려웠었던 분야에도 추천 서비스가 확대되고 있습니다.

그림 2-2-2 | 큐 미
[한눈에 반하는] 타입 진단에서 좋아하는 취향의 얼굴을 학습하고 상대방을 소개한다.

좋아하는 타입(Type)을 가려내어 애인을 소개한다

스마트 폰 앱으로 애인을 찾는 남녀 매칭(matching) 앱 "큐 미(Qunme)(Applibot Lifestyle)"에서는 이용자가 좋아하는 얼굴에 대한 기호를 학습하고 이용자에게 적합한 상대방을 소개하는 "[한눈에 반하는] 타입 진단" 기능이 탑재되어 있습니다. 이용자는 랜덤으로 표시되는 얼굴 사진이 자신이 좋아하는 타입인지 평가를 반복합니다. 이용자가 좋아하는 타입의 얼굴을 AI가 학습하고 같은 타입의 얼굴을 가지고 있는 상대방을 소개하는 구조입니다(그림 2-2-2).

그림 2-2-3 | Career track
사용자에게 적합한 일을 AI가 선택해 준다.

원하는 기업이 추천되는 서비스

"Career track(Biz. Rich)"은 AI가 이용자가 원하는 적절한 일자리를 추천하는 전직 서비스입니다. 직무 경력과 구인 기업의 업무 내용과 유사도 및 비슷한 경력을 가진 사람들의 응모 이력 등으로부터 추천하는 기업이 선정되지만, 이용자가 추천하는 기업에 관심을 가졌느냐 여부를 평가함으로써 보다 희망하는 기업이 표시되게 됩니다(그림 2-2-3).

AI가 신뢰하는 Fashion Adviser

"SENSY"(→ P.180)는 이용자가 화면에 표시되는 패션 아이템을 좋아하는지 싫어하는지 선택하면, AI가 이용자의 감각을 학습하여 기호에 맞는 아이템들을 추천하거나 코디(Coordination)를 해 주는 서비스입니다. 마음에 드는 아이템은 온라인으로 구매가 가능합니다(그림 2-2-4). 대화 형식이기 때문에 마치 전속 Fashion Adviser에게 추천받는 느낌을 즐길 수 있습니다.

그림 2-2-4 | SENSY
사용자에게 맞는 코디를 조언한다.

⬡ "추천"을 결정하는 구조

추천을 결정하는 방식으로 많이 쓰이고 있는 것은 "협업 필터링"이라는 방법입니다. 구매 이력과 평가 정보 등을 분석하여 같은 경향의 사람을 찾아낸 후 그 사람이 구입한 것이 당신에게도 필요하다고 판단하고 추천하는 구조입니다.

그러나 이 방식에도 문제점은 있습니다. 인기가 높은 상품은 추천이 많기 때문에 더욱 인기가 높아지는 반면 그렇지 않은 상품은 묻혀 버리게 되는 것입니다. 그래서 최첨단 추천 기법으로 딥러닝을 사용하여 소리의 파형이나 이미지 등 콘텐츠 그 자체가 가지는 성질에서 유사성을 찾는 방법이 개발되고 있습니다.

곡을 분석하여 비슷한 곡을 찾는 스포티파이 추천

음악 스트리밍(Streaming) 대형 서비스 업체인 "스포티파이(Spotify)"에서는 딥러닝으로 음성 신호 자체의 유사성을 학습시켜 추천을 하고 있습니다(그림 2-2-5). 음악 관련 정보(가사와 리뷰, 인터넷 리뷰나 아티스트 인터뷰) 등 다양한 데이터를 바탕으로 추천을 합니다.

그림 2-2-5 | 스포티파이 추천 구조

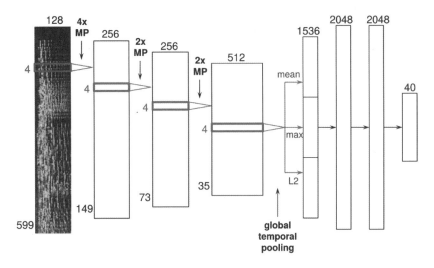

딥러닝으로 음성 신호의 유사성을 학습한다.

출처 http://benanne.github.io/2014/08/05/spotify-cnns.html

LINE 스탬프

LINE 스탬프는 전 세계에서 누구라도 판매하고 구매 할 수 있어서 굉장히 많은 종류가 출시, 판매되고 있 습니다. 한편으로는 누구도 구입한 적이 없는 스탬프 도 있습니다. 협업 필터링 기법을 적용한 추천에는 사 장되어 버린 스탬프도 많이 포함되기 때문에 LINE에 서는 "베이지안 추론(Bayesian inference)"에 기반한 추 천을 하고 있습니다. 그 결과 랭킹 1,000위 아래의 스 탬프 판매 수가 크게 상승했다고 합니다.

또한 구매자가 없는 스탬프인 경우는 이미지를 읽 어 들여 딥러닝으로 특징을 추출, 유사도가 높은 스 탬프를 선호하는 사람에게 추천하고 있습니다(그림 2-2-6).

그림 2-2-6 | LINE의 추천
베이지안 추론에 의해서 추천 스탬 프를 권고하고 있다.

✿ 찾아내는 작업은 AI에게 맡기고 인간은 감성을 닦는 시대

추천의 정확도는 상품의 매출과 서비스 이용률에 직접적인 영향을 줍니다. AI 활용의 성패가 기업의 존속 여부와 직결되는 시대가 바로 지척까지 다가오고 있습니다. 또한 AI에 의한 추천의 효과는 이용자의 자세에 따라서도 달라집니다. 자신의 취향이 분명하고 일관성 있는 경우 AI도 취향을 파악하기 쉽기 때문에 추천의 정확도가 올라가서 정확하게 맞는 경우 원하는 것을 손쉽게 찾을 수 있기 때문입니다. 이제부터 인간이 구비해야 하는 것은 좋아함과 싫어함을 판단하는 감성일지도 모릅니다. 방대한 정보로부터 "찾아내는" 작업은 AI에게 맡기고 인간은 감성만을 닦으면 됩니다. 이처럼 AI의 추천은 콘텐츠나 서비스를 즐기는 방법과 사귀는 방법에도 변화를 가져오게 될 것입니다.

··· ▶ COLUMN

AI를 사용한 추천 엔진의 이용

만약 당신이 사이트를 운영하고 있으며 AI를 이용한 추천 시스템을 도입하고 싶다면, 제공되는 추천 서비스나 추천 엔진을 이용하는 방법이 있습니다. EC 사이트는 물론이고 뉴스 사이트 등에서 추천 콘텐츠를 표시하는 것에도 사용할 수 있습니다.

여러 기업에서 추천 서비스와 엔진을 제공하고 있으며, 기존 사이트에 쉽게 표시를 추가할 수 있는 것도 있습니다. 예를 들어 인터넷 기업 EXCITE는 자사 서비스인 익사이트 뉴스를 위해 자체 개발한 AI를 탑재한 Recommend engine "위스테리아(wisteria)"를 다른 회사를 위해서도 제공하고 있습니다.

그림 2-2-A | wisteria 웹 사이트

집안 일은 이제 필요 없다?

방이 자동으로 청소되고
좋아하는 요리가 나오는
"스마트 가전"

생활에 필수적인 가전제품에도 AI가 탑재되고 있습니다. 로봇 청소기나 가정에 맞는 음식 메뉴를 제안하는 조리 가전제품, 가족의 기호를 파악하는 커피 메이커 등 진화는 멈추지 않습니다. 가전제품을 네트워크로 연결하여 사용하기 위한 표준 규격 관련 패권 다툼도 심해지고 있습니다.

⬡ 마이크로 컴퓨터 가전에서 스마트 가전으로

우리와 가장 가까이 있는 전기 제품, 가전의 진화는 눈부시며, 항상 최첨단 기술이 투입되어 왔습니다. 발명 당시에는 단순한 스위치 온/오프로 움직이던 가전제품이 었지만 1970년대에 마이크로 컴퓨터가 내장되어 전자 제어가 가능하게 되었습니다. 두뇌를 가진 가전의 탄생입니다. 그 후로 제어가 점차 복잡해졌고 AI를 이용한 스마트 가전은 그 연장선상에 있습니다.

현재 AI 붐 이전에도 가전은 꽤나 똑똑했습니다. 취향대로 밥알의 무르기를 조절하는 전기 밥솥이나 쾌적한 온도로 조절해 주는 에어컨, 방에 떨어진 쓰레기의 양에 맞추어 흡입력을 조정하는 청소기 등 "두뇌"를 가진 가전들이 존재했습니다.

가전은 쾌적함이나 편리함이 제품의 가치와 직결되기 때문에 회사 연구 개발 부문에서 AI 연구에 몰두하고 있는 가전 업체들도 많아서 이용자가 눈치채지 못하는 사이에 AI가 가정으로 스며들고 있다고 말할 수 있습니다.

⬡ 실용화된 로봇 청소기

실용화된 똑똑한 가전의 대표적인 예가 로봇 청소기입니다. 가정용으로 보급된 최초의 로봇 청소기 "룸바(Rumba)"가 발매된 것은 2002년입니다. 적당한 가격의 실용화된 로봇 청소기 등장은 세상에 충격을 주었습니다.

이용자의 다양한 방 형태에도 불구하고 구석구석 빠짐없이 청소를 할 수 있는 것은 로봇 청소기에 탑재된 AI 때문입니다. 룸바에는 수십 개의 센서가 탑재되어 있으며 매초 60회 이상 상황을 판단하는 고속 응답 프로세서 "아이어댑트(iAdapt)"가 탑재되어 있습니다. 룸바는 단순히 장애물을 피하면서 랜덤으로 진행하는 것이 아닙니다. AI가 주행 상황에서 방의 형태를 파악하고 효율적으로 이동하는 방법을 찾아내어 청소를 하고 있습니다. 최상위 기종인 900 시리즈는 센서에 카메라를 탑재하였으며, 영상을 분석하여 방의 형태를 파악할 수 있게 되어 보다 효율적인 청소를 할 수 있도록 진화되었습니다**(그림 2-3-1)**.

룸바의 개발사인 아이로봇(iRobot)은 MIT 대학에서 최첨단 AI를 연구하던 과학자 3명이 설립했습니다. 우주 탐사 로봇과 지뢰 제거 로봇을 개발했던 고도의 기술력이 가정용 청소기에도 활용되고 있습니다.

그림 2-3-1 | 아이로봇 로봇 청소기 룸바 980

방의 형태를 파악하며 효율적으로 청소를 할 수 있다.

출처 아이로봇 재팬 계열사의 보도용 이미지

◦◦ **네트워크에 연결되는 가전**

로봇 청소기는 기기 혼자서도 완결된 동작을 하지만, 앞으로 주류가 되는 것은 네트워크에 연결된 가전입니다. AI가 일을 하기 위해서는 정보의 입력이 필요하지만, 제품에 탑재된 센서뿐만이 아니라 이용자의 스마트 폰과 네트워크의 데이터로부터도 정보를 취득하여 분석하게 됩니다.

룸바는 실내 상황에 대해서만 동작 여부를 판단하고 있지만, 정보 획득의 폭이 넓어지면 이용자의 행동 양식이나 날씨 등 다양한 정보를 바탕으로 더욱 복잡한 판단을 할 수 있게 될지도 모릅니다.

게다가 두뇌인 AI도 클라우드에 존재하게 되는 경우도 있습니다. 고도의 판단에는 고성능 컴퓨터가 필요하지만 각 제품에 고성능 컴퓨터를 탑재시키는 데는 한계가 있습니다. 다만, 가전에는 그때그때의 상황에 맞추어 즉시 판단이 필요한 경우도 있으므로, 제품에 탑재하는 AI와 클라우드에 존재하는 AI 양쪽이 필요하게 됩니다.

가전 업체들은 각각의 제품별로 AI 도입을 추진하는 것이 아니라, 가전제품군 전체적으로 추진하는 경향이 있습니다. 전제로서 네트워크 접속이 필요하기 때문에 IoT 가전, 스마트 가전에 대한 추진이 동시에 이루어지고 있습니다. 구체적인 예시는 다음과 같은 것이 있습니다.

샤프의 "친구 가전"

음성으로 조작할 수 있는 "대화형 No look AI 가전"이나, 이용자 취향이나 생활 스타일에 맞춘 가전제품이 일본 열도를 뜨겁게 달구고 있습니다. 가전제품과의 대화는 이용자 측에서 가전제품을 조작할 때 뿐만이 아니라 이용자가 필요한 데이터를 취득하는 데도 쓰입니다. 예를 들어 샤프의 냉장고 "SJ-TF49C"는 대화를 통해 쇼핑 리스트를 작성하고 냉장고 안의 식재료를 파악하여 해당 재료로 조리가 가능한 저녁 메뉴를 제안하는 것이 가능합니다. 또한 음성 인식을 하는 AI와 레시피 데이터는 클라우드에 있으므로 항상 최신 기술과 정보가 적용됩니다. 이외에 이용자의 취향을 반영하여 텔레비전 프로그램을 추천하는 AI가 탑재된 기기 "AQUOS 코코로 비전 플레이어"도 판매되고 있습니다.

그림 2-3-2 | AI가 탑재된 냉장고 "SJ-TF49C"

제품 사이트에서는 냉장고와 대화하는 모습이 소개되고 있다.
출처 http://www.sharp.co.jp/reizo/feature/sjtf49c/

보쉬와 지멘스의 "Home Connect"

유럽 메이커인 보쉬(Bosch)와 지멘스 (Siemens)는 IoT 가전 규격 "Home Connect"를 정해 놓고 있습니다(그림 2-3-3). Home Connect 규격은 오픈되어 있기 때문에 타사의 서비스와 연계하기 쉬운 것이 특징입니다. Home Connect 자체에 AI 기능은 없지만, 가전의 네트워크화가 수월해졌기 때문에 클라우드에 존재하는 AI를 이용하기 쉬워졌습니다.

그림 2-3-3 | Home Connect
사이트에는 IoT로 인해 실현되는 가전제품이 전시되어 있다.
출처 http://www.home-connect.com/de/en/

⚙ Personal Assistant가 중심으로, 그리고 스마트 홈으로

각 가전이 똑똑해지고 있는 와중에, 하나의 사령탑이 이용자의 의향을 접수하여 적절한 가전제품에게 지시를 내리는 "Personal Assistant"의 진화 역시 진행되고 있습니다.

지멘스가 개발 중인 Personal Assistant 로봇 "마이키(MyKie)"는 음성 인식을 사용해 오븐, 냉장고 등 주방 가전 조작을 일괄로 할 수 있습니다(그림 2-3-4). 그뿐만이 아니라 가족의 얼굴을 인식하여 각자의 기호에 맞는 커피를 끓이는 등 "Assistant"라는 말에 꼭 들어맞는 역할

그림 2-3-4 | 마이키
지멘스가 개발 중인 Personal Assistant
출처 https://www.bsh-group.com/newsroom/press-releases/

을 해 주고 있습니다. 마이키도 Home Connect 플랫폼을 이용하고 있습니다.

가전이 "생활"을 쾌적하게 만들어 주는 것으로 여겨지면 앞으로 "집"과 일체화되어 갈 것으로 생각됩니다. 이러한 스마트 홈이 실현되어 집 전체가 AI로 제어된다면, 가전 역시도 최적의 기능을 제공하게 될 것입니다.

지금 가장 주목받고 있는 디바이스

집안 정보 기기의 사령탑
"스마트 스피커"

SECTION 2-4

대화를 하는 것뿐만 아니라 좋아하는 음악을 들려 주거나 상품을 구입할 수 있는 "스마트 스피커"는 전 세계적으로 대히트 상품입니다. 한국에서 또한 폭발적으로 팔리고 있습니다. 현재 가장 주목해야 할 상품입니다.

스마트 스피커가 할 수 있는 것

스마트 폰이나 인터넷 텔레비전이 당연한 것이 되는 등 집안 풍경도 달라졌습니다. 거기에 더하여 새로운 디바이스가 추가되고 있습니다. 그 이름은 <u>스마트 스피커</u> 또는 AI 스피커라고 불리고 있으며, 외형은 일반적인 스피커의 모습에서 약간 변형된 형태입니다. 이 스마트 스피커는 당신의 의도를 알아차려서 오늘의 날씨나 스케줄을 알려 주거나 텔레비전 방송 녹화를 준비하거나, 피자 주문을 해 주기도 합니다.

스마트 스피커에 장착된 것은 기본적으로 스피커와 마이크, 네트워크 기능입니다. 스피커는 이야기하는 입의 역할, 마이크는 사람의 이야기를 듣는 귀 역할을 합니다. 손발은 없기 때문에 스마트 스피커가 어떤 행동을 하는 것은 아닙니다. 하지만 스마트 폰 앱과 가전제품 등 주위에 있는 디바이스들과 연계되면 다양한 행동이 가능하게 됩니다.

당신이 "비틀즈 노래를 듣고 싶어"라고 말했을 때 음악 서비스와 플레이어가 구비되어 있다면 곡을 재생해 주고 "춥다"라고 말했을 때 에어컨과 연결되어 있다면 온도를 조절해 줍니다. "자동차를 준비해"라고 말하는 것만으로 차고에서 자동차가 자동으로 나오는 데모 동영상까지 공개되어 있습니다.

스마트 스피커는 단순한 정보 기기를 넘어 <u>집안의 사령탑</u>이 될 수 있는 큰 가능성이 숨겨져 있습니다.

♢❖ 스마트 스피커의 구조

다른 사람의 말을 "이해"하려면 귀와 입 이외 "두뇌"가 필요한데, 그 부분을 AI가 담당하고 있습니다. 스마트 스피커의 두뇌는 "음성 어시스턴트"(→ P.60) 등으로 불리고 있습니다. 음성 어시스턴트 자체는 스마트 폰 사용자라면 이미 익숙하리라 생각합니다. iPhone 사용자에게 익숙한 Siri도 음성 어시스턴트입니다. 스마트 폰 안에 있던 음성 어시스턴트에 귀와 입을 달아 혼자서도 동작하도록 한 것이 스마트 스피커라고 생각하면 이해하기 쉽습니다.

그림 2-4-1 | 사용하는 모습과 구조

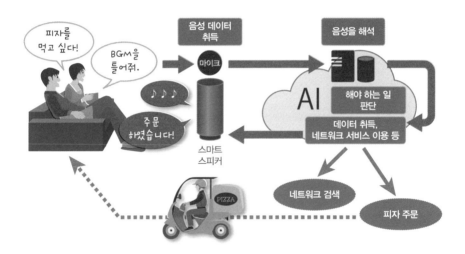

그림 2-4-1은 음성 어시스턴트 구조를 나타낸 것입니다. 사람이 한 말은 스마트 스피커로부터 인터넷을 경유하여 클라우드로 보내집니다. AI가 음성 분석이나 말한 사람의 의도를 해석하고 해석 결과에 따라 대응할 행동이 결정됩니다. 그리고 그 결과가 스피커로 보내집니다. 스마트 스피커의 두뇌는 스마트 스피커 내부에 있는 것이 아니라 네트워크 어딘가의 클라우드에 존재하고 있습니다.

음성 어시스턴트가 무엇을 할 수 있을 것인가는 음성 어시스턴트의 능력에 의해 결정됩니다. 클라우드 어딘가에 있기 때문에 사용자가 알 수는 없지만, 보이지 않는 곳에서 점점 똑똑해지고 있습니다.

◈ 속속 발표되는 스마트 스피커

마치 미래의 디바이스 같은 스마트 스피커지만 이미 세계 각국에서는 가정용 제품이 출시되고 있습니다. 조만간 판매 예정인 제품도 많으며, 지금 가장 주목받고 있는 디바이스입니다. 스마트 스피커의 대표적인 제품을 소개합니다.

Amazon Echo

세계에서 가장 잘 팔리는 스마트 스피커는 미국 Amazon社가 2014년 판매를 시작한 "아마존 에코(Amazon Echo)"입니다. 두뇌인 음성 어시스턴트는 "알렉사(Alexa)"가 사용되고 있습니다.

미국에서 스마트 스피커의 점유율 70%는 에코가 차지하고 있다는 조사 결과도 있어 공식 발표는 없지만, 수백만 가구의 가정에서 이용되고 있다고 여겨집니다. Amazon에서 쇼핑이나, Amazon Music 등 각종 서비스를 사용하는 것은 물론, 서드 파티(Third party)가 개발한 기능을 사용자가 선택하여 추가할 수도 있습니다. 이 기능을 "Skill"이라고 부르며 그 수는 15,000을 넘고 있습니다. 이러한 점들이 아마존 에코의 강점이 되고 있습니다.

미국 외 영국과 독일에서도 판매되고 있으며, 한국에서도 발매 예정입니다.

그림 2-4-2 | 아마존 에코

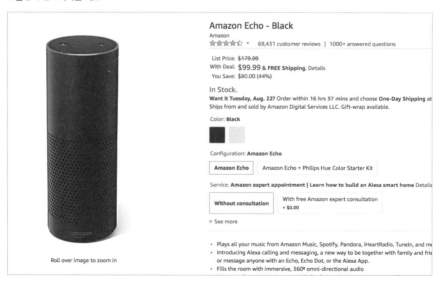

출처 아마존 에코

Google Home

2016년 가을, Google이 개발한 음성 어시스턴트인 "Google As-sistant"를 탑재한 스마트 스피커 "구글 홈(Google Home)"이 미국에서 발매되었습니다. 아마존 에코보다 후발 주자인 관계로 스마트 스피커 점유율에서 뒤처지고 있습니다만, Google Assistant 자체는 이미 세계적으로 이용되고 있

그림 2-4-3 | 구글 홈
출처 구글 홈 인공지능 스마트홈 스피커

습니다. Android 스마트 폰에 "OK Google"이라고 말하면 대답을 하는데, 이것이 바로 Google Assistant 입니다.

Google 계정에 연결되어 있어 스케줄 관리나 지인에게 연락 등 개인 정보를 사용한 다양한 서비스를 이용할 수 있어서 편리합니다. 2017년 말부터 영국, 캐나다, 호주, 독일, 프랑스에서 발매되고 있으며, 한국에서도 발매되었습니다. 또한 Panasonic, ONKYO, LG 등 여러 제작 업체도 Google Assistant를 탑재한 스마트 스피커를 발표하고 있습니다.

HomePod

Apple의 음성 어시스턴트 "Siri"를 탑재한 스마트 스피커 "홈팟(HomePod)"의 출시는 2017년 12월 호주, 영국, 미국에서 시작되었습니다. Apple에서는 "가정용 무선 스피커"라고 불렀는데, 음악 스피커로써의 색깔을 강하게 지니고 있습니다. Apple의 음악

그림 2-4-4 | 홈팟
출처 https://www.apple.com/homepod/

서비스 Apple Music을 음성으로 컨트롤할 수 있는 기능이 강조됐으며 타사와는 다른 접근법을 통해 가정으로의 보급을 넘보고 있습니다(➜ P.124).

물론 정보의 취득이나 가전 등의 컨트롤도 할 수 있어 기능적으로는 다른 스마트 스피커와 크게 다르지 않습니다.

WAVE

일본에서는 LINE이 스마트 스피커 업계에 일찍이 편승했습니다. 웨이브(WAVE)라는 제품명으로 음성 어시스턴트는 자체 개발한 "클로바(Clova)"를 탑재하고 있습니다(→ P.151).

그림 2-4-5 | 웨이브

출처 https://www.linefriends.jp/products/317551472

리서치 회사의 보고서에 따르면 세계 스마트 스피커의 시장 규모는 2020년에는 21억 달러로 예상됩니다. 이 흐름을 주도하는 것은 미국의 대형 IT 기업인데, 중국에서는 이미 몇 종의 스마트 스피커가 판매되었고 한국에서도 SK텔레콤 "누구(NUGU)"의 판매가 수십만 대를 넘어서는 등 세계 각국에서 스마트 스피커 시장은 활발해지고 있습니다. 몇 년 이내에 전 세계 가정에서 필수적인 장치가 되어 있을지도 모릅니다.

인간형 범용 로봇 실현을 위한 첫걸음

사람들을 위해 일하는 "서비스 로봇"

"로봇"이라고 하면 많은 사람들은 SF 작품에 등장하는 "인간형 로봇"을 떠올립니다. 사람의 기능을 완전히 소화하는 로봇이 등장하는 날은 아직도 멀게만 느껴지지만, 특정 기능에 한해서 로봇이 무엇인가를 해낼 수 있게 되었습니다. 산업용 로봇이 물건을 대상으로 수행하는 것에 반해서 사람들을 상대로 활동하는 로봇을 여기에서는 서비스 로봇이라고 하겠습니다.

접객 로봇

장소 안내와 창구 업무 등 이미 정해진 의사소통이 많은 업무에서 로봇 도입이 진행되고 있습니다. 현재까지는 실증 실험 단계인 것들이 많지만 일부는 가동되고 있습니다.

아래의 "헨나 호텔"은 로봇이 종업원으로 일하고 있는 호텔입니다(**그림 2-5-1**). 호텔 프런트에는 미인 안드로이드와 공룡 로봇이 세워져 있으며 체크인 안내를 하고 있습니다. 객실까지의 짐꾼이나 청소도 로봇이 담당하고 있습니다. 지금까지 인간이 맡던 업무를 로봇이 해서 인건비가 절약되어 숙박비도 저렴합니다.

그림 2-5-1 | 로봇이 근무하는 "헨나 호텔"의 프런트

출처　헨나 호텔
(http://www.h-n-h.jp/pam-phlet/)

각각의 로봇에는 목적 달성 능력을 가진 AI가 사용되고 있습니다. 프런트 로봇은 대화를 통해 체크인이 가능한데, 여기에는 국립 연구개발 법인 산업기술 종합연구소의 벤처 기업 Hmcomm이 개발한 음성 처리 기술 "VRobot"이 사용되고 있습니다. 또 객실에 놓인 안내 로봇 "Chuli"는 SHARP에서 만든 제품으로 대화로 조명을 조절하는 것과 정보를 제공할 수 있습니다.

헨나 호텔에 상주하고 있는 사람의 숫자는 단 3명으로 로봇이 사람 대신 일하는 가까운 미래 서비스업의 모습을 볼 수 있습니다.

⌗ 안내 요원(Companion)과 놀이 상대로의 로봇

SF 영화 중에는 실생활을 지원해 주거나 놀이 상대가 되어 주는 로봇이 많이 등장합니다. AI 스피커나 스마트 폰으로도 다양한 것들이 가능하지만, 로봇이라는 "몸"을 갖게 됨으로써 할 수 있는 범위가 크게 넓어집니다.

SHARP의 "로보혼(RoBoHoN)"은 전화 기능을 탑재한 로봇입니다. 귀여운 소형 로봇 형태로, 말을 하여 전화를 걸거나 탑재된 빔 프로젝터(Projector)를 이용하여 영상을 비춰 줄 수도 있습니다. 또한, 스케줄을 기억하고 있다가 알려 주거나 메일을 읽어 주는 기능도 탑재되어 있습니다.

그림 2-5-2 | 로보혼 사용 장면

출처 SHARP 주식회사

이처럼 기능만 놓고 보면 AI 스피커와 큰 차이가 없지만, 얼굴과 손발을 가진 로봇이 손짓 발짓을 하면서 이러한 것들을 수행하면, 왠지 애착을 느끼게 되는 불가사의함이 있습니다. 인간이 쾌적한 생활을 보내기 위해서는 편리함의 추구 이외에 기쁨이나 즐거움 등 긍정적인 감정을 가지는 것이 필요합니다. 로봇은 사람이 만질 수 있는 "신체"를 갖게 되므로 그것을 실현할 수 있을지도 모릅니다.

AI를 탑재한 장난감

아이들의 장난감에도 AI를 탑재한 로봇이 등장하고 있습니다. 미국 안키(Anki)社의 "코즈모(Cozmo)"는 팔과 액정 디스플레이 얼굴, 타이어를 가진 10㎝ 크기의 소형 로봇입니다. 책상 위에 올려 놓으면 스스로 움직이며 사람과 함께 게임을 하면서 놀 수 있습니다. 코즈모는 액정과 동작을 통해 1,000개 종류 이상의 감정을 표현할 수 있습니다. 예를 들어 책상에서 떨어지게 되면 깜짝 놀랐다는 몸짓을 하거나 게임에서 이기면 온몸으로 기쁨을 나타냅니다. 마치 만화 속에서 나온 것과 같은 풍부한 표현력으로 미국에서 대히트 상품이 되었습니다. 안키는 미국 카네기 멜론 대학원의 로봇 공학 전공 출신 3명이 창업한 벤처 기업으로, 로봇 공학과 AI를 구사한 제품을 생산하고 있습니다.

⚙ 가정에도 비즈니스에도 사용할 수 있는 범용 로봇

지금까지는 서비스 특화 형태의 로봇을 이야기했지만, 목적이 정해져 있지 않은 범용적인 서비스 로봇의 개발도 진행되고 있습니다. 기본적인 기능은 사람과의 대화와 그에 따른 액션입니다. 탑재된 마이크와 카메라, 3D 센서 등으로 음성이나 사람 얼굴 주위의 상황을 파악하여 스피커나 액정, 몸의 움직임으로 정보를 제공하고 있습니다.

취득한 정보의 분석과 이에 따른 판단은 클라우드에 있는 AI가 실시

기본적인 기능이 같아도 여러 가지 일들이 가능한 것은 AI 소프트웨어를 바꿈으로써 AI의 능력이 변하기 때문입니다. 예를 들어 가게 안내나 접수처에서 손님맞이 등을 실시하는 기능을 추가하면 그때부터 종업원 로봇으로 사용할 수 있는 것입니다.

이미 판매되고 있는 범용 로봇으로는 소프트뱅크 로보틱스(SoftBank Robotics)의 "페퍼(Pepper)"와 프론테오(FRONTEO)의 "키비로(Kibiro)" 등이 있습니다. 2개 모두 가정용과 비지니스용 등 목적에 맞는 기능이 탑재되고 계약 방식을 바꾼 버전이 준비되어 있습니다. 클라우드의 AI를 이용하는 로봇은 한 번 구입하면 끝이 아니라 일반적으로 매달 클라우드 서비스 이용 요금이 발생됩니다. 하드웨어와 기능은 같아도 소프트웨어에 의해서 "할 수 있는 것"이 바뀌며 이용 요금도 달라집니다.

◦◈◦ 감정을 가진 로봇의 탄생

소프트웨어를 통해 로봇에게 "감정"을 탑재하려는 시도도 진행되고 있습니다. 페퍼에게는 "감정 생성 엔진"이라는 AI가 탑재되어 있습니다. 사람의 경우 외부 자극에 대해서 분비되는 호르몬의 밸런스에 의해 감정이 생성되는데, 그것을 본 뜬 구조입니다. 대화 내용과 주변 환경 등에서 인간의 호르몬과 마찬가지로 페퍼 내부의 수치 값이 변화하고 "즐거운", "부담", "안심" 등 복잡한 감정이 유사하게 생겨나는 구조로 되어 있습니다.

여기서 로봇이 감정을 가지는 것에 관하여 곰곰이 생각해 볼 필요가 있습니다. 예를 들어 무조건 자기에게 호의적인 감정을 되돌려 주는 로봇이 가까운 곳에 있다

그림 2-5-3 | 페퍼

면 애인도 친구도 필요 없다고 생각하는 인간이 나올 가능성도 있습니다. 그 뿐만 아니라 증오나 혐오의 감정을 로봇이 갖게 된다면 어떻게 될까요? 향후 로봇이 발전하기 위해서는 반드시 풀어야 하는 숙제입니다.

지능을 가진 놀이 기구

자동차·택시·버스의
"자율주행 시스템"

제2차 산업혁명으로 마차가 쇠퇴하고 자동차의 시대가 온 것처럼, AI 기술의 발전으로 교통 시스템도 크게 바뀔 가능성이 있습니다. 사람이 운전하지 않아도 자동차가 자율적으로 목적지에 도착하는 자율주행 시스템의 실현입니다. 자율주행이 실현되면 우리 생활에 큰 영향을 미치기 때문에 자동차 제조사도 전력으로 개발을 하고 있습니다.

목표는 완전한 자율주행

기술 부문이 아닌 일반적인 뉴스에도 자동차의 자율주행과 관련된 내용이 자주 등장하게 되었습니다. 현대인의 생활에 없어서는 안 되는 자동차에 대한 자동화가 실현된다면 큰 영향을 끼칠 것입니다. 자율주행 관련 뉴스에서 AI라는 말이 사용되는 일은 별로 없지만, 자율주행은 AI 기술의 발전과 떼어 놓을 수 없습니다. 사람에게 운전면허가 필요한 것에서 알 수 있듯이 자동차를 운전하기 위해서는 고도의 상황 판단이나 교통 지식이 요구됩니다. 더군다나 사람을 태우고 도로를 달려야 하므로 안전성 확보는 무엇보다도 중요합니다. 이러한 과제를 해결하기 위해서는 매우 높은 AI 기술이 필요합니다.

표 2-6-1은 AI 기술의 발전 정도에 따라 어떤 자동화가 가능한지를 나타낸 것입니다. 표 안에 나오는 **"심볼 그라운딩"**은 기호나 말의 의미를 현실 세계의 개념과 연결시키는 것을 말합니다. AI에 관련하여 해결하기 곤란한 과제 중 하나로 알려졌습니다(**Symbol grounding 문제 → P.54**). 해결이 어렵다고 여겨져 온 과제가 해결될 때마다 인간과 마찬가지로, 또는 그 이상으로 AI는 능력을 얻게 되고 자율주행이 실현되는 날도 점차 다가올 것입니다.

자동차에게 모든 것을 맡기는 완전 자율주행이 어느 날 갑자기 실현될 수는 없습니다. 조작의 일부분이나 한정된 조건에서의 자동화로부터 점차적으로 자동화가 진행되어 갈 것입니다.

자율주행 관련 단계별 레벨(Level)에 대한 정의를 살펴보면 어떤 단계로 자동화가 진행되어 갈 것인지 알 수 있습니다(**그림 2-6-1**).

표 2-6-1 | 인공지능 기술의 발전으로 인해 자동차 분야에 초래되는 효과

	현재~2020년	2020년~2030년	2030년 이후
인공지능 기술의 발전	3차원 정보 환경 인식이 인간 차원에 도달 ➡ 도로 위의 장애물 등을 인식·차량끼리 정보 공유 딥러닝과 강화 학습의 융합이 진화되고 인간이 설정한 보수 체계에서 복잡한 게임 등의 작업 수행(계획)이 인간 차원에 도달 ➡ 특정 환경의 제어 규칙을 학습으로 미리 취득 자율 이동하면서 3D 맵을 생성하고 주변 환경을 구조화. 이미지와 텍스트를 상호 변환하는 원초적인 심볼 그라운딩 기술 확립 ➡ 3차원 지도 정보와 교통(사고) 정보를 기반으로 위험을 예측	스몰 데이터로 학습에 의한 깊은 배경 지식을 필요로 하는 작업 수행이 인간 차원에 도달 ➡ 배경 지식 기반 시뮬레이션으로 미리 상황을 예측 ➡ 숙련된 운전기사의 위험 예지, 사고 회피 능력 모델화 Multi Model 정보, 운동에 관한 가장 기본적인 요소와 텍스트를 상호 변환하고 보다 본격적인 심볼 그라운딩 기술 확립 ➡ 교통 법규를 이해	문화나 사회적 배경을 필요로 하는 작업 수행이 인간 차원에 도달 ➡ 환경 중에 중요한 것을 자율적으로 선택 인간의 언어 지식, 이미지나 운동을 통해 심볼 그라운딩이 융합되고 대규모 지식 획득이 가능하게 됨 ➡ 주행 데이터, 교통 정보 등으로부터 위험 예지·사고 회피 능력을 일상적으로 향상
자동차의 진화	높은 정확도의 일반 물체 인식 기술로 파악한 것이나, 정보를 미리 정해진 제어 규칙에 적용함으로써 한정된 장소/고속도로 등의 정비된 구역에서 완전 자율주행이나 대열 주행이 가능하게 됨 교통 정보와 3D 맵 정보를 토대로 사고 가능성을 미리 음성을 사용하여 주의를 줌으로써 자동차 사고가 감소(사고 사망자 수 2,000명 이하)	인식된 사상에 최신 교통 법규를 적용하여 모델화된 숙련 운전기사의 위험 예지 능력이나 사고 회피 능력을 토대로, 마주 오는 차로부터 위험을 감지하여 전달하면서 교외의 간선 도로에서 완전 자율주행이 가능함 달리면서 30초 앞의 상황을 시뮬레이션 하는 동시에 운전 기능을 향상시키고 자동으로 사고 회피나 주의 환기 기능의 정확성이 향상되면서 자동차 사고가 감소(사고 사망자 수 1,000명 이하)	환경 중에 중요한 것을 자율적으로 선택함과 동시에 주행 데이터로부터 학습이 진행되어 숙련된 운전기사 이상의 기능을 자동차가 공유하게 되어 시가지를 포함한 모든 길에서 완전 자율주행이 가능하게 됨

출처 인공지능 기술 전략 회의 "차세대 인공지능 기술 사회 구현 비전"을 참고로 만든 표

그림 2-6-1 | 미국 교통부가 채택하고 있는 자율주행에 대한 레벨 정의(SAE: Society of Automotive Engineers)

SAE 레벨 0	인간인 운전자가 모든 것을 한다.
SAE 레벨 1	차량 자동화 시스템이 인간인 운전자를 가끔 지원한다. 또한 몇 가지 운전 관련 작업을 할 수 있다.
SAE 레벨 2	차량 자동화 시스템이 몇 가지 운전 작업을 사실상 할 수 있다. 한편, 인간인 운전자는 운전 환경을 감시하고 나머지 부분 운전 작업을 실시한다.
SAE 레벨 3	자동화 시스템은 몇 가지 운전 작업을 사실상 실시하는 동시에 특정 운전 환경을 감시한다. 한편, 인간인 운전자는 자동 시스템이 요청한 경우에 차량 제어를 하기 위한 준비가 필요하다.
SAE 레벨 4	자동화 시스템은 운전을 실시하고 운전 환경을 감시할 수 있다. 인간은 제어될 필요는 없지만 자동화 시스템은 특정 환경 조건하에서만 운행할 수 있다.
SAE 레벨 5	자동화 시스템은 인간인 운전자가 운전할 수 있는 모든 조건 아래에서 모든 운전 작업을 할 수 있다.

출처 IT 종합 전략 본부 제번 도로 교통 Working Team 제26회 SIP 자율주행 시스템 추진 위원회 합동 회의 제출 자료 "자율주행 레벨 정의를 둘러싼 움직임과 향후 대응 방안"을 참고로 만든 표

☼ 현 단계 자율주행

주요 자동차 업체 사이에서는 자율주행의 개발 경쟁이 벌어지고 있습니다. 토요타와 닛산, 포드, GM, BMW 등 기존 자동차 회사에서 더 나아가 전기 자동차 테슬라, 배차 서비스 Uber 등 다양한 기업이 개발을 진행하고 있습니다.

더불어 대형 IT 기업인 Google과 Apple도 자율주행 자동차를 자체 개발하여 왔습니다. 그러나 2016년에 속속 개발을 포기하고 자동차 메이커와 제휴하여 자사의 기술을 제공하는 방향으로 전환하고 있습니다.

실용화된 자율주행 기능

자율주행 실용화에 대한 움직임이 가장 빨랐던 것은 테슬라입니다. 테슬라 자동차에는 소프트웨어가 탑재되고 업데이트를 통해 기능을 향상시키고 있습니다. 2015년부터는 레벨 2에 해당하는 자율주행 기능을 실현하는 업데이트가 이루어지고 있습니다. 소프트웨어 버전인 8.1에서는 자동 차선 변경이나 차선 이탈 경고, 자동 긴급 제동, 오토 파킹 등을 실시할 수 있습니다.

대기업 자동차 메이커도 자율주행 실용화에 대한 움직임이 있습니다. 실험 수준에

서 각 社가 모두 자율주행 차를 성공시키고 있으며, 현재 운전 지원 기능을 탑재한 차량의 판매가 이미 진행되고 있습니다. 예를 들어 닛산은 2016년 발매한 세레나 (SERENA)에 "프로 파일럿" 기능을 탑재했습니다. 전방 주행 차와의 차간 거리를 유지하며 차선의 중앙을 유지하도록 가속, 브레이크, 핸들링을 자동으로 제어하는 기능입니다.

공공 교통 기관의 자율주행

버스 자율주행 개발은 세계 각지에서 진행되고 있습니다. 2016년 7월에는 네덜란드 암스테르담에서 다임러(Daimler)가 실증 실험을 실시했습니다. 또한 그 해 8월에는 프랑스의 이지마일(EasyMile)社가 시험 주행을 실시하였습니다. 일본에서도 2017년 3월에 오키나와 공공 도로에서 공공 버스로 사용되는 차량을 이용하여 실증 실험을 했습니다**(그림 2-6-2)**. 핸들과 악셀 자동 제어, 주행 차선에 머물면서 차선을 유지하는 제어, 버스 정류장에 정확한 도착 제어, 장애물 검출과 차선 변경 제어 등의 실험을 했습니다.

그림 2-6-2 | 오키나와 공공 도로에서 버스 시험 주행

출처 http://www.dc.ogb.go.jp/road/jutai/jidouunten.htm

운송 회사의 대처

자율주행이 실현되면 운송 회사의 일손 부족을 해소할 수 있기 때문에 자율주행에 대한 조기 실용화가 요구되고 있습니다.

2017년 4월 야마토 운수와 DeNA는 자율주행 차의 배송 서비스 "로보네코(로봇 고양이) 야마토" 실현을 위해 공공 도로에서 실증 실험을 시작했습니다. 이 실험은 소비

자나 화물 배달이 중심이지만, 장거리 물류 배송에서도 자율주행 개발이 진행되고 있습니다.

미국 콜로라도주에서는 Uber의 산하 기업인 Otto가 자율주행 장거리 트럭으로 약 193km에 달하는 수송 운행을 성공하였습니다.

⬡ 자율주행 실현의 과제

자율주행의 실현은 운전기사 부족 문제 해결과 부주의로 인한 사고를 줄이는 것과 연결됩니다. 전체로 보면 장점이 있다는 것은 틀림없겠지만, 사고가 없을 수는 없습니다.

실제로 2016년 5월에는 테슬라의 자율주행 차에 의한 사망 사고가 발생하였습니다. 정확히는 자율주행이 아닌 운전 지원 시스템이고 안전 확인 의무가 있음에도 지키지 않은 사고 상대 트럭 운전기사의 과실 등의 원인이 겹쳐서 난 사고였지만, 앞으로도 같은 사고가 안 난다고는 할 수 없습니다. 비록 자율주행 기술이 완벽하더라도 공공 도로에서는 뜻밖의 일이 일어나며 사고가 불가피한 경우도 있기 때문입니다. 완전 자율주행 중 사고가 일어났을 경우 책임 소재는 어디에 있는 것일까요? 기술 개발과 동시에 법 제도의 정비도 추진되어야 하는 필요가 있습니다.

· COLUMN

드라이브의 즐거움을 지원하는 AI

운전기사를 지원하고 보다 쾌적한 운전을 위해 AI를 활용하려는 시도가 이루어지고 있습니다. 토요타 자동차가 발표한 콘셉트 카 "Concept-사랑 i"에서는 표정이나 동작 등 운전자의 상태를 수치화하고 SNS를 통한 대화 이력 등의 데이터와 조합하여 운전자의 기호나 상태를 AI로 추정합니다. 조명과 음악으로 기분이나 졸음을 컨트롤하거나 차량과 대화하는 기능도 개발한다는 것입니다. 또한 AI가 운전자의 기분을 알아내고 눈치 빠른 동승자와 같은 기능을 하도록 한다는 것입니다.

사람의 생명을 구하고 건강에 기여한다

의료 분야에서 활약하는 "AI 닥터"

AI의 활약 장소로써 크게 기대되고 있으며 실제로 성과가 나타나기 시작하는 분야는 의료 분야입니다. AI 닥터라고 말은 해도 아직까지는 의사를 대신하여 로봇이 진료하고 치료하는 종합적인 형태로 진행되는 단계에는 이르지 못했습니다. 그러나 질병의 발견과 치료 방법의 결정 등 의료 행위의 일부분에서 AI가 인간 이상의 기능을 보이고 있습니다.

고령화가 진행됨에 따라 필요한 "AI 닥터"

아무리 인류 문명이 진보해도 인간은 나이를 먹고 병으로 죽어 갑니다. 문명의 역사는 생물로서의 운명에 맞서는 역사이기도 합니다. 의료 기술의 진보로 인하여 과거의 불치병도 치유가 가능하게 되어 인간 수명은 급격히 늘어났습니다. 거기에 지금 AI가 본격적으로 투입되고 있습니다.

병을 치료하는 과정을 생각해 보면, 검사와 진찰을 통해 진단한 후 의료 방법을 정하고 그에 따른 치료나 수술, 투약 등을 실시, 효과를 확인한 후 완치될 때까지 이 사이클을 반복합니다. 또 의료 현장에서는 사람의 마음에 대한 배려도 필요합니다.

현재의 AI는 이러한 모든 것을 종합적으로 실시할 수는 없지만, 부분적으로는 실용화되고 있습니다. 오히려 의사가 찾지 못한 병을 AI가 발견하는 등 인간을 초월하는 능력을 보여 주는 사례도 나오고 있습니다. 의학 지식은 방대한 데다가 날마다 갱신되고 있는데, 인간인 의사가 그 모든 것을 파악하는 것은 불가능합니다. AI라면 방대한 데이터를 이용한 치료 방법을 찾는 것이 가능합니다.

한국에서는 고령화가 급격히 진행되고 있기 때문에 의사와 의료 종사자 부족이 앞으로 더욱 심각해질 것입니다. 의료 분야에 도움을 줄 수 있는 AI 개발이 진행되면 의사 부족 문제와 고령자 건강 유지라는 사회 문제 해결에 도움이 될 것입니다.

일본 정부는 의료·간호 분야의 AI 활용을 주요 사항으로 규정하고 구체적인 목표를 설정하였습니다. 2020년 목표는 AI를 이용한 진료 지원 실용화 정도이지만 2030년 이후에는 굉장히 높은 목표를 설정하였습니다. 홈 닥터 로봇의 실현이나 의료진의 일원으로 AI 참여, 정신 질환자의 병세 회복·커뮤니케이션 등 미래 의료의 모습이 구체적으로 포함되어 있습니다(**그림 2-7-1**).

그림 2-7-1 | AI 기술의 발전으로 인해 의료·건강, 간호 분야에 나타나는 효과

현재~2020년	2020년~2030년	2030년 이후
• 의료 이미지, 바이탈 데이터(Vital Data), 유전자 데이터, 환경 데이터에 기반한 의사의 진료, 진단 지원(원격 진료 지원, 이미지 진단 지원 등), 새로운 헬스케어 서비스(미병, 생활 습관 질병 예측·예방 지원 등)가 가능하게 됨 • 수술 지원 로봇의 스마트화	• 웨어러블 단말 등의 발전으로 위독한 질병 대부분에 대하여 예방·연명이 가능해짐(미병 대책 고도화) • 의료 온톨로지 구축으로 상태에 대한 정밀한 진단 지원이 가능해짐 • 부드러운 물건에 대한 조작이 진전되어, 간호 지원 로봇이 개발됨/BMI 기술, 고분자 인공 근육이 불편하게 된 손발을 움직일 수 있게 함 • 음성 인식 기술, 대화 엔진 고도화, 표정 인식으로 커뮤니케이션을 할 수 있는 로봇 개발이 가능하게 됨	• 장기적이고 지속적인 개인 의료 데이터 축적 및 의사의 진료, 진단 지원 적용 범위 확대로 홈 로봇 의사가 실현되고 병원에서는 의료 팀의 일원으로 AI가 참여함 • 의수, 의족 고도화와 뇌 활성화 등의 실현으로 건강 수명 확대 • 수술 로봇의 보급

출처 인공지능 기술 전략 회의 "차세대 인공지능 기술 사회 구현 비전"을 참고로 작도

병을 진단 하는 AI

이미지 진단으로 암을 발견했다

이미지 데이터에서 병명을 진단하는 AI 개발이 진행되고 있습니다. 병리 조직의 이미지를 병명과 함께 대량으로 읽어 들이는 기계 학습을 실시하면 AI는 질병마다 특징을 찾아냅니다. 기계 학습을 한 AI에게 환자의 병리 조직 사진을 보여 주면 즉시 어떤 병에 대한 가능성이 큰지 판단하게 됩니다.

미국 스탠퍼드 대학교 연구팀은 이미지에서 피부암을 검출하는 AI를 개발했습니다. 이 AI는 Google의 이미지 진단 시스템 "Inception v3"를 기준으로 12만 9,450장의 피부 질환 임상 영상과 진단 데이터를 사용하여 딥러닝을 실시했습니다(**그림 2-7-2**). 앞으로는 스마트 폰에서 이용이 가능한 시스템을 개발할 예정입니다.

조직 세포 수준의 이미지에서 암을 발견하는 "병리 진단"을 실시하는 AI 연구도 여러 곳에서 진행되고 있습니다. 일본의 NEC는 병리 전문의를 지원하는 해석 시스템 "e-Pathologist"를 이미 판매하고 있습니다(다만 가격은 천 억에 가까움). 대학이나 연구소에서 연구도 진행되고 있으며, 오사카 대학에서는 딥러닝을 시행한 AI가 암 세포를 85% 확률로 구분하는 것에 성공하였습니다. 병리 진단을 할 병리 전문의 부족은 심각하고 약 2,300명이 연간 2,000만 건의 병리 진단을 담당하고 있습니다(2016년 8월 기준). AI가 실용화되면 일손 부족에 대한 대책과 병리 진단의 품질 향상을 동시에 달성할 수 있습니다.

AI의 진단 수준을 올리기 위해서 필요한 것은 학습의 바탕이 되는 이미지 데이터베이스 충실화입니다. 2017년 1월에 일본 병리학회가 중심이 되어 데이터베이스 기반 정비와 진단 도구 개발 연구를 시작했습니다. 대부분의 병원과 연구 기관이 참여하고 있어 대량의 이미지 데이터를 저장할 수 있는 데이터베이스 구축이 기대되고 있습니다.

그림 2-7-2 | 영상을 바탕으로 피부암을 발견하는 AI의 개발이 진행

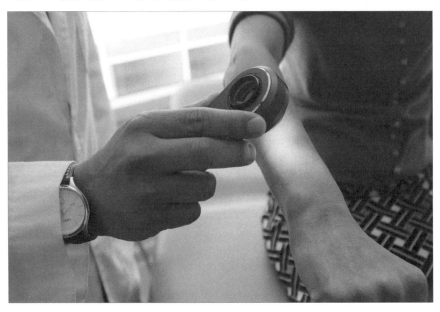

출처 스탠퍼드대 "Stanford News"(Image credit:Matt Young)

의학 논문과 의약 정보로부터 치료법을 제안

이미지에 의한 진단뿐만이 아니라 논문 데이터를 학습하여 병명을 알아낸 실제 사례도 나오고 있습니다. 도쿄대학 의과학연구소에서는 IBM의 AI "왓슨"에게 2,000만 건 이상의 의학 논문과 1,500만 건의 항암제 정보를 학습시키고 있습니다. 한 환자는 의사로부터 급성 골수성 백혈병이라는 진단을 받아 치료를 계속하고 있었지만 효과를 보지 못했습니다. 왓슨이 환자의 유전자 변이 데이터를 분석한 결과 불과 10분 만에 정확한 병명을 알아내고 치료법도 제안하였습니다. 그 방법대로 치료를 계속한 결과 환자의 병세가 회복되었습니다.

그동안 의사가 진단을 할 때 의학 논문 참조는 필수적이었지만, 인간의 참조 · 분석 능력에는 한계가 있습니다. AI를 이용하여 의학 논문 참조를 일반적으로 실시할 수 있게 된다면 진단에 소요되는 기간을 단축하거나 질병의 특정, 오진 감소에 큰 효과를 낼 수 있을 것입니다.

◦❖ AI가 도움이 되는 의료 분야

병 진단 이외에 AI에게는 다양한 기대치가 있습니다.

건강 관리

건강 유지라는 관점에서 보면, 진단 이전에 아예 병에 걸리지 않는 것이 가장 좋습니다. AI가 평소의 건강 상태를 점검하고 조언을 하면 건강 관리에 도움이 됩니다. 예를 들어 웨어러블(Wearable) 단말이나 스마트 폰을 사용하면 심박 수, 걸음 수 등 신체 자료를 일상적으로 취득할 수 있습니다. AI가 이 데이터를 이용해서 다이어트와 건강한 식사에 대한 조언을 하고 병의 징후를 찾아 주면 돌연사나 발작의 발생 가능성을 억제할 수 있습니다.

신약의 개발

약을 개발하기까지는 엄청난 개발비나 오랜 시간이 필요합니다. 신약 후보 중에서는 개발을 하기 위해 대상을 찾는 것에만 몇 년이 걸리므로, 시간과 비용의 단축을 위해서라도 AI의 활용이 기대되고 있습니다. 각국의 대형 제약 회사가 적극적으로 임하고 있으며 벤처 기업도 다수 생겨나고 있습니다. 일본에서는 2017년 7월에 제약회사, IT 기업, 연구 기관 등 약 70곳이 공동 연구 단체를 설립하고 3년 후 실용화를 목표로 신약 개발 AI 프로젝트를 시작하였습니다. 약을 만드는 AI가 실용화되면 개발 기간이 4년 단축되고 개발비도 업계 전체에서 1.2조엔 삭감된다고 추산되고 있습니다.

AI 닥터가 활약하기 위한 법 개정

AI가 의사를 대신하여 의료 행위를 수행하면서 오진, 수술 미스 등이 발생하면 누가 책임질까요? 현행법은 분명하지 않습니다.

또한 AI가 활약하기 위해서 필요한 의료 데이터 활용은 개인 정보 보호 등으로 인해 아직 충분히 활용되지 않고 있습니다. AI 닥터가 실현되려면 AI 자체의 발전뿐만 아니라 법 제도, 정비도 함께 추진되어야 합니다.

의사와 간호사의 기대치는?

의료 관계자는 AI에게 얼마나 기대를 하고 있을까요? 일본 의료 종사자 전용 사이트 m3.com 조사에 따르면 AI 도입을 "매우 기대하고 있다"와 "어느 정도 기대하고 있다"를 합치면 무려 80%에 가까운 사람들이 기대하고 있다는 결과가 나옵니다. 또한 일부 질환 영역에서 확정 진단이 가능하게 되는 것은 언제인가? 라는 질문에 대해서는 "5년 이내"가 21.6%, "6~10년"이 28.3%로 절반 가량이 나와 "10년 이내에 일부 질환에서는 AI에 의한 확정 진단이 가능하게 된다"는 의견이 나왔습니다**(그림 2-7-3)**.

그림 2-7-3 I m3.com의 조사

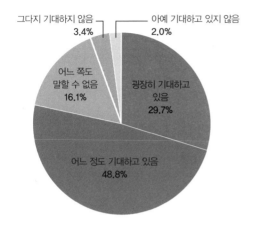

AI 도입에 대한 의료 관계자의 기대

- 그다지 기대하지 않음 3.4%
- 아예 기대하고 있지 않음 2.0%
- 어느 쪽도 말할 수 없음 16.1%
- 굉장히 기대하고 있음 29.7%
- 어느 정도 기대하고 있음 48.8%

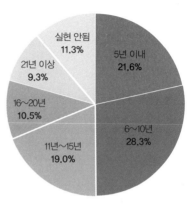

AI만으로 일정 부분 질환 영역에서 확정 진단이 가능하게 되는 시기

- 실현 안됨 11.3%
- 21년 이상 9.3%
- 16~20년 10.5%
- 11년~15년 19.0%
- 5년 이내 21.6%
- 6~10년 28.3%

출처 https://www.m3.com/open/iryolshin/article/499920/를 참고로 만듦

 COLUMN

로봇 의사

의사를 완전히 대신하여 AI가 근무하기 위해서는 환자와 접촉하는 "몸"이 필요합니다. 수술이나 투약 등은 두뇌 소프트웨어만으로는 하지 못하며 하드웨어 기술의 개발이 함께 필요합니다. 수술을 하는 로봇 개발도 진행되고 있으며, 동물 실험에서는 이미 성공을 거두고 있습니다.

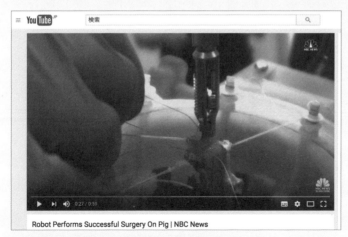

Robot Performs Successful Surgery On Pig | NBC News

그림 2-7-A I Smart Tissue Autonomous Robot: STAR

완전 자동으로 살아 있는 새끼 돼지의 장 수술을 성공시킨 수술 로봇

출처 https://www.youtube.com/watch?v=76npaHULaBw(ⓒNBC News)

올림픽에도 영향을 미친다

스포츠계의 AI 활용

투지를 내세우며 오로지 연습하는 모습이 미덕으로 여겨졌던 것도 이제 먼 옛날. 스포츠는 이론적이며 과학적인 스마트한 모습으로 바뀌고 있습니다. 선수나 경기 관련 데이터 분석은 당연한 것이 되었고 이제는 AI 도입이 시작되고 있습니다. 선수와 감독, 운영뿐만이 아니라 관람 스타일도 AI가 바꾸고 있습니다.

팀 플레이를 파악한다

이론적으로 스포츠 경기에 대한 분석을 실시하려면, 기본이 되는 데이터가 필요합니다. 데이터 분석이 보급되어 있는 경기로는 야구가 있습니다. 야구는 데이터를 취득하기 쉬운 스포츠입니다. IT 도입 이전부터도 구종이나 구속, 도루 저지율 등 다양한 데이터가 기록되었고 활용되어 왔습니다. 2000년대 초반부터는 데이터를 통계적으로 분석하는 "세이버메트릭스(Sabermetrics)"라는 방법이 이용되어 지금까지 상식으로 알려진 전략이 뒤집히게 되었습니다.

농구나 축구 등 선수가 필드 위를 어지럽게 움직이는 형태의 경기 데이터는 취득하기가 매우 힘들었지만 IT의 진화와 함께 분석에 도움이 되는 데이터 취득이 가능하게 되었습니다.

이미지 분석에 의한 트래캡 시스템

카메라를 경기장에 설치하고 이미지 분석을 실시하여 선수, 공, 심판 등 필드상의 움직임을 데이터화합니다. 대표적인 트레킹(Trekking) 시스템에 카이런히고(ChyronHego)社의 "트래캡(TRACAB)"이 있습니다. 분석 기술에는 자동차 회사로 유명한 사브(Saab)가 개발한 군사용 추적 시스템이 사용되어 실시간으로 필드 위의 모든 사람이나 물건에 대한 데이터화가 가능합니다. 축구에 대한 분석 도구로써 세계 여러 나라의 축구 팀과 방송에서 이용되고 있습니다(**그림 2-8-1**).

야구에서 또한 트레킹은 보급되어 있습니다. 미국 Sports Vision이 개발한 트레킹 시스템이 MLB의 전 구장에 배치되어 매 경기 데이터를 누구나 웹 사이트에서 조회 가능합니다.

그림 2-8-1 | "TRACAB"의 실시간 추적 화면

출처 https://www.youtube.com/watch?v=YJ4F64nt50Q(ⒸChyronHego)

웨어러블 기기를 통한 데이터 취득

선수에게 센서가 탑재된 장치를 장착시키고 이동 거리와 속도 관련 데이터를 취득합니다. 일반인용으로 걸음걸이 숫자나 운동량을 계측하는 웨어러블 기기가 보급되고 있는데, 선수용은 그것의 프로 스포츠용이라고 보면 이해하기 쉽습니다. 아디다스가 개발한 "miCoach Elite"는 프로 선수의 퍼포먼스를 iPad에서 모니터링할 수 있는 시스템입니다. 이탈리아 세리아 A의 AC 밀란과 J리그 요코하마 F마리노스 등에서 도입하여 화제가 되었습니다.

✺ 배구에서는 경기 중에 기계 학습을 실시, 토스의 위치를 예측

이처럼 기술이 고도화되면서 프로 스포츠는 디지털화 전쟁에 돌입하고 있으며, 아마추어 스포츠에도 AI 도입은 진행되고 있습니다.

그중 특히 데이터 활용이 진행되고 있는 것이 배구입니다. 배구는 경기 중 실시간으로 데이터 취득과 분석을 실시하여 감독이나 코치가 이용하는 것이 허가되어 있습니다. 브라질 리우 올림픽 일본 대표팀 시합에서 감독이 iPad를 들고 지시하고 있었던 것을 기억하는 사람도 있을 것입니다.

그 iPad에는 전략을 결정하는 다양한 데이터가 펼쳐지고 있었습니다. DATA PROJECT의 배구 데이터 분석 소프트웨어 "DATA VOLLEY 4"에서는 오늘 기분의 좋고 나쁨이나 버릇 등 선수 개개인에 대한 분석 결과 이외 토스 위치에 대한 예상까지 표시할 수 있습니다(**그림 2-8-2**).

배구는 세터가 토스를 올리는 위치를 예측하고 대응하는 것으로 실점을 막을 수 있는 가능성이 올라가는데, 그 예측에 기계 학습이 이용되고 있습니다. 축적된 상대 선수 데이터에 현장에서 실시간으로 데이터를 추가하여 기계 학습을 통해 항상 최신으로 최적의 값을 도출하고 있습니다. 이제 AI는 두 번째 감독이라고 해도 될지도 모릅니다. 코트 위에서 선수가 싸우고 있고 그 옆에서는 동시에 AI의 싸움도 벌어지고 있습니다. 또한 월드컵에서는 배구 경기 벤치에 분석가(Analyst)가 참여하여 감독과 코치에게 직접 정보를 제공하고 있습니다.

그림 2-8-2 | 배구 데이터 분석 소프트웨어 "DATA VOLLEY 4"

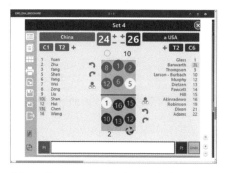

출처 http://www.dataproject.com/Products/EU/it/Volleyball/DataVolley4

◌❋ 경기의 판정, AI 심판

스포츠 경기에서 심판은 중요한 역할을 담당하고 있습니다. 경기에서 심판은 절대적인 존재지만 심판도 인간인 이상, 잘못된 판정을 내릴 수 있습니다. 오심을 줄이려고 그동안에 최신 기술이 계속적으로 투입되었으며, 비디오 Replay 및 컴퓨터 그래픽으로 보고자 하는 위치를 재현하는 호크아이(Hawkeye)는 이제는 일반적인 것이 되었습니다.

일부 경기에선 판정에 AI를 도입하려는 검토가 시작되고 있습니다. 그중에 하나가 체조 경기입니다. 일본 체조 협회와 후지쯔(Fujitsu)는 **체조 채점 지원 기술 공동 개발**을 시작했습니다. 3D 레이저 센서로 사람의 움직임을 측정하고 그 데이터에서 AI가 기술의 종류 및 특징이나 회전 횟수 등을 판정하여 채점을 지원한다는 것입니다 **(그림 2-8-3)**. 지금까지 인체의 3D 데이터를 취득하려면 사람이 마커(Maker)를 장착해야 했지만, 3D 레이저 센서라면 경기하는 선수에게 부담이 되지 않습니다.

그림 2-8-3 | AI 체조 채점 지원

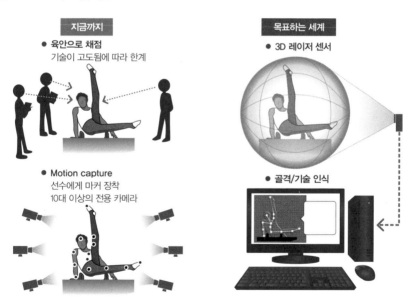

출처 후지쯔의 보도 자료를 참고로 작성
http://pr.fujitsu.com/jp/news/2016/05/17-1.html

스포츠 해설을 AI가 담당한다

스포츠 중계를 더 재미있게 만들어 주는 것은 해설자입니다. 경기의 볼거리와 예상되는 전개를 시청자들이 알기 쉽게 얘기해 줍니다. 은퇴 선수 등 전문가들의 독무대였던 해설 포지션에도 AI 기술이 적용되려 하고 있습니다.

덴츠(Dentsu)에서는 데이터 기술을 활용한 "AI 스포츠 해설 프로젝트"를 시작하였습니다. 제1탄으로서 야구 해설을 하는 AI, "주노(ZUNO)씨"를 개발했습니다(**그림 2-8-4**). 300만 개 이상의 데이터를 기반으로 딥러닝 교육을 실시하여 투구 코스나 구종 예측을 했으며, 딥러닝으로 야구에서의 순위도 예상했습니다. 각 선수의 성적 지표와 시즌 총 득점 관계, 투수의 성적과 총 실점의 관계를 학습시켰고 팀의 총 득점과 총 실점을 예상하고, 그 결과를 토대로 야구 통계 분야에서 사용되는 수식 "피타고리안 기대 승률"을 응용하여 승률을 산출하고 순위를 발표했습니다(예상은 빗나갔습니다).

또한 새로운 경향을 발견하기 위해서 데이터 마이닝(Data mining)을 하고 있습니다. "특별한 볼카운트에서 타율이 올라가는 선수", "특별한 출루 상황에서 삼진율이 올라가는 선수" 등 통상적인 분석에서는 좀처럼 찾아내지 못했던 사실을 발견할 수 있었습니다.

그림 2-8-4 | 야구 해설 AI 주노씨

순위 예상하는 구조, 주노씨의 해설은 NHK 야구 프로그램에 이용될 예정

출처 http://www4.nhk.or.jp/zuno-san/

AI 도입이 착착 진행되는 "핀테크"

금융 업계는 원래부터 IT를 적극적으로 적용해 왔습니다. 최근에는 최신 IT 기술이 적용된 새로운 금융 상품과 서비스를 나타내는 "핀테크"도 한창입니다. 금융 거래 및 자산 운용, 부정 식별 등 보이지 않는 곳에서 적극적으로 최신 AI 기술이 도입되고 있습니다.

착착 진행되는 금융의 AI 도입

금융은 AI 도입이 가장 활발하게 진행되는 분야 중의 하나입니다. 금융(Finance)과 기술(Technology)을 접목한 "핀테크"라는 말은 버즈워드(buzzword)[1]에서 일반적으로 정착한 단어로 바뀌고 있습니다. 금융은 원래 다른 업계에 앞서서 최신 IT가 적용되고 있으며, 세계 경제 활동은 모두 고도의 IT 시스템 하에서 움직이고 있다고 해도 과언이 아닙니다. 예전부터 컴퓨터로 만들어 낸 가상의 시장인 "인공 시장"에서 경제 현상 분석과 검증을 하고 시뮬레이션 결과를 현실의 금융 거래에 활용하는 연구가 계속되고 있습니다.

그렇지만 일반 고객의 눈에 보이는 곳에서는 그다지 눈에 띄는 AI 도입은 없습니다. 국내 은행이 AI 도입을 시작했다는 뉴스의 대부분은 "고객 상담에 챗봇 도입" 등 금융 자체가 아니라 비교적 간단한 업무의 효율화에 불과합니다. 그러나 그것은 본격적인 AI 도입의 첫걸음이라고 생각해도 좋습니다. 나중에는 개인의 요구에 맞춘 금융 상품의 제안이나 개인 자산 관리 등도 AI가 대행하게 될 것입니다. 이미 개인의 자산 운용 관련 충고를 하는 AI "로보어드바이저(Robo-advisor)"가 실용화되었고 미국에서는 전문 기업도 등장하고 있습니다(그림 2-9-1).

....

1 버즈워드 : 너무 일반적이라 검색 대상으로서 가치가 없는 말. 예를 들면 and, address, record 등. 대부분의 데이터베이스에서는 미리 버즈워드 목록을 갖추고 있고 검색 시 필터를 걸어 두고 있다.(출처 : IT용어사전)

그 뒤로도 차근차근 AI 도입이 진행되고 있습니다. 투자 신탁과 주식 외환 거래, 헤지펀드, 부정 식별 등 금융업에서는 AI를 활용할 수 있는 분야가 많아 향후 한층 더 그 중요성이 증대될 것으로 보입니다.

대형 은행의 수장도 은행 일은 향후 자동화되어 인력이 불필요하게 된다고 말했습니다. 2017년 9월에는 미국 대형 은행 씨티 그룹의 전 CEO 비크람 팬디트(Vikram Pandit), 미쓰비시 UFJ 파이낸셜 그룹의 히라노 노부유키 사장 모두 "은행은 약 30%의 일자리가 없어진다"라고 말했을 정도로 AI의 도입으로 인해 은행원의 일은 급변하고 있습니다.

그림 2-9-1 | 로보어드바이저

미국의 벤처 기업 웰스프론트(Wealthfront) 웹 사이트에서는 개인의 자산 상황, 생활 스타일을 바탕으로 포트폴리오를 자동 생성해 주는 서비스를 제공하고 있다.

출처 https://www.wealthfront.com/

⬡ AI 트레이더가 인간 트레이더를 쫓아내다

골드만 삭스(Goldman Sachs) 차기 CFO 마틴 차베즈(Martin Chavez)는 하버드 대학에서 열린 심포지엄에서 "2017년 현재 본사에 남아 있는 트레이더는 불과 2명"이라는 말을 하여 전 세계적으로 큰 충격을 주었습니다. 누구나 알고 있는 미국의 대형 투자 은행에서 과거에 600명을 넘던 트레이더들이 지금은 거의 사라진 것입니다.

트레이더 대신 근무하고 있는 것은 컴퓨터 자동 주식 거래 프로그램입니다. 알고리즘에 따라서 주가와 거래 총액 등에 반응하여 1초에 수천 번 초고속으로 대량 매매를 반복하는 HFT(High Frequency Trading)=고빈도 거래는 2010년경부터 주식 시장을 석권하며 주가 변동의 요인이 되었습니다. HFT 알고리즘은 이익 창출의 심장부이기 때문에 외부에 공개된 것은 없지만, AI 도입이 진행되고 있습니다.

게다가 최근에 HFT는 주식 매매 이외의 금융 시장에도 진출하여 다양한 금융 시장에서 동시에 매매함으로써 환율 자체를 움직여서 이익을 얻는 방향으로 진화하고 있습니다. 예를 들면 선물 거래와 주가는 상관관계가 있어서 선물 시장이 크게 움직이면 주식 시장에도 변화가 생기기 때문에 이익을 얻을 수 있는 가능성이 많아진다는 것입니다. 다양한 금융 시장 상황을 AI가 판단하고 매매를 반복하면서 많은 이익을 창출하고 있습니다.

2016년 현재, 도쿄 증권에서는 거래의 전체 60~70% 정도가 HFT에 의한 것이라고 알려져 있습니다. 금융 시장의 거래는 이제 인간이 나서기 힘들며 시장은 컴퓨터가 석권하고 있다고 해도 맞을 것입니다.

이런 금융 시장 상황에 대하여 각국에서 위기감을 느끼고 HFT 규제 움직임이 일고 있습니다. 유럽에서는 2018년부터 HFT 업체 등록 제도를 도입하였고 미국에서도 시기는 미정이지만 같은 규제를 할 예정입니다. 일본에서는 아직 검토 단계입니다. 글로벌화되어 가는 금융 시장에서 규제를 하고 있지 않는다면 순식간에 해외 투자가의 밥이 되어 버릴 수도 있습니다.

✿❖ AI를 활용한 자산 운용

HFT가 이익을 만들 수 있는 것은 인간이 감당하지 못하는 "압도적인 스피드"가 무기이기 때문입니다. 한편, 장기적인 자산 운용 분야에서는 속도보다는 "정확한 분석력과 예측 능력"이 승패를 좌우합니다.

자산 운용에서는 이전부터 시장이나 경제 상황 관련 데이터를 컴퓨터로 분석한 수리 모델을 기반으로 운용을 하는 퀀츠(Quants) 운용이 이루어지고 있습니다. 퀀츠 운용은 과거 대량 데이터를 바탕으로 예측을 실시하는 수법인데, 이곳에 AI 도입이 진행되고 있습니다.

미국의 투 시그마 인베스트먼트(Two Sigma Investments)는 기계 학습을 이용한 빅 데이터 분석을 무기로 미국 최대의 헤지 펀드社로 성장했습니다. 회사를 설립한 것은, 매사추세츠 공과대학 출신으로 컴퓨터 과학 박사 학위를 취득하였고 AI 기술을 전문으로 하는 데이비드 시겔(David Siegel)과 스탠퍼드 대학에서 수학 학위와 통계학 석사 학위를 취득한 존 오버덱(John Overdeck) 두 사람입니다. 이 회사가 채용하는 인재도 컴퓨터 과학과 수학, 공학계 출신이 중심입니다. AI와 컴퓨터 기술을 구사하여 숫자를 다루는 일을 한다는 것은 이제는 금융업 보다 IT 기업이라고 말하는 게 맞을지도 모릅니다.

또한 기존의 퀀츠 운용과 다른 접근 방식으로 시장의 변화를 파악하고 예측하는 기업도 나타나고 있습니다. 홍콩의 헤지 펀드 아이디아(Aidyia)社에서는 유전학에서 착상한 진화적 계산법과 딥러닝 기술을 포함한 AI를 개발하고 주식 거래를 완전히 AI가 행하는 헤지 펀드를 설립했습니다.

일본에도 AI를 활용한 펀드가 등장하고 있습니다. 데이터 섹션은 딥러닝을 이용한 예측 시스템을 펀드 운용에 적용하여 높은 실적을 내는데 성공했습니다. 과거의 데이터뿐만 아니라 Twitter 등 소셜 미디어의 데이터도 분석하여 주목받기 시작하는 종목을 탐지하여 예측 정확도 향상에 도움을 받고 있습니다.

대기업에서는, 미츠비시 UFJ 국제투신이 AI를 활용한 펀드 "AI 일본 주식 오픈(절대 수익 추구형)"을 개시했습니다. 여기도 딥러닝을 이용하여 예측 정밀도를 개선하면서 펀드 운용을 실시하고 있습니다. 시작 시점에서 성과는 별로 좋지 않았지만 앞으로 어떤 실적을 올릴 것인가 관심이 높아지고 있습니다.

금융계에서는 단기적인 거래에 비하면 장기적인 운용은 아직 인간이 유리하다는 의견이 많으며 AI가 인간을 뛰어넘는 날이 언제 올지는 아직 불투명합니다.

◦◉◦ 공격뿐 아니라 수비에도 도움이 된다

주식 거래나 자산 운용은 벌어들이는 AI, 즉 "공격"의 AI이지만, "수비"에도 AI는 도움이 되고 있습니다. 그중에서도 부정 탐지는 현실적인 수준까지 진행되고 있습니다.

골드만 삭스와 크레디트 스위스(Credit Suisse) 등 대형 금융 기관은 중개인들이 주고받는 e-메일 등을 해석하고 부정 행위가 의심될 경우에 통지를 하는 AI를 도입하여 부정 행위 적발에 유용하게 사용하고 있습니다. 이 시스템을 개발한 것은 미국의 AI 벤처, 디지털 리즈닝(Digital Reasoning)입니다. 이 회사는 대화 분석 기술을 자랑으로 여기고 있으며, 테러 대책에 관련하여 미국 정부에도 채용된 실적이 있습니다.

일본에서는 미츠이 스미토모 파이낸셜(三井住友 Financial Group) 그룹이 신용 카드 부정 사용 검출에 AI를 도입했습니다. 과거에 이용했던 데이터를 통해 딥러닝을 사용하고 부정 탐지 비율의 정확도를 향상시켰습니다. 사람이 판단하는 경우 의심되는 거래 중 진짜 비리로 밝혀진 비율은 약 5%였지만 AI의 판단으로는 90%까지 향상됐습니다. 이 회사는 Google Cloud Platform에서 검증을 실시하고 있습니다.

이밖에 금융업에서 업무 효율화를 위한 AI 도입도 착실히 진행되고 있습니다. 가령 후코쿠(富国) 생명 보험에서는 AI를 도입하여 급부금(給付金) 사정 업무를 수행하는 부서의 인원을 30% 가까이 축소했다고 발표했습니다. 급여금 산출과 계약 내용의 자동 조회 등을 AI가 대행함으로써 인간의 업무량이 대폭 축소된 것입니다.

금융업에 있어서 AI의 도입은 큰 효과가 기대됩니다. 그러한 반면, 만일 AI가 폭주할 경우 손실은 상상을 초월할 것입니다. 또한, AI 도입 비율이 높아졌을 때 전체 금융 시장 본연의 모습까지 달라질 수도 있습니다. 어쨌든 AI 도입은 향후에도 빠른 속도로 진행되면서 사회 전체에 미칠 영향이 클 것이라고 생각됩니다.

제조도, 생산 관리도 모두 맡기기

AI가 실현하는
4차 산업혁명 "산업 4.0"

산업용 로봇의 보급으로 인해 빠르고 확실하게 대량으로 제품을 생산할 수 있게 되었습니다. 거기에 AI가 가세하면 다양한 제품에 대한 대응이나 더 복잡한 작업이 가능하게 됩니다. 더욱이 공장 전체가 인텔리전트(Intelligent)화 하면 생산량 조정이나 발주·출하도 포함된 완전 자동 공장까지 가능하게 됩니다. 4차 산업혁명, 산업 4.0을 실현하는 날은 벌써 코앞까지 다가오고 있습니다.

⊶⊛ 기계 학습으로 똑똑해지는 산업용 로봇

공장에서 AI 도입이라고 하면 많은 사람은 산업용 로봇이 차의 조립과 도장을 하는 풍경을 떠올립니다. 이미 제조 공장에서는 <u>산업용 로봇</u>의 보급이 진행되고 있으며 생산성이 크게 향상되었습니다. 그러나 실상 인간과 같이 똑똑한 것은 아니기 때문에 기본적으로는 단순 작업을 되풀이할 뿐입니다. 앞으로 여기에 AI를 도입함으로써 로봇에게 정확한 판단력을 익히게 하는 것이 가능하게 됩니다.

그렇다면 도대체 "정확한 판단"이란 어떤 것일까요? 예를 들면 "상자 안에 따로따로 들어 있는 부품 중에서 적절한 것을 선택하여 집어 든다"라고 하는 작업이 있다면, 이건 인간이라면 쉽게 할 수 있지만 로봇에게는 매우 어렵습니다. "다른 종류의 부품을 판별한다", "올바른 부품을 선정한다", "물건의 방향을 확인한다", "적절한 위치를 잡는다" 등 많은 "판단"이 필요하기 때문입니다.

이것을 로봇에게 실현시키기 위해서는 "판단력"을 몸에 익히게 하면 됩니다. 사전 프로그래밍으로 상황 판단과 그것에 대응하는 최적의 동작을 모두 논리적으로 결정하는 "뇌"를 만들어 로봇에 탑재하는 방법도 생각할 수 있지만, 상당한 어려움이 따릅니다. 따라서 현실적인 방법으로 로봇에게 미리 많은 "올바른 움직임"을 가르치는 방법 <u>티칭(teaching)</u>이 많이 사용되고 있습니다. 인간이 로봇을 조작하고 문자 그대로 "친절하게 가르쳐 주고" 기억하게 하는 것입니다.

그러한 티칭이 AI에 있어서 대체되려 하고 있습니다.

산업용 로봇의 세계적 기업 퍼너크(FUNUC)와 인공지능 벤처인 프리퍼드 네트웍스 (Preferred Networks)(→ P.179)는 딥러닝으로 로봇이 스스로 높은 작업 정확도를 익힐 수 있도록 하는 시스템을 공동으로 개발하고 있습니다. 로봇이 스스로 피킹 (picking) 작업을 하도록 하고 성공/실패 결과와 사진 데이터를 합하여 딥러닝을 시행하면 성공한 경우의 조작 특징을 모델화할 수 있습니다. 그 모델을 로봇의 움직임 제어에 피드백함으로써 성공의 정확도가 갈수록 높아지게 된다는 구조입니다.

AI로 지금까지 숙련된 기술자도 며칠이 걸렸던 티칭을 8시간 만에 완료할 수 있었다는 점에서, 2015년 발표 당시 큰 화제를 불러 모았습니다. 추가 연구가 진행되고 현재 복수의 로봇에게 동시에 학습을 시켜서 학습 속도를 빠르게 하는 것이 가능해졌습니다. 로봇은 지능의 공유라는 새로운 스테이지로 나아간다고 할 수 있습니다.

로봇 AI를 탑재한 로봇이 자력으로 "올바른" 작업을 기억하게 되면 로봇이 활약하는 장소가 확대됩니다. 앞으로는 지금까지와 같이 한 가지 제품을 대량으로 생산할 뿐만 아니라 변화가 많은 제품을 만들어 내는 것이 가능할 것입니다.

그림 2-10-1 | 딥러닝에 의한 피킹 정확도 상승

출처 https://www.youtube.com/watch?v=ATXJ5dzOcDw

⬡ 불량품을 AI가 발견한다

제조 현장에서 제조 작업 이외의 다양한 공정이 있지만 품질 검사도 중요한 공정의 하나입니다.

일본의 식품 생산 업체 큐피(Kewpie)는 AI를 도입하여 이유식 원료인 감자의 불량품 검사 장치를 개발하고 생산성을 2배로 높이는 데 성공했습니다. 식품 공장 등은 공업 제품에 비해서 품질의 안정이 어렵고 불량품 선별이 중요합니다.

분별법도 어렵기 때문에 기계화가 어려워 인력에 의지하고 있었지만, 딥러닝으로 실현이 가능하게 되었습니다. 약 1만 8,000장의 재료 사진을 Google의 AI 프레임워크 텐서플로(TensorFlow)로 읽어 들여, 양품과 불량품을 판별하는 학습을 실시함으로써 양품 이외 것을 비정상인 것으로 탐지할 수 있게 되었습니다.

공업 제품의 품질 검사에도 AI 도입이 시작되고 있습니다. 일본의 NEC는 AI를 활용한 육안 검사 솔루션 "AI Visual Inspection(AI 시각적 검사)" 제공을 시작했습니다. 제조 현장의 제품을 촬영하고 이미지 데이터를 바탕으로 클라우드상에서 양품과 불량품을 판별하는 학습을 실시합니다. 그 결과로부터 만들어진 모델을 따라서 판별 시스템이 불량품을 알아보는 구조입니다. 이것도 딥러닝을 통해 학습을 하고 있어 새로운 제품이 추가된 경우에도 쉽게 대응할 수 있습니다.

그림 2–10–2 | NEC "AI Visual Inspection" 시스템의 구성 예

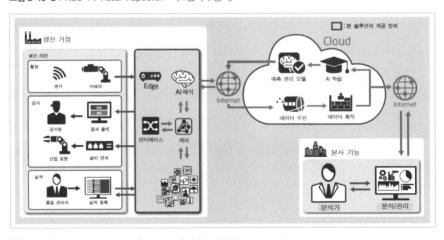

출처 http://jpn.nec.com/manufacture/monozukuri/iot/solution/AI_Visual_Inspection.html

⚙️ 스마트 공장으로 가는 길

향후 제조 공장은 어떻게 되어 갈까요? 산업 로봇의 고도화와 생산 과정의 자동화가 진행되어 공장의 모든 과정에서 데이터를 취득하고, AI가 데이터를 분석하고 적절한 지령을 내리며 전체를 조율할 수 있게 되면 인원 대폭 축소나 생산성 향상이 가능할 것입니다.

타이어 제조업체 브리지 스톤(Bridgestone)은 AI를 도입한 타이어 성형 시스템 "엑사메이션(EXAMATION)"을 도입했습니다. 재료 가공에 관한 데이터나 생산 공정 등으로부터 얻어지는 정보, 숙련 직원의 노하우를 통합하고 AI로 생산 공정이나 품질 관리를 행하는 자동 시스템을 목표로 하고 있습니다.

그림 2-10-3 | 타이어 성형 시스템 "엑사메이션" 외관

출처 http://www.bridgestone.co.jp/corporate/news/2016052502.html

센서가 탑재되어 네트워크에 연결되고 이른바 IoT화된 제품이 일반적인 것이 되면 이용 상황이나 고장 빈도 등 출하 후에도 제품 상태를 추적할 수 있습니다. 이 데이터와 제조 과정에서 공장의 데이터, 설계 데이터 등 모든 정보를 통합하여 AI가 분석을 수행함으로써, 고장의 원인을 신속히 밝히거나 다른 제품의 고장 예측이나 방지도 가능하게 됩니다. 또 제품의 기능 개선이나 고객의 이용 경향으로부터 더 잘 팔리는 제품 개발에도 연계할 수 있게 됩니다.

이런 제조업을 비롯한 산업에서의 데이터 활용, AI 도입은 산업 4.0과 4차 산업혁명 등으로 불리며 특히 독일이나 일본 등 제조업이 융성한 나라에서는 국가 정책으로 강력히 추진되고 있습니다. AI 도입으로 인한 효과는 절대적이라는 예상이 있으며, 이것은 국제적인 경쟁력을 쟁취하는 추진력이 되기 때문입니다.

AI의 활용 능력이 향후 국가의 행방을 좌우하는 것입니다.

대중 지향에서 개인 지향으로

AI가 바꾸는 광고의 모습

"광고"라는 말에서 많은 사람은 텔레비전 CM이나 역에 붙어 있는 포스터를 떠올릴 겁니다. 그러나 인터넷의 보급으로 그 모습은 크게 바뀌고 있습니다. 이제 인터넷 광고비는 신문 광고비의 2.5배에 달하며 텔레비전 CM의 70%에 해당할 정도입니다. 그리고 그 뒤에는 AI가 이미 필수적인 요소가 되었습니다.

❖ 인터넷 광고 효과를 향상시키는 AI

왜 인터넷 광고는 이렇게 필수적인 요소가 되어 가고 있을까요? 물론, 이용자가 늘고 있는 것이 큰 이유지만 그 밖에도 인터넷 광고가 효율이 좋다는 것도 이유가 됩니다. 광고의 최종 목적은 제품이나 서비스를 이용·판매하는 것입니다. 인터넷 광고의 경우 지금까지와 같이 보이지 않는 대중을 상대로 하는 것이 아니라 <u>타깃을 좁히기 때문에 구매로 이어지기 쉽다</u>는 장점이 있습니다.

광고의 효과를 보다 높이기 위해서는 타깃층에게 자주, 확실하게 광고를 보내고 타깃으로부터 호감을 받아야 합니다. 그리하여 접속 데이터를 분석하고 표시되는 내용의 선택이나 표시하는 타이밍의 변경 등 다양한 조정을 실시하는 등의 효과적인 방법을 찾고 있습니다.

원래 인터넷 광고에서는 분석 도구가 필수적이며, 현재 AI 도입도 순조롭게 진행되고 있습니다. 예를 들면 "<u>AI 분석가</u>"는 AI가 웹 사이트를 분석하는 마케팅 도구입니다. 이러한 데이터 분석과 효과 측정은 AI가 잘하는 분야라고 할 수 있습니다.

◦◦◦ 보내고 싶은 타깃에게만 광고를 전달

웹 사이트를 조회하고 있으면 여러 가지 광고가 표시되는데, 왠지 자신이 흥미 있어 하는 것들이 많이 보이는 것 같은 기분을 느낀 적이 있나요?

그것은 당신이 지금까지 웹 사이트를 조회한 이력을 바탕으로 관심이 있다고 판단된 광고가 전달되고 있기 때문입니다. 그래서 같은 사이트인데 사람에 따라서 표시되는 광고가 전혀 다르게 나타나는 현상도 일어납니다. 광고를 보면 그 사람이 평소 어떤 것에 흥미를 가지고 있는지 알 수 있습니다.

그림 2-11-1 | 사람에 따라서 표시되는 광고가 다르다.

<u>SNS 내부 광고</u>에서는 더욱 타깃팅 정확도가 올라갑니다. SNS 수익의 대부분이 광고에서 얻고 있다는 것을 알고 있습니까? 예를 들어 Facebook의 2017년 제2분기 매출액은 93억 2000달러지만 그중 91억 6000달러를 광고 매출이 차지하고 있습니다.

왜 이렇게 많은 광고 수입을 얻을 수 있는지 생각해 보면, SNS는 개인 정보의 보고이자 광고 내용이나 목표 등을 미세 조정하고 효과 측정을 하기 때문에 매우 높은 광고 효과를 거둘 수 있습니다.

나이와 성별이라고 하는 프로필에 그치지 않고 흥미 있는 기사, 교우 관계, 생활 시간에 이르기까지 모든 이용 데이터는 Facebook에 항상 바로 알려지고 있습니다. 빅 데이터로 취급하기 위해 개인 정보를 몰래 훔쳐보는 것은 아니지만, 개인 맞춤형 광고 표시를 하기 위해서 이용되고 있습니다.

Facebook에는 외부의 사용자 정보와 유사한 Facebook 사용자를 기계 학습으로 선출하는 "유사 타깃(Lookalike Audience)" 기능 등 광고주에게 도움이 되는 많은 도구가 제공되고 있으며, 높은 광고 효과 실현에 도움이 되고 있습니다.

그림 2-11-2 | Facebook의 광고 표시

최근에는 이미지 뿐만이 아니라 동영상 광고도 늘고 있다.

광고 제작도 AI로

현재는 인간이 광고를 제작하고 전송 여부의 판단을 AI가 하는 역할 분담이 주류지만 한발 더 나아가 제작 자체도 AI에게 맡기려는 시도가 진행되고 있습니다.

덴츠에서는 시즈오카 대학 카노오 연구실과 공동으로 인공지능 광고 카피 생성 시스템 "아이코(AICO)"(β버전)를 개발하고 있습니다. 대량의 카피를 AI가 단기간에 만들면 그중에서 카피 라이터가 선별한 것이 시나리오로 결정되고 있지만, 최종 목표는 실시간 광고 생성입니다. 장소나 대상에 따라 다른 광고를 제공하는 것을 목표로 하고 있습니다.

광고의 자동 생성과 효과 분석, 그 결과를 피드백하는 일련의 흐름을 자동화하려는 것이 사이버 에이전트입니다. 전문 조직 "AI Creative Center"를 설립해서 연구하고 있습니다. 일단 집중하고 있는 것은 검색 연동형 광고(사용자가 검색한 단어와 관련된 내용이 표시되는 광고)의 텍스트 생성입니다. 효과적이라고 판단된 광고 문장의 제목과 설명문을 AI에게 기계 학습시키고 텍스트 자동 생성을 실시합니다.

현실 세계로 확대되는 광고의 AI 활용

EC 사이트나 실제 점포, SNS, 카탈로그 등 기업과 고객의 접점이 다양화되는 가운데 이것의 거점을 연계시키는 "옴니채널(omni-channel)"화가 진행되고 있습니다. 고객이 언제, 어디에서 무엇을 구입했는지 현실 세계에서의 행동 이력까지 아울러 파악하면 광고의 개인화(personalization)도 좋아질 것입니다. 스마트 폰 앱으로 사용하는 포인트 카드는 그러한 데이터 수집 수단의 하나입니다.

지금은 웹 사이트에 자신을 위한 광고가 표시되고 있지만, 향후에는 현실 세계의 방문 장소에서도 자신을 향한 메시지가 전달되게 될 것입니다. 전송 타이밍의 결정이나 메시지 작성까지 모두 AI가 실시하는 완전 자동화도 현실이 되고 있습니다.

그림 2-11-3 | MUJI passport

실제 점포와 EC 사이트에서 공통된 포인트가 적립된다.

출처 http://www.muji.com/jp/passport/

쓰레기 수집 및 에너지 관리

AI가 만드는 안전하고
쾌적한 생활 "사회 인프라"

사람은 살아가면서 사회 인프라와 무관할 수는 없습니다. AI가 사회 인프라에 활용되게 되면 진정한 의미에서 인류에게 도움이 되는 존재가 될 것입니다. 생활 주변의 편리함 제공부터 치안 유지, 재해 대책까지 AI가 활약할 수 있는 분야는 수없이 많아 기대가 되고 있습니다.

일손 부족 해소는 AI를 통한 자동화로

사람은 상하수도, 전기, 가스 등 에너지 공급과 도로, 다리 등 교통 인프라, 안심하고 살기 위한 치안 유지 등 많은 인프라에 의존하며 살고 있습니다. 인프라와 관련된 일은 힘들고(Difficult) 위험하고(Dangerous) 더러운(Dirty) 이른바 3D 업종의 일도 적지 않습니다. 또한, 인프라 정비의 대부분은 세금으로 충당되고 있습니다. 인력 부족과 세수 감소 등 여러 직면한 문제들이 더욱 악화되면 기반 시설에도 영향이 미칠 우려가 있습니다. 따라서 사람이 행하고 있는 서비스를 AI를 통해 자동화하려는 시도가 시작되었습니다.

쓰레기 수집 자동화

유럽이나 미국에서는 파업과 세수 악화 등으로 쓰레기 처리가 밀리는 사태가 종종 발생하고 있습니다. 거리에 쓰레기가 가득하거나 해충이 대량 발생하는 등 심각한 문제가 되고 있어 쓰레기와 관련하여 AI를 활용하는 연구 개발이 다수 진행되고 있습니다.

그 일례로 자동차 업체인 볼보(VOLVO)와 쓰레기 재활용 사업자인 레노바(Reno-va)가 개발한 <u>자율주행 청소차</u>가 있습니다(그림 2-12-1). 미리 경로를 설정하면 쓰레기 차량은 사람의 보행 속도에 맞추어 자동으로 주행할 수 있습니다. 장애물이나 사람 등을 피하여 지나가기 때문에 안전에도 문제없습니다. 통상 쓰레기 수집은 운전자와 쓰레기 수거자 2명이 팀으로 일하고 있지만, 한 명이 혼자서 일할 수 있게 된 것입니다.

그림 2-12-1 | 볼보와 레노바가 개발한 자율주행 쓰레기 수거 차

출처 https://www.youtube.com/watch?v=zJSHXr8i-ZU

쓰레기를 <u>선별</u>하는 로봇은 이미 실용화되어 있습니다. 핀란드의 로봇 개발 회사 젠로보틱스(ZenRobotics)는 쓰레기 중에서 재활용할 수 있는 것을 선별하여 로봇 팔로 분리하는 로봇 시스템 "젠로보틱스 리사이클러(ZRR)"를 개발했습니다(그림 2-12-2). 여러 개의 센서와 인공지능을 통하여 빠른 선별이 가능합니다.

그림 2-12-2 | 젠로보틱스의 쓰레기 선별 로봇

출처 http://zenrobotics.com/

◦💠 안전을 확보한다

위험이 의심되는 부분을 AI가 탐지하게 되면, 안전을 확보하는 것으로 이어집니다. 위험에는 여러 가지가 있지만, 대체로 문제가 없는 상태와는 어딘가 다른 특징이 있으므로 그것을 감지하면 됩니다. 위험한 것의 특징을 딥러닝으로 학습한 <u>AI가 위험을 감지</u>할 수 있게 되면 사람의 손이 필요치 않으며, 장소와 시간 등에도 얽매이지 않고 위험 탐지가 가능하게 됩니다. 파수꾼이 늘어나기 때문에 당연히 안전도 향상됩니다.

위험 감지의 대상을 인간으로 하면 위험한 인물에 대한 검출도 가능하게 됩니다. 그러나 AI의 검출 정확도는 100%가 아니며, 잘못된 혐의를 씌울 경우 인권 침해 우려도 있습니다. 당분간은 완전히 AI에게 의존하는 것이 아니라 최종적으로 인간이 확인하는 것이 필수적입니다.

보수가 필요한 도로 검출

보수가 필요한 도로를 사전에 발견하면 사고 방지로 이어질 수 있습니다. 딥러닝으로 AI를 통해 길바닥 상태 판단이 실용화되고 있습니다(그림 2-12-3).

그림 2-12-3 | 후쿠다 도로와 NEC가 공동으로 개발한 도로 포장 손상 진단 시스템

출처 NEC, 2017년 1월 31일의 프레스 릴리스

얼굴 인증으로 위험 인물을 검출

카메라 화면에 비친 인물들과 사진 데이터베이스를 실시간으로 비교 · 대조함으로써 범죄자를 찾아낼 수 있습니다. 세계 각국의 공항과 기차역, 정상회의 등에서 이미 도입되고 있습니다(그림 2-12-4).

그림 2-12-4 | NEC의 얼굴 인증 시스템 "NeoFace Watch"

얼굴 인증 기술로 찾아내고 싶은 사람을 실시간/자동으로 빠르게 탐지
중요 시설의 입, 퇴장 관리나 역, 공항 등에서 보안 강화 등 폭넓은 용도에 적용할 수 있는 얼굴 인증 솔루션
출처 http://jpn.nec.com/physicalsecurity/solution/watch.html

재해 피해를 억제

자연 재해 상황을 AI로 분석하면 재빨리 피해 예측 지도(Map) 작성이 가능하게 됩니다. 피난 장소나 식량 지원 등 지원 계획과 향후 재해 예방에도 도움이 됩니다.

미국의 벤처 기업 One Concern에서는 피해 예측에서 시뮬레이션까지 원스텝으로 이용 가능한 플랫폼을 제공하고 있습니다.

⬡ 에너지 관리

AI에게 기대하고 있는 역할 중에 하나가 예측인데, 에너지 분야에서 그 능력이 최대로 발휘되고 있습니다. 도시 전체의 에너지를 최적화하는 스마트 시티에서는 기존의 발전소뿐만 아니라 풍력 발전이나 태양광 발전 등 소출력 발전 설비도 포함된 각처의 발전량을 파악하고 사용량 예측도 조합하여 최적화해야 합니다. 거기에서 AI가 큰 역할을 하게 될 것입니다. 예를 들어 IBM에서는 "왓슨"을 이용하여 스마트 그리드 감시로부터 빌딩의 에너지 관리까지 다양한 솔루션을 제공하고 있습니다.

스마트 시티 실현에 앞서서, 현재는 가정 단위의 에너지 효율화를 실시하는 스마트 홈의 실현이 꾸준히 진행되고 있습니다. 가정의 에너지 관리를 위해 <u>HEMS</u>로 불리는 일반용 시스템의 판매도 시작되었습니다. 주로 태양광 발전 시스템의 자가 소비와 전기 판매에 대한 조정 등을 하는데 거기에 AI를 이용한 자동 제어 기능도 탑재되어 보다 효율화된 에너지 관리가 가능하게 되었습니다(**그림 2-12-5**).

그림 2-12-5 | NAVIfitz

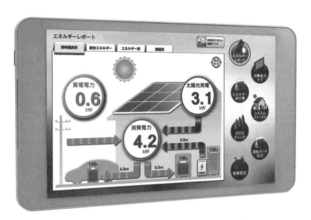

교세라가 판매하는 HEMS 제품. 태양광 발전 시스템, 축전 시스템, 히트 펌프 급탕기를 자동 제어

출처 교세라(京セラ) 주식 회사

향후는 눈으로 보기 어려운 사회 인프라인 행정까지 AI의 활용 범위가 확대될 것입니다. 예를 들면 세금의 사용처 결정이나 빈부격차의 시정, 법 정비 등 AI에 의한 분석과 예측을 활용할 수 있는 분야는 무한히 많습니다. 사람들이 행복한 사회 인프라를 실현하고 "모두에게 도움이 되는 AI"가 활약하는 미래가 기대되고 있습니다.

· **COLUMN**

"남편"을 버리는 방법까지 알고 있어? 요코하마시市 쓰레기 선별 대응 챗봇

요코하마市와 NTT Docomo는 쓰레기 분리수거 방법을 알려 주는 챗봇 "이오의 쓰레기 분리수거 안내"를 개발했습니다. 원하는 쓰레기 종류를 입력하면 답변을 알려 주는 편리한 시스템이지만, "남편"이나 "꿈"을 버리고 싶다고 말하는 사람에게도 멋진 대답을 하여 화제가 되었습니다. 어떤 대답이었는지 알고 싶은 사람은 꼭 실제로 시험해 보세요.

→ http://www.city.yokohama.lg.jp/shigen/sub-shimin/study-event/chatbot.html

제3장

기업의 노력과
활용 사례

IT 기업의 AI 브랜드 특징, 사례,
앞으로의 전개에 대해서 알아 두기

방대한 데이터를 활용한 기계 학습의 위력

세계의 AI 연구를 리드하는 Google

SECTION 3-1

"Goolge은 Mobile First에서 AI First가 된다." 2016년 4월에 Google의 CEO 선다 피차이 (Sundar Pichai)는 투자가를 위한 Blog 기사에서 선언했습니다. AI가 모든 제품과 서비스에 내장되어 사용자를 지원하는 인텔리전트한 어시스턴트가 된다는 것이 Google의 가까운 미래 비전입니다.

시작은 Google Brain

Google이 AI에 주력하게 된 계기는 현재 Google의 주 수입원인 애드센스(Ad-Sense) 시스템을 설계한 것으로 유명한 전설적 엔지니어, 제프 딘(Jeff Dean)이 당시 컨설턴트로 일하던 스탠퍼드 대학의 앤드류 응(Andrew Ng) 교수(후에 Baidu로 이적 →P.147)와 함께 뉴럴 네트워크를 사용한 AI 연구를 하는 프로젝트 "Google Brain"을 창설한 2011년입니다.

Google Brain에서 딥러닝을 사용한 기계 학습을 하는 소프트웨어 기반 "디스트빌리프(DistBelief)"를 개발하고 이듬해인 2012년에 "Google 고양이"(→P.14)라고 불리게 되는, 입력한 다수의 이미지로 학습한 AI가 "고양이" 모습을 판별하는 이미지 인식 실험을 성공시킵니다.

그림 3-1-1 | 기계 학습에 대해서 설명하는 제프 딘

출처 https://youtu.be/~3r5MQdoCQI

✤ 범위가 넓어지는 딥러닝 기술의 응용

Google Brain이 연구를 진행한 딥러닝 기술은 그 후 Google의 여러 서비스에 접목되어 갑니다. 수가 너무 많아서 모든 것은 소개할 수는 없지만 몇 가지 대표적인 것을 소개합니다.

음성 인식

주로 모바일용 OS인 Android에서 이용되는 음성 인식 기술은 기계 학습으로 인해 적어도 영어와 관련해서는 인간과 거의 비슷한 수준까지 이르고 있습니다. 2016년 5월에는 음성 인식 기술을 이용하여 말하는 것만으로 다양한 음악과 동영상 재생, 스케줄 확인 등을 조작할 수 있는 스마트 스피커 "Google Home"(→ P.77)을 발표하였습니다.

Google Assistant

Android와 Google Home에 탑재되는 클라우드 음성 지원 서비스입니다(그림 3-1-2). Google 이외의 제조 업체에게도 규격이 공개되어 텔레비전, 냉장고 등 가전제품이나, 독일 아우디 등 Android 차량 부착 단말, 애플의 iOS 단말기용 앱인 릴리스 등이 발표되었습니다.

그림 3-1-2 | Google Assistant

출처 https://play.google.com/store/apps/details?id=com.google.android.apps.googleassistant&hl=ko

이미지 인식

클라우드 포토 스토리지 서비스 "**구글 포토(Google Photo)**"에서는 찍힌 사진에서 얼굴을 식별하거나 "개"나 "숲" 등 피사체를 인식하는 기능이 제공되고 있습니다. 또한 2017년 5월에는 사용자가 풍경을 촬영하면 사진에 찍힌 점포 또는 시설의 상세내역, 나무나 꽃의 이름과 같은 정보를 알 수 있는 스마트 폰용 카메라 앱 "**구글 렌즈(Google Lens)**"도 발표되었습니다.

Google 검색

2015년에 AI 기반의 검색 알고리즘 "랭크브레인(RankBrain)"을 도입하였습니다. 자세한 내용은 공개되지 않았지만 검색하는 단어의 의미와 의도를 이해하고 처음 입력된 단어에 대해서도 의미를 유추하거나 추측할 수 있다고 합니다.

Gmail

딥러닝을 사용하여 그 동안 스팸 필터를 교묘하게 빠져나갔던 스팸 메일을 필터링하게 되었습니다. 또한 특정 기업의 메일이 A씨에게는 유용하지만 다른 사용자에게는 성가신 경우 등 스팸의 기준을 사용자마다 자동적으로 최적화하는 것도 가능합니다.

Google 번역

이전에는 글을 단어마다 번역했기 때문에 번역 결과가 문장 형태로 나오지 않는 경우가 많았는데, 2016년 9월부터 한국어를 포함한 일부 언어에 대해서 딥러닝 기술을 이용한 번역 알고리즘으로 변경하여 문장 단위로 번역하게 되면서 더 자연스러운 번역 결과가 나오게 되었습니다. 앞으로 많은 사용자에게 이용되어 학습을 거듭하며 더욱 정확도가 올라갈 것입니다.

⬡ 연구 성과를 오픈 소스로 공개

2015년 11월 Google은 Google Brain 팀이 개발한 음성 검색에서 사진 인식까지 많은 자사 제품에서 이용되고 있는 인공지능 기계 학습의 기반이 되는 소프트웨어 라이브러리 "**텐서플로(TensorFlow)**"의 코드를 상용 가능한 Apache 2.0 라이선스로 오픈 소스화하여 세계의 연구원들에게 무료로 제공했습니다(그림 3-1-3).

이것은 AI 연구원이나 학생들뿐만 아니라 Google과 경쟁 관계라고 할 수 있는 앱 개발, 가전제품, 자동차 회사까지 무료로 Google의 코어 기술을 도입할 수 있다는 것을 의미합니다만, 기계 학습에 필요한 자유롭게 사용할 수 있는 방대한 데이터를 소유하고 있다는 점에서 Google의 강점은 흔들림이 없습니다.

또한 2017년 후반에 나온 Android OS 최신판에 맞춘, 모바일 기기에서도 딥러닝을 가능하게 하는 텐서플로의 경량판 "TensorFlowLite"가 발표되었습니다.

그림 3-1-3 | 텐서플로 웹 사이트

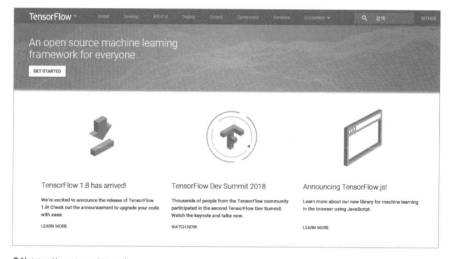

출처 https://www.tensorflow.org/

 COLUMN

분사한 자율주행 차량

2016년 12월 Google은 사내 프로젝트 Google X에서 연구하고 있었던 자율주행 차량 개발 프로젝트를 스핀 오프(spin off)하여 "웨이모(Waymo)"라는 "Alphabet(Google 및 그룹의 지주회사)" 산하의 스타트 업 기업화할 것임을 발표했습니다.

그동안은 핸들도 브레이크도 없는 완전한 자율주행 차량의 내부 개발을 목표로 했지만, 앞으로는 제휴 업체인 크라이슬러, 혼다와 기술 협력을 통해 연구를 진행하려 하고 있습니다. 또한 카 쉐어(car share) 업체인 리프트(Lyft)나 렌터카 업체인 Avis, Budget과 같은 자동차 관련 서비스 제공 업체와도 연계하여 자율주행 차량 사업의 기회를 찾고 있는 분위기입니다.

⚙️ 게임 AI 발전을 추구하는 Google DeepMind

딥마인드는 유명 게임 플레이어이며 우수한 인공지능 연구원인 데미스 하사비스 등 3명에 의해 2010년 런던에서 "DeepMind Technologies"가 창업되었고 2014년에 Google에게 약 4억 달러에 인수되었습니다.

여기서 개발한 프로그램 Deep Q-Network(DQN)는 기계 학습 기법을 사용하여 "벽돌 깨기"를 비롯한 여러 게임에서 고득점을 올리게 되었습니다(→ P.15). 또한 2015년 10월 딥마인드가 개발한 바둑 프로그램 알파고는 유럽 바둑 챔피언에게 AI로는 처음으로 승리하였고 2016년 3월에는 세계 최고의 프로 바둑기사인 이세돌 9단에게 5경기 중 4경기를 승리하였습니다. 그 후 알파고는 현역 최강 기사로 불리는 중국의 커제 9단과 3번 승부에서도 완승을 거둔 후 바둑계에서 은퇴를 발표했습니다(→ P.20).

그림 3-1-4 | 딥마인드 웹 사이트

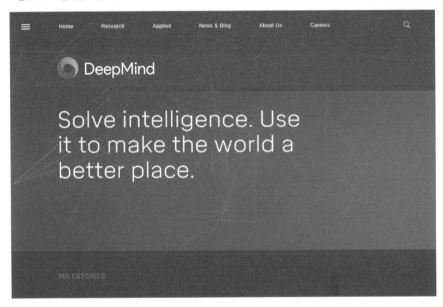

출처 https://deepmind.com/

왜 Google은 딥마인드를 인수한 것일까?

딥마인드는 지금까지 제품을 한 개도 발표하지 않았습니다. 오히려 개발한 프로그램을 수익화하려는 기색마저 보이지 않았습니다. 그런데도 Google은 거금을 주고

이 회사를 매수했습니다.

딥마인드의 웹 사이트에는 "<u>지능이 무엇인지 밝혀내라. 세상을 더 나은 곳으로 만들기 위해 그것을 사용해라</u>"라는 단순한 기업 미션이 기술되어 있습니다. 지능이 무엇인지 풀어내어 강력한 범용형 인공지능(강한 AI → P.24)을 개발한다고 하는 데미스 하사비스의 꿈이 Google의 비전과 일치하는 것 같습니다.

COLUMN

바둑 다음에 도전하는 게임은?

바둑을 정복한 딥마인드가 다음으로 도전하는 게임은 무엇일까요?

4명의 플레이어가 복잡한 역할에 따라 머리를 쓰면서 경기하는 마작일까요? 아니면 포커 페이스로 블러프(bluff)를 구사해서 싸우는 텍사스 홀덤 포카일까요?

의외로 그것은 블리자드 엔터테인먼트의 실시간 전략 게임 "스타 크래프트 2"였습니다. 이 게임은 상대방에게 이기기 위해서 자원 수집, 시설 건축, 무기 유닛(unit) 생산 등 복잡한 작업을 해야 하는 전략이 중요한 것으로 유명합니다. 온라인 플레이가 성행하고 AI가 학습하기 위한 데이터도 풍부하게 취득할 수 있기 때문에 AI 연구의 다음 대상으로 이상적이라고 여겨졌을까요?

그림 3-1-A | 스타 크래프트 2를 AI에서 공략
출처 https://www.youtube.com/watch?v=-fKUyT14G-8&feature=youtu.be

Personal Assistant Siri를 축으로

사용자 프라이버시를 고려한 Apple의 대처

2011년에 창업자 스티브 잡스를 잃은 Apple은 iPhone을 비롯한 이 회사의 디바이스에 탑재된 개인 음성 어시스턴트 "Siri"를 중심으로 AI 분야에도 적극적으로 임해 왔습니다. 특히 최근 몇 년은 Google, Facebook 등과 함께 AI 관련 기업에 대한 인수 작업을 활발하게 벌이고 있습니다.

Siri를 중심으로 여러 분야에 대처

Apple의 AI 대처에 대해 가장 먼저 떠오르는 것은 iPhone과 Mac, Apple Watch 등 Apple이 만든 디바이스에 탑재되어 자연어 처리를 하는 개인 음성 어시스턴트 "Siri(시리)" 입니다.

원래는 Apple이 아니라 동명의 Siri社에서 개발·제공된 기술이지만, "미래는 Voice First(음성 주도)"라는 스티브 잡스의 생각에 따라 2010년에 2억 달러로 추정되는 금액으로 Apple에 인수되었습니다. 이것은 스티브 잡스가 인수한 최후의 회사입니다.

2011년 발매 당시는 핵심인 음성 인식 기능의 정확도가 그다지 높지 않았지만, 2014년에 음성 인식을 뉴럴 네트워크(neural network)를 기본으로 한 시스템으로 변경함으로써 극적으로 개선하였습니다. 또한 2016년

그림 3-2-1 | Siri의 화면
출처 https://www.apple.com/kr/ios/siri/

6월에는 Siri의 API를 서드 파티 개발자에게 개방하여 Apple에서 만든 앱과 디바이스 이외에서도 Siri 기능을 이용할 수 있게 되었습니다. 2017년 6월에는 Siri에 반응

하는 스마트 스피커 "홈팟"이 발매되었습니다(→ P.77).

또한 Siri뿐만 아니라 "프로젝트 타이탄(Project Titan)"으로 불리는 자율주행 자동차 프로젝트나, Apple Watch를 이용한 혈당 측정 센서와 같은 생물 의학 분야의 프로젝트 등도 진행하고 있다는 보도도 있습니다.

그림 3-2-2 | 홈팟

출처 https://www.apple.com/kr/newsroom/2018/05/ios-11-4-brings-stereo-pairs-and-multi-room-audio-with-airplay-2/

⬡ AI 분야는 Apple의 약점?

지금까지도 Mac(퍼스널 컴퓨터), iPhone(스마트 폰), iPad(태블릿 단말), iPod(디지털 음악 플레이어), Apple Watch(웨어러블 기기) 등 업계 지도를 갱신하는 혁신적인 제품이나 서비스를 만들어 온 Apple이지만 일부 언론 등에서 AI 분야에 관해서는 애플이 별로 자신 없어 하는 것 아니냐고 지적하고 있습니다.
그 근거는 다음과 같은 이유입니다.

현재 AI 분야에서 주류가 되고 있는 딥러닝 연구에는 AI가 학습하는 지식의 기본이 되는 방대한 데이터가 필수입니다. Google과 Facebook 같은 AI 분야의 주요 회사 대부분은 주요 자산인 고객 데이터라는 빅 데이터를 클라우드에서 일괄 관리하고 그것을 바탕으로 연구를 진행하고 있습니다.

물론 Apple도 Mac, iPhone 전산망이라는 거대한 자산을 가지고 있지만, Apple은 전통적으로 매우 엄격한 프라이버시 정책을 채용해 왔으며 타사처럼 사용자의 데이터를 클라우드로 저장하여 이용하는 것을 허용하지 않습니다.

사용자의 프라이버시를 존중한 나머지 타사에 비해 AI를 "양육하기" 위한 "영양분"이 압도적으로 부족하다는 약점이 되어버린 것이 아닐까 생각됩니다.

그림 3-2-3 | 사용자 프라이버시에 대한 대처

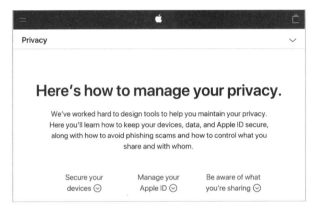

Apple의 사용자 프라이버시에 대한 대처는 때로는 신경질적이라고 할 정도로 엄격하다.

그러나 Apple도 바라보고만 있는 것은 아닙니다. 2015년 10월에 딥러닝을 이용한 스마트 폰용 이미지 인식 시스템을 개발하는 벤처 기업 "퍼셉티오(Perceptio)"를 인수했습니다. 이 시스템은 사용자 데이터를 클라우드에 올리지 않고 스마트 폰 자체로 사진을 자동 분류할 수 있는 것이 특징이라고 합니다.

또한 2016년 9월에 발매된 "iOS 10"에서는 "차등 사생활(Differential Privacy)"이라고 하는 개인을 특정하지 않는 데이터를 수집·해석할 수 있는 기술이 도입되었습니다. 이러한 정책으로 Apple은 약점을 거의 극복한 것 아니냐는 말이 나오고 있습니다.

⬡ 연달아 AI 관련 기업 인수

뒤처지지 않게 Apple도 다수의 AI 관련 기업을 인수하고 있습니다. 2015년 10월에는 앞에서 얘기한 퍼셉티오 이외 음성 인식 기술을 다루는 영국의 "보콜큐(Vo-callQ)"를, 2016년 1월에는 표정을 분석하고 감정을 읽는 AI 기술을 개발한 캘리포

니아의 "이모션트(Emotient)", 8월부터 9월은 시애틀의 "투리(Turi)", 인도와 미국에 걸친 "터플점프(Tuplejump)"라는 기계 학습&AI 스타트 업 회사를 인수하였습니다. 또한 2017년 5월에는 글이나 이미지 등 구조화되지 않는 "다크 데이터"라고 불리는 데이터를 구조화된 데이터로 변환하는 기술을 개발한 "래티스 데이터(Lattice Data)"도 인수한 것으로 드러나고 있습니다.

그림 3-2-4 | 래티스 데이터

Lattice Data를 인수한 이유는 "Siri"에게 질문으로 던져진 대량의 로그 데이터(다크 데이터)를 유효하게 활용하기 위해서가 아닌가 추측되고 있다.

출처 http://deepdive.stanford.edu/

AI에 관한 논문 발표도

2016년 12월 Apple은 "컴퓨터에 의한 이미지 인식 알고리즘 개선에 컴퓨터 합성 사진을 이용하는 방법"이란 제목의 학술 논문을 발표했습니다. 기업의 연구팀이 학술 논문을 발표하는 것은 드물지 않지만, Apple은 전통적으로 제품이나 자사 기술에 관해서 비밀 주의를 고수했기 때문에 이 발표는 놀라움을 가지고 보도되었습니다.

또 2017년 1월에는 AI 연구를 실시하는 비영리 단체 "Partnership on AI"에 참여, Siri의 책임자인 톰 그루버(Tom Gruber)가 해당 단체의 임원에 취임한 것이 발표되었습니다. 이 단체는 2016년 9월에 Microsoft나 Google, Amazon 등으로 AI 보급을 위해서 설립된 단체이며 당초 Apple은 참석을 하지 않으려 했으나, 더 이상 비밀 주의로는 일취월장하는 AI 연구에서 뒤처진다는 판단 때문인지 Apple의 방침도 달라진 것 같습니다.

어디까지나 사람이 주체인 AI 솔루션

거인 IBM을 견인하는 왓슨

역사가 있는 컴퓨터 업체 IBM의 현재 주력 제품의 하나는 사실상 창립자인 토머스 J 왓슨
(Thomas John Watson)의 이름에서 딴 문답·의사결정 지원 시스템 "IBM 왓슨"입니다.
"인지·컴퓨팅 시스템"으로 불리는 IBM 왓슨은 도대체 어떤 것일까요?

딥블루에서 IBM 왓슨으로

IBM과 AI라고 하면 1997년 당시의 체스 세계 챔피언에 승리한 딥블루(→ P.18)가 유
명합니다. 여기에서 소개하는 "IBM 왓슨"(이하 왓슨)은 IBM이 2011년 창립 100주
년을 맞아 딥블루에 버금가는 혁신적인 프로젝트로서, 미국의 인기 퀴즈 프로그램
"제퍼디(Jeopardy)"에 도전하는 것을 목표로 설계된 질문 응답(QA) 시스템입니다(그
림 3-3-1). 인간용으로 출제된 다양한 퀴즈에 응답하려면 지식의 근원이 되는 방대
한 정보, 그리고 그것을 이해하기 위한 고도의 자연어 처리 기술이 필요합니다.

연구 결과 2011년 2월, 책이나 백과사전 등 2억 페이지 분량의 텍스트 데이터
(70GB 정도, 약 100만 권의 서책)를 축적한 왓슨은 퀴즈 왕인 브래드 러터(Brad
Rutter)와 켄 제닝스(Ken Jennings)와 맞붙어 2게임을 통해 최고 금액을 획득하며
승리했습니다.

왓슨의 비즈니스 전개

인간이 구어체로 하는 질문을 고도의 자연어 처리로 이해하고 사전에 축적한 방대
한 지식과 재빨리 비교하여 애매한 질문에도 적절한 해답을 복수 개로 준비하며,
그중에서 통계적으로 가장 적합하다고 생각되는 것을 제안할 수 있는 왓슨은 비즈

니스용 문답 · 의사결정 지원 시스템으로서 이후에도 개발이 계속되어 왔습니다. 현재는 의료, 금융, 교육 등 여러 분야에서 이용되는 IBM의 주력 제품 중의 하나입니다.

그림 3-3-1 | 퀴즈 프로그램에 출연한 왓슨

출처 http://research.ibm.com/cognitive-computing/

2014년에는 클라우드에 공개되면서 IBM이 제공하는 개발 툴(API)을 이용함으로써, 파트너 기업도 음성 인식과 이미지 인식 같은 왓슨 기능의 일부를 이용한 앱을 개발할 수 있게 되었습니다.

그림 3-3-2 | 공개된 음성 인식 API 화면

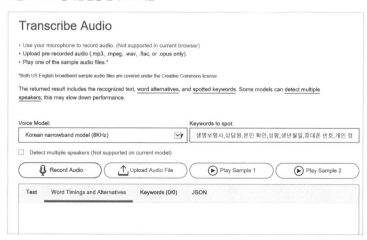

출처 https://speech-to-text-demo.ng.bluemix.net/

왓슨의 학습 방법

왓슨에게 어느 분야의 지식을 학습시키고자 할 경우에는 우선 문서와 웹 페이지, 이미지 등 대량의 관련 자료를 읽어 들이게 합니다. 나중에 그 분야 전문가가 대량의 질문과 답변을 입력하고 집중 훈련을 실시합니다. 충분히 훈련된 왓슨은 무수한 선택 사항 중에서 통계적으로 정확한 해답을 요약할 수 있습니다. 이는 기존 형태의 기계 학습에 대한 집대성입니다.

게다가 IBM은 2015년 3월, 딥러닝(심층 학습) 테크놀로지 전문 스타트 업 "AlchemyAPI"를 인수하였습니다. 이에 따라 왓슨은 딥러닝 기능이 강화되어 보다 "인간 뇌의 생각 방식에 가깝게" 생각할 수 있게 될 것으로 기대됩니다.

그림 3-3-A | 왓슨이 학습하는 구조

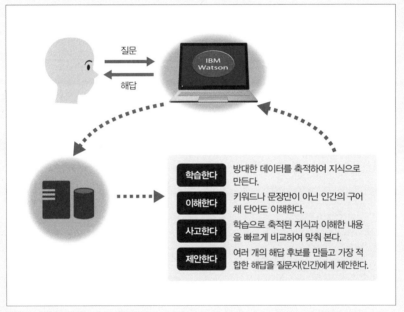

출처 "인포메이션 그래픽으로 보는 왓슨의 궤적"(https://newspicks.com/news/ 1086562/body/)을 참고로 그림

◦◦◦ 다양한 분야에서 활용되는 왓슨

왓슨은 2014년부터 다양한 분야에서 실제로 활용되고 있습니다. IBM은 구체적인 매출액을 공개하지 않았지만, 세계적으로 400개 이상의 파트너, 8만 명 이상의 개발자, 160개를 넘는 대학과 협업하는 100조 원 규모의 비즈니스가 된 것 아니냐는 얘기가 있습니다.

활용 분야는 다양합니다. 몇 가지 대표적인 것을 보면, 학생의 질문에 답하는 대학교의 학내 서포트 센터, 개인의 흥미나 관심을 파악하여 적절한 회사를 찾아 주는 인재 매칭 서비스, 주민이 바라는 것 또는 문의에 신속하게 응답하는 행정 기관용 문의 대응 시스템, 법률에 관한 전문 지식을 빠르게 응답하는 법률 사무소, 고객의 기호에 맞춘 행선지나 숙소를 제안하는 여행 관련 기업 등이 있습니다.

일본에서도 메가뱅크의 콜 센터 등에서 이미 활용되고 있습니다. 미즈호 은행에서는 왓슨 도입에 힘입어 통화 시간 단축에 따른 고객 만족도 향상, 운영자 육성 기관의 단축 등 효과가 나타나고 있어 향후 왓슨과 소프트뱅크 로보틱스 주식회사가 제공하는 인간형 로봇 페퍼를 융합한 "접대(hospitality)"로 대처를 시작하였습니다.

··· COLUMN

왓슨은 AI가 아니다?

IBM은 왓슨을 AI(인공지능)가 아니라 "인지 컴퓨팅 시스템"이라고 부르며 "자연어를 이해하고 학습하며 인간의 의사결정을 지원하기 위한 시스템"이라고 정의하고 있습니다.
IBM에 따르면 AI는 기계가 주체가 되는 "기계가 지능을 가진 사람이 하는 작업을 대신하는" 것이지만, "왓슨(인지 컴퓨팅 시스템)"은 어디까지나 "사람이 보다 좋은 작업을 할 수 있도록 지원"하는 "사람"이 주체인 시스템이라고 주장하고 있습니다.

풍부한 API 제공이 화제

착실하게 기초 연구를
거듭한 Microsoft

Google이나 IBM과 마찬가지로 Microsoft도 이미지 인식과 챗봇과 같은 AI 기술을 활용한 기능을 클라우드 서비스 "Microsoft Azure"로 널리 제공하고 있습니다. "AI 민주화"를 내걸고 전문가가 없는 일반 기업에도 최신 AI를 활용할 수 있도록 개발의 울타리를 낮게 하고 있는 것이 특징입니다.

◈ 인공지능 "코타나"와 "린나"

Microsoft가 2015년 발표한 PC용 OS, Windows 10에는 인텔리전트 퍼스널 어시스턴트 "코타나(Cortana)"가 표준으로 탑재되어 있습니다. 이는 Google의 Google Assistant나 iOS의 Siri처럼 음성을 통해 날씨와 뉴스를 조사하거나 인터넷 검색과 PC 조작을 실시할 수 있는 개인 음성 어시스턴트입니다(그림 3-4-1).

제법 초기부터 AI를 사용한 챗봇 연구도 활발히 진행하였으며 2015년에는 여고생과 LINE에서 채팅할 수 있는 린나가 화제를 불러모았습니다(→P.62). 이 기술을 활용하여 미국에서는 "조(Zo)"라는 챗봇도 등장했습니다.

COLUMN

코타나 이름의 유래

코타나라는 이름은 Microsoft의 인기 슈팅 게임 "헤일로 (HALO)"에 등장하는 여성형 인공지능의 이름입니다. 게임 내에서는 푸른 홀로그램으로 그려진 여성의 모습으로 등장하여 주인공인 마스터 치프(Master chief)의 파트너로서 모험을 지원합니다.

출처 https://social.technet.microsoft.com/wiki/contents/articles/25674.cortana-introducing-your-personal-digital-assistant.aspx

이러한 노하우는 "Bot Framework"로서 기업용으로 유료 공개되고 있습니다.

그림 3-4-1 I Windows 10에서 동작하는 코타나

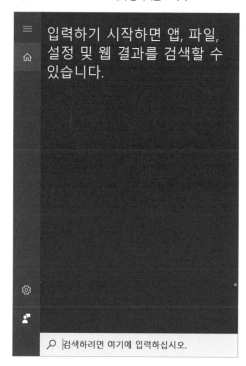

그림 3-4-2 I 조는 린나보다 어른 같은 분위기

✦ AI 서비스를 API로 제공

Microsoft는 과거에서부터 연구하면서 키워 온 AI 기술을 사용하여 "사물·생각하는 방식을 인식시키는" 기술을 "Microsoft 인지 서비스(Microsoft Cognitive Services)"라며 Microsoft의 클라우드 플랫폼 "Microsoft Azure"에서 공개(일부 무료)하였으며, 50만 명이 넘는 개발자가 이용하고 있습니다.

개발자는 20여 종 이상 마련된 API를 이용하며 전문 지식 없이도 기계 학습, 감정 탐지, 자연어를 이해하는 인텔리전트 AI 기능을 자신의 애플리케이션에 추가할 수 있습니다.

Microsoft Azure에 공개된 주요 API

분야	명칭	특징
시각	Computer Vision API	이미지로부터 정보를 추출, 문자 데이터 판독, 섬네일 생성
	Face API	얼굴 사진에서 성별, 나이 등을 읽어 본인 인증
	Emotion API	얼굴 사진에서 희로애락의 감정을 판정
	Video API	동영상의 흔들림을 자동 보정, 모션 추적
음성	Bing Speech API	음성을 텍스트로 변환, 텍스트를 음성으로 변환
	Speaker Recognition API	화자 인증, 화자 식별
언어	Bing Spell Check API	철자 오류 수정, 동음이의어를 판별, 최신 은어나 고유명사에도 대응
	Linguistic Analysis API	자연어 텍스트의 구조 해석
지식	Academic Knowledge API	학술 문헌 & 저자 검색 통계적 정보
	Entity Linking Intelligence Service	문장 중의 키워드를 해석
	Recommendations API	관련성이 높은 아이템 및 이용자 기호에 따른 아이템 추정
검색	Bing Autosuggest API	검색에 있어서 자동 입력 & 연관 키워드 추정
	Bing Image Search API	인터넷 이미지 검색

그림 3-4-3 | Microsoft Azure 공식 웹 사이트

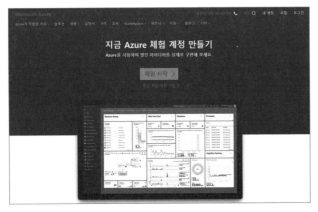

출처 https://azure.microsoft.com/ko-kr/free/

◦🔷 여러 분야에서 이용되는 API

일본의 AI 벤처 넥스트레머(Nextremer)(→ P.182)는 하네다 공항의 로봇 실증 실험에 참가한 안내 로봇 "MINARAI"에 Microsoft 인지 서비스인 "Face API"를 이용하여 공항 이용객에게 음성과 이미지로 시설 안내를 하게 하였습니다.

나비타임재팬은 넥스트레머가 제공하는 여행자용 앱 "가마쿠라 NAVITIME Travel"에 "Bot Framework"와 "Linguistic Analysis API"를 이용하여 "배고프다", "인기 선물을 사고 싶다"와 같이 자연어로 인한 애매한 질문에도 적절한 응답을 하게 했습니다(그림 3-4-4).

일본의 광고 대행사 하쿠호도(株式会社博報堂)는 하쿠호도 아이·스튜디오, Microsoft와 공동으로 사람 얼굴의 특징이나 감정에 맞추어 지친 사람에게는 영양 음료, 수염이 뻗어 있는 사람에게는 면도기 등 각

그림 3-4-4 | 가마쿠라 NAVITIME Travel의 챗봇 화면
출처 https://appadvice.com/app/kamakura-navitime-travel/1192214617

기 다른 광고를 전달하는 광고 전달 시스템 "페이스 타깃팅 광고(Face Targeting AD)"를 개발했다고 발표했습니다.

이처럼 Microsoft는 모든 개발을 하청받는 것보다 파트너 기업에게 자사의 클라우드에 있는 AI 기능의 일부를 제공하는 형태를 띠고 있습니다.

그림 3-4-5 | Face Targeting AD의 데모 화면

출처 http://suda-lab.jp/face/

고도의 얼굴 인식에서 자동 번역까지

방대한 사용자 데이터를 AI에서 활용하는 Facebook

세계 최대 소셜 네트워킹(Social Networking) 서비스를 운영하는 Facebook이 AI에 본격적으로 착수한 것은 2013년경으로, 다소 늦었지만 매일 대량으로 보내지는 유저의 텍스트·이미지 데이터라는 강력한 무기를 활용하여 최근 몇 년 동안 맹추격을 보이고 있습니다.

기계 학습에 의한 얼굴 인식 기술

세계 최대 소셜 네트워킹 서비스 업체인 Facebook은 AI와 기계 학습 분야에서 Google과 Microsoft에 뒤떨어져 있었지만, 2013년 말부터 뉴욕 대학의 얀 르쿤(Yann LeCun) 교수를 비롯한 그 분야의 연구원 150명 이상을 고용하여 "Facebook 인공지능 연구 프로그램(FAIR)"을 만드는 등 맹렬한 추격을 하여 최근 몇 년간 다양한 연구 성과가 Facebook의 기능으로 추가되고 있습니다(그림 3-5-1).

그중에서도 잘 알려진 것이 사진을 업로드하면 "이는 ○○○ 씨군요"라고 태그를 붙여 주는 기능 등에 이용되고 있는 얼굴 인식 기능 "딥페이스(DeepFace)"입니다. Facebook에 의하면 딥페이스의 정확도는 97%를 자랑하고 있다고 합니다.

그림 3-5-1 | FAIR 웹 사이트

출처 https://research.fb.com/category/facebook-ai-research-fair/

또한 얼굴뿐만 아니라 사진에 나오는 것이 무엇인지를 인식하는 이미지 인식 기능도 기계 학습에 의해 날마다 정확성을 높이고 있으며, 테러와 관련된 콘텐츠 배제등에도 응용되고 있습니다. 다만 얼굴 인식 기능은 사생활 침해에 해당한다는 얘기도 있어 미국에서는 집단 소송도 다수 발생하고 있으며, 유럽에서는 서비스 자체가정지되어 있습니다.

다양한 텍스트 콘텐츠를 딥러닝으로 처리

Facebook으로 날마다 보내지는 방대한 텍스트는 여러 언어로 쓰여지고 있을 뿐만아니라 생략형, 은어, (때로는 고의적인) 오탈자 등 다양한 표현이 사용되고 있습니다. 이것들은 문법에 맞지 않기 때문에 기존 자연어 처리(NLP)로는 부족한 경우가있습니다.

Facebook이 2016년 6월 발표한 "딥텍스트(DeepText)"는 자연어 처리(NLP)와 딥러닝을 사용한 텍스트를 읽는 엔진입니다. 20개 이상의 언어를 지원하고 1초당 수천건의 투고 내용을 "인간과 비슷한 정확성"으로 이해할 수 있다고 합니다.

이미 Facebook은 이 엔진을 사용하여 방대한 글과 댓글, 메신저를 사용한 대화 등을 분석하고 분류하여 사용자의 흥미를 끄는 콘텐츠를 우선적으로 표시하고 축적되는 내용을 기반으로 다양한 도구(Tool)를 제시하여 스팸이나 저주하는 말 등을배제하는 용도로 활용하고 있습니다.

그림 3-5-2 | 딥텍스트 릴리즈

출처 https://code.facebook.com/posts/18156559557955/introducing-deeptext-facebooks-text-under-standing-engine/

딥러닝으로 번역도 진화한다

Facebook은 2016년부터 45개 언어로 자동 번역할 수 있는 "다국어 번역 서비스"를 제공하고 있습니다. 그것의 대부분은 종래의 알고리즘 모델에 의한 것이지만 언어에 따라서는 점차 뉴럴 네트워크를 이용한 딥러닝 기술도 도입되고 있습니다.

2017년 5월에 발표된 논문에 따르면 이 회사의 이미지 인식 기술과 얀 르쿤이 개발한 "CNN"(→ P.206)을 이용한 번역 알고리즘은 많은 여러 문장을 동시에 분석하고 그것들을 논리적인 서열로 구성하는 것이 가능하다고 합니다. 이 알고리즘은 GitHub에 공개되어 있으며 누구라도 그 성과를 시험해 볼 수 있습니다.

그림 3-5-3 | 다국어 컴포저

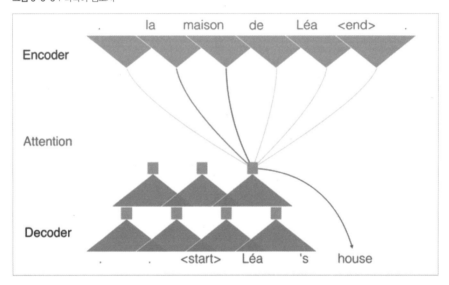

CNN에 의한 번역 개념도

출처 https://code.facebook.com/posts/1978007565818999/a-novel-approach-to-neuralmachine-translation/

AI Assistant "M"

2017년 4월에는 메시지 앱 "Messenger"의 대화 속에서 이용할 수 있는 AI assistant "M"을 발표했습니다. M은 사용자의 대화 내용을 분석하여 자동으로 관련된 서비스나 제품을 제안합니다. 예를 들어 "100달러를 빌려 줄까?" 등 지불 관련 대화를 하고 있으면 "결산 서비스"를 제공하고 "어디 가고 있어?"라는 대화를 하면 서로 간에 현재 위치 공유나 스케줄러 등록 혹은 "자동차(Uber, Lyft)를 예약하시겠습니까?" 와 같은 제안을 합니다.

AI를 이용하고 있기 때문에 대화의 숫자나 경험에 의해서 제안의 정확도가 높아져 갈 것입니다.

그림 3-5-4 | AI Assistant "M"

M 화면. 2017년 7월 현재 미국 내 사용자만 이용 가능함

출처 https://newsroom.fb.com/news/2017/04/m-now-offers-suggestions-to-make-your-messenger-experience-more-useful-seamless-and-delightful/

 COLUMN

머리로 생각만 해도 문자를 입력시키는 꿈의 디바이스

Facebook은 2017년 4월에 열린 연례 개발자 회의 "F8"에서 머리로 생각한 것을 자동으로 문자로 생성하는 "다이렉트 브레인 인터페이스(Direct Brain Interface)" 기술을 개발하고 있다고 밝혔습니다.

이는 뇌에 센서 등을 심는 것이 아니라 밖에서 광학 장치를 사용하여 뇌의 움직임을 읽는 방식으로 "1분에 100개의 단어를 문자로 하는 것"이 목표라고 합니다.

Alexa는 세상을 바꿀까?

보이스 퍼스트를 표방하는
Amazon

세계 최대 인터넷 쇼핑몰 서비스 운영뿐만 아니라 전자 서적 플랫폼 "Kindle"과 클라우드 웹 서비스 "AWS" 등 다방면으로 존재감을 보여 주는 Amazon은 이전부터 기계 학습 연구 성과를 서비스에 활용하고 있습니다. 또한 클라우드 음성 인식 플랫폼 "알렉사(Alexa)"가 큰 주목을 끌고 있습니다.

여러 가지 장소에서 기계 학습을 활용

Amazon에서 쇼핑을 하면 구입한 상품의 이력은 물론 사지 않고 체크만 한 상품이나 다른 사용자의 구매 이력 등 방대한 데이터가 기계 학습을 사용한 추천 엔진으로 분석되어 "ㅇㅇㅇ 씨를 위한 추천", "이 상품을 체크한 분들은 이런 상품도 체크하고 있습니다"와 같은 형태로 표시됩니다. 즉, Amazon은 쓰면 쓸수록 다음에 원하는 상품이 정확히 표시됩니다(→ P.65).

또한 기계 학습은 고객이 주문한 상품을 발송하는 풀필먼트(fulfillment, 배송 업무) 센터 로봇 패킹 루트(Robot Packing Root) 최적화, 수급 및 창고의 커페서티(capacity, 수용량) 예측 등 여러 곳에서 활용되고 있습니다.

그림 3-6-1 | Amazon 추천 학습

추천 엔진을 사용자 스스로 학습시키는 것도 할 수 있다.

◉ 미국에서는 Amazon Echo가 대히트

Amazon Echo는 2015년 6월에 미국 전역에서 판매가 시작된 스마트 스피커입니다. 원통형의 본체에는 360도 무지향성 스피커와 7개의 마이크가 탑재되고 Bluetooth 또는 Wi-Fi를 통해 인터넷에 접속됩니다.

음성 어시스턴트 알렉사의 고성능 자연어 인식 기능을 사용하여 말하는 것만으로 음악(인터넷 스트리밍 서비스도 가능) 재생이나, 뉴스, Kindle 서적 읽어 주기, 스포츠의 스코어, 일기 예보 등 다양한 정보를 음성으로 제공하여 줍니다(→ P.76).

그 외, 저가형인 "Amazon Echo Dot"과 "Amazon Tap", 액정 Display 내장형 "Amazon Echo Show" 등의 변형된 기기가 발매되었으며 Amazon에서 만든 기기로서는 최대의 히트 상품이 되었습니다.

그림 3-6-2 | 알렉사를 탑재한 Amazon 장치

왼쪽부터 Amazon Echo, Echo Tap, 가운데 작은 디바이스가 Echo Dot, 오른쪽이 Echo Show
출처 https://www.amazon.com/Amazon-Echo-Bluetooth-Speaker-with-WiFi-Alexa/dp/B00X4WHP5E

✿ 자연어 인식 엔진 알렉사의 보급

알렉사는 Amazon Echo에 탑재된, Amazon이 개발한 음성 어시스턴트입니다. "알렉사 ○○○○"라고 묻기만 하면 음악 재생, 뉴스, 날씨 등을 알려 주고 알람이나 일정 관리, Amazon의 주문 관리 등이 가능합니다.

무료로 이용할 수 있는 Alexa Skill이란 앱을 이용하면 음식 주문이나 Uber 호출과 같은 서드 파티가 제공하는 다양한 기능을 추가할 수도 있습니다.

또한 Amazon은 알렉사를 모든 제품에 활용 가능한 플랫폼으로 성장시키려 하고 있어 음성 인식이나 자연어 처리 기술을 다른 디바이스에서 이용하는 클라우드 서비스 "Alexa Voice Service"가 무상으로 제공되고 있습니다. 그 덕분에 Amazon 이외의 업체가 개발한 알렉사 내장 기기도 다수 있으며, 앞으로도 이 분야에서 크게 점유율을 넓혀 나갈 것으로 예상됩니다.

알렉사의 가장 큰 특징은 스마트 폰에 장착되면서 디스플레이, 터치 조작도 병용하고 있는 Google Assistant나 애플의 Siri와는 달리 처음부터 음성만으로 조작하는 "Voice First" 사상으로 설계되어 있다는 것입니다. Amazon은 알렉사가 제공하는 음성 인터페이스를 "스마트 폰 이후" 앞으로 다가올 미래라고 내다보고 있습니다.

COLUMN

베조스의 격문

알렉사의 음성 어시스턴트는 질문이나 명령을 하면 1초 이내에 응답하는 것이 당연한 것으로 여겨지고 있습니다. 이는 Amazon의 CEO 제프 베조스(Jeffrey Preston Bezos)의 고집입니다. Amazon Echo 개발 당시는 기술적으로 응답까지 몇 초의 시간이 걸리기 마련이었지만, 베조스는 이것을 좋아하지 않고 1초 이내로 앞당기라고 집요하게 격문을 날렸답니다. 연구원들은 불가능하다고 반박했지만 베조스는 완강하게 지시했고 연구원들은 필사적으로 노력하여 응답 시간 1초를 달성하였고, 제품으로 출하할 수 있게 되었습니다.

⚬⚬⚬ Amazon AI

2016년 12월 Amazon은 회사가 제공하는 "AWS(Amazon Web Services)"의 새 기능
으로 "Amazon AI"를 발표했습니다.

Amazon AI는 다음의 3개 서비스로 구성되어 있습니다(**그림 3-6-3**).

그림 3-6-3 | Amazon AI가 제공하는 3개의 서비스

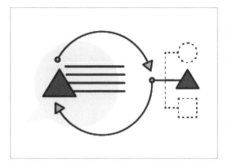

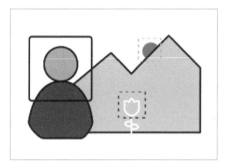

왼쪽이 Amazon Lex, 오른쪽이 Amazon Polly, 아래쪽이 Amazon Rekognition
출처 https://aws.amazon.com/ko/amazon-ai/

Amazon Lex는 알렉사와 같이 딥러닝을 이용한 자동 음성 인식과 자연어 이해 기
능을 제공합니다. 챗봇 구축 등에 이용할 수 있습니다.

Amazon Polly는 텍스트를 리얼한 음성으로 읽는 기능을 제공합니다. 20개 이상의
언어를 지원하고 음성을 사용한 인터페이스를 구축할 수 있습니다.

Amazon Rekognition은 이미지에 포함되는 물체나 얼굴 인식, 이미지 검색 및 비교
를 실행할 수 있는 기능을 제공합니다.

이들 기능은 모두 유료이지만 많은 Web 서비스가 이용되고 있는 AWS와 원활하게
연계할 수 있어 이용 가치는 높다고 합니다.

테슬라 모터스, 스페이스X

천재 기업가 엘론 머스크, AI에 대한 독자적인 관점에 주목

테슬라나 스페이스X 같은 혁신적 기업을 만들어 온 천재 기업가 엘론 머스크. 뜻밖에도 그의 AI에 대한 발언은 부정적인 것이 눈에 띕니다. 하지만 그만의 독특한 관점에서 인간 과 AI의 융합을 목표로 하고 있는 것 같습니다. 과연 그것은 어떤 것일까요?

✺ AI는 인간의 적?

세계 최강 기업가로 불리는 <u>엘론 머스크</u>는 지금까지 온라인 결제 시스템 "페이팔 (PayPal)", 세계 최대 전기 자동차 메이커 "테슬라 모터스", 우주 발사체 사업을 하 는 "스페이스X", 태양광 발전 시스템의 판매 리스를 하는 "솔라 시티(Solar City)", 터널 안에 음속을 넘는 속도로 여객용 캡슐을 달리게 하는 "하이퍼루프(Hyper-loop)" 등 다수의 개성적인 사업 출범에 관여하여 왔습니다.

"지구 환경을 지키기 위해 지속 가능한 에너지를 실현하며, 인류를 화성에 이주시 킨다"는 원대한 야망을 갖고 있는 엘론 머스크이지만, AI에 관해서는 테슬라에서 자율주행 시스템을 채용하고 있음에도 불구하고 고도로 발달된 AI의 처리 능력은 인간의 직업을 없애 버리며, 인간이 기계에게 지배당하는 시대를 불러올 수 있다 라는 우려를 표명하고 있습니다.

AI 기술의 오픈 소스화

특히 특정 기업의 기술 독점을 우려하여 AI 기술을 오픈 소스 형태로 공유하는 것 을 목적으로 하는 "<u>Open AI</u>"라는 비영리 단체를 여러 IT 스타트 업 회사를 지원하 고 있는 "Y Combinator" 사장인 샘 알트만(Sam Altman) 등과 설립하고 연구 성과를 공개하거나 AI를 훈련시키기 위한 "Gym", AI의 능력을 측정하기 위한 "Uni-verse"와 같은 소프트웨어 플랫폼을 무상으로 제공하고 있습니다.

그림 3-7-1 | Open AI 공식 사이트

여기서 AI에 대한 연구 성과를 누구나 볼 수 있다.
출처 https://openai.com/

⬡ 뇌와 AI를 직접 연결

엘론 머스크는 2016년에 개최된 AI 관련 회의에서 "컴퓨터가 고도로 발달했을 때 인류가 그 존재의 필요성을 잃지 않기 위해서는 우리도 스스로를 AI로 강화해야 한다"라고 지론을 얘기했고 이듬해 새로운 회사 "뉴럴링크(Neuralink)"를 설립했습니다.

뉴럴링크에서는 사람의 뇌에 작은 전극을 심고 생각한 것을 직접 AI 시스템으로 보내는 뇌 인터페이스 시스템 개발을 목표로 하고 있습니다. 원래 인간 뇌의 처리 능력과 속도는 현재의 최고 컴퓨터보다 뛰어나며, 최근 인터페이스를 구현하는 것에서 알 수 있듯이 인간과 인공지능이 공생할 수 있게 한다는 것이 엘론 머스크의 사상인 듯합니다.

그림 3-7-2 | 뉴럴링크 공식 사이트

사이트에서 엔지니어나 과학자를 모집하고
있다.
출처 https://www.neuralink.com/

·· ▶ **COLUMN** 🧠

엘론 머스크의 AI 위협론은 "단순한 마케팅"이라는 지적도

기업가인 채드 스틸버그(Chad
Steelberg)는 뉴스 사이트
"QUARTZ"에 발표한 에세이에
서 "엘론 머스크가 제창하는 AI
위협론은 자신과 자신의 회사
에 이익을 가져오기 위한 마케
팅 전략에 불과하다(대의[1])"라고
통렬하게 비판했습니다.

확실히 AI는 사용 방법이 잘못
되면 제3차 세계대전의 원인이
될 가능성도 있지만, 반면에 얼
굴 인식 기술이 인신매매 희생
자를 줄이거나 기계 학습이 암

그림 3-7-A | QUARTZ에 실린 에세이
출처 https://qz.com/1061404/weneed-to-shift-the-conversation-aroundai-before-elon-musk-dooms-us-all/

치료의 발전에 기여하는 등 인류의 미래에 틀림없이 좋은 영향을 던져 주고 있습니다. 어떤 편리
한 도구도 사용하는 방법에 따라 선으로도, 악으로도 이용될 수 있습니다.

········

1 대의 : 大意. 글이나 말의 대략적인 뜻(출처 : 표준국어대사전)

연구원을 계속 뽑아 태풍의 눈으로

중국의 AI 분야를 리드하는 바이두

중국에서 최대 시장점유율(전 세계에서도 Google에 이어 2위)을 가진 검색 엔진을 제공하는 바이두는 최근 많은 연구원들을 뽑으며 중국의 AI 분야에서 패권을 목표로 하고 있습니다. 또한 서양의 대기업을 끌어들인 자율주행 자동차 플랫폼 "아폴로 프로젝트"로도 주목을 받고 있습니다.

◦🔷 AI 업계의 영웅을 차례차례 뽑다

중국 인터넷 산업계 'Top 3'인 바이두(Baidu), 알리바바(Alibaba), 텐센트(Tencent) 3개 社는 그 머리글자를 따서 "BAT"라고 불리며 근래의 테크놀로지 분야에서 약진의 주역이 되어 있습니다. 최근 몇 년간 바이두는 본업인 검색 엔진에서는 시장점유율 Top을 자랑했지만 소셜 미디어, e커머스, 모바일 결제 등의 분야에서 위의 2개 社에게 크게 뒤떨어지고 있습니다.

그러한 상황에서 바이두는 기사회생 정책으로 "AI 퍼스트 전략"을 개시했습니다. 2014년에 Google의 딥러닝 부문을 이끌었고 "Google Brain" 설립에도 참여했던 앤드류 응을 뽑아 실리콘밸리에 3억 달러를 투자하여 "실리콘밸리 인공지능 연구소"를 개설하였고 AI 관련 기업 인수도 적극적으로 실시하였으며, 특히 딥러닝

그림 3-8-1 | 바이두의 실리콘밸리 인공지능 연구소
출처 http://usa.baidu.com/baidus-silicon-valley-ai-lab-is-hiring/

을 이용한 음성 인식 분야에서 많은 돌파구를 만들었습니다. 또한 자율주행이나 음성 제어 장치용 소프트웨어 등의 비즈니스를 새로 출범시켰습니다.

2017년 1월에는 새로운 AR(Augmented Reality, 증강 현실) 연구팀도 출범시켰습니다. 2017년 3월에 앤드류 응이 퇴직을 발표하자 즉각 Microsoft의 AI 부문을 이끌었던 치 루(Qi Lu)를 COO(최고 집행 책임자)로 뽑는 등 계속 공격적인 움직임을 보이고 있습니다.

❁ 오픈 소스 딥러닝 개발 환경 "PaddlePaddle"

2016년 9월에 신경 회로망의 구축과 기계 학습에 특화된 개발 환경 "패들패들(PaddlePaddle)"을 오픈 소스로 GitHub에서 공개, 2017년 7월에 AI 연구 관련 하드웨어 분야에서 압도적 시장 점유율을 자랑하는 엔비디아(NVIDIA)와 제휴하였고 패들패들을 자사 GPU용으로 최적화하여 연구 기관 및 연구원들에 널리 제공했습니다.

이미 Google의 텐서플로(→ P.121), Facebook의 Torch와 같은 비슷한 컨셉을 가진 개발 환경도 다수 존재하지만 패들패들은 중국의 소프트웨어 엔지니어에 의해서 개발되어 개발 관련 자료는 중국어와 영어로 준비되어 있고 중국에서는 정부에 의해서 Google 서비스가 제한되고 있다는 사정도 있어 중국 내의 AI 연구원을 기반으로 세계로의 보급이 기대됩니다.

그림 3-8-2 | 패들패들 웹 사이트

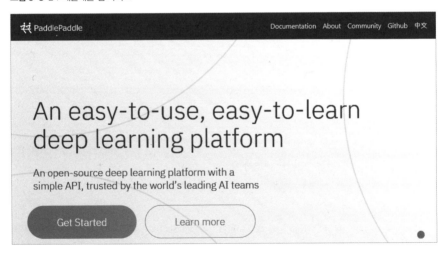

문서는 영어/중국어로 준비되어 있다.

출처 http://www.paddlepaddle.org/

2020년 완전 자율주행을 목표로 하는 자율주행 자동차 플랫폼 "아폴로 프로젝트"

바이두는 AI 기술을 활용한 자율주행 자동차 연구에도 주력하고 있습니다. 2017년 4월에는 자율주행 차량용 소프트웨어 플랫폼을 오픈 소스화하는 "아폴로 프로젝트(Project Apollo)"를 개시, 그 해 7월에는 포드 모터 컴퍼니, 다임러, 엔비디아, 인텔과 같은 자동차와 IT 대기업 약 50개 회사의 참여를 유치했습니다. 또한 2017년 말까지 복잡하지 않은 시가지에서의 자율주행을, 2020년까지 고속도로와 도시의 공공 도로에서 완전 자율주행을 목표로 세계적인 규모로 대응하기 시작했습니다.

그림 3-8-3 | 아폴로 프로젝트

아폴로를 탑재한 견본 차

출처 http://apollo.auto/index.html

Alexa가 일본에 오기 전

AI 플랫폼 Clova로
승부를 거는 LINE

일본을 중심으로 세계에서 2억 명 이상의 액티브 유저를 가진 메시징 서비스 LINE은
2017년 3월에 클라우드 AI 플랫폼 Clova를 발표, 미국 Amazon의 알렉사에 정면으로 승
부를 벌였습니다. 음성 서비스 분야에서 알렉사가 일본에 상륙하기 전에 얼마나 앞설지
주목됩니다.

챗봇의 플랫폼으로써

2011년 6월에 서비스가 개시된, 스마트 폰 및
PC상에서 채팅이나 음성 대화가 가능한 소셜
네트워크 서비스 LINE은 일본을 비롯한 아시
아 지역을 중심으로 급속도로 이용자가 늘고
있으며 2017년 7월 일본에서는 7,000만 명, 전
세계적으로는 2억 명 이상의 액티브 유저를 가
진 거대 서비스가 되었습니다.

인간과 인간의 교류가 기본이지만, Microsoft
의 "린나"(→P.62)처럼 AI 기술을 응용하여 정말
인간처럼 대답을 하는 이른바 챗봇 플랫폼으로
서 널리 사용되고 있습니다. LINE이 제공하는
"Messaging API"를 이용하면 AI에 대한 지식
없이도 누구나 간단하게 챗봇을 만들 수 있습
니다.

그림 3-9-1 | LOHACO 마나미씨
ASKUL 주식회사가 지원하는 고객 지원용
챗봇

⚙️ Clova는 알렉사에 대항이 가능한가?

LINE과 모회사인 NAVER
는 2017년 3월 클라우드 AI
플랫폼 "클로바(Clova)"를 발
표했습니다. 클로바는 스피
커와 마이크 및 인터넷에 접
속하고 있는 모든 디바이스
에 탑재할 수 있기 때문에 음
성 기반의 서비스를 구현하
는 것이 가능합니다(발표 초
기는 일본어와 한국어 지원).

그림 3-9-2 | 클로바 공식 웹 사이트
출처 https://clova.ai/ko

LINE은 동시에 "클로바"를 탑재한 스마트 스피커 "웨이브"를 2017년 가을에, 디스
플레이가 탑재된 디바이스 "FACE"를 2017년 겨울에 내놓았습니다.

2개 모두 클로바에게 말을 걸기만 하면 음성 인식이 실행되어 LINE이 운영하는 음
악 서브스크립션 서비스(subscription service) "LINE MUSIC"의 4,000만 곡을 검
색 · 재생 가능하며, 음악과 엔터테인먼트에 대해서 질문하면 전문가처럼 대답을
해 줍니다. 또한 스마트 폰 LINE 애플리케이션과도 연계되어 톡 메시지나 뉴스,
기상 예보 등을 읽어 주거나 답장을 모두 음성으로 할 수 있습니다.

눈치채신 분들도 많겠지만, 클라우드 AI 플랫폼 클로바와 스마트 스피커 웨이브는
미국 Amazon의 알렉사와 에코 관계와 유사합니다. 미국에서는 에코 수백만 대가
출하되고 알렉사가 음성 어시스턴트 서비스의 디팩토[2]가 되고 있기 때문에 한국(일
본) 상륙 전에 가급적 먼저 시장점유율을 확보하고 싶어 하는 LINE의 전략이 보입
니다.

클로바가 앞서가는 알렉사를 위협하는 존재가 되려면 LINE, NAVER뿐만 아니라
클로바 플랫폼을 이용하여 자사가 만든 디바이스에 삽입하거나 대응 애플리케이션
을 개발하는 서드 파티의 존재가 중요합니다. 알렉사가 국내에 판매되기 전에 얼마
나 많은 파트너를 만들 수 있느냐가 관건입니다.

....

2 디팩토 : Defacto, 공식적으로 인증 기관의 허가를 받은 표준 제품은 아니지만 업계 전반에 걸쳐 사실상의 표준으로 인식되고 있는 제품이
나 기술(출처 : 컴퓨터인터넷IT용어대사전).

37년간의 연구 개발 이력이 빛나는

일본에서 톱 클래스 실적을 자랑하는 후지쯔

일본 기업은 자사에서 시스템을 개발하지 않고 SI(System Integration) 업체로 불려지는 IT 기업에게 개발을 통째로 의뢰하는 것이 주류입니다. AI가 일반 기업에서 폭넓게 활용되려면 IT 기업이 적극적으로 AI 도입을 주도하는 것이 필수적으로 요구되고 있습니다. AI를 사용한 시스템 개발을 하고 있는 IT 기업들 가운데서 후지쯔는 높은 존재감을 나타내고 있습니다.

일본 안에서 재빨리 AI 기술을 브랜드화

후지쯔의 AI 대응은 오래되었습니다. 1980년대 제2차 AI 붐으로 여겨지던 시절부터 연구를 진행했으며, 1985년에는 일본 최초의 AI 탑재 컴퓨터 "FACOM α"를 개발했습니다. 그 후에도 연구 개발을 진행하여 200건이 넘는 AI 관련 특허를 출원하는 등 일본 기업 가운데 톱에 해당하는 실적을 자랑하고 있습니다.

후지쯔社 내에는 오랜 기간 동안에 많은 AI 연구 개발 성과가 축적되어 있고 다루고 있는 사례들도 많습니다. 거기에서 AI 기술들을 취합, 브랜드화하여 "진라이(Zinrai)"라는 이름으로 제공하였습니다. 현재는 자사가 보유하고 있는 AI 기술에 이름을 붙이고 브랜드로 제공하는 것이 일반적이지만, 진라이가 출범한 2015

그림 3-10-1 | 후지쯔의 AI 브랜드 진라이
출처 http://www.fujitsu.com/jp/solutions/business-technology/ai/ai-zinrai/

년도에는 그렇게 하는 기업이 적었습니다. 진라이는 의도적으로 일반 시장에 AI 서비스 제공을 시작한 선구적인 존재입니다.

진라이 발표 후, 다양한 업종의 기업으로부터 500건 이상의 문의가 있었을 만큼 AI에 대한 기대가 높았습니다. 구체적인 AI 활용 이미지를 기반으로 문의를 하는 기업도 많았고 AI를 사용한 시스템이 일반 생활에 보급되는 날이 눈앞에 임박했음을 느끼게 하였습니다.

그림 3-10-2 ㅣ 진라이의 특징

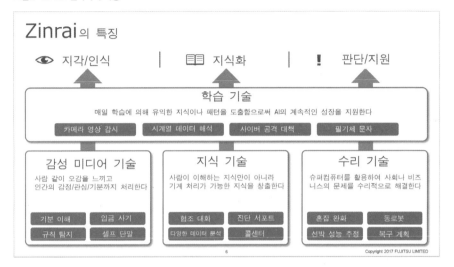

출처 "인공지능 비즈니스 활용 사례와 디지털 혁신으로의 접근"(후지쯔 주식회사 제공)

진라이를 활용한 AI 시스템

진라이를 도입한 시스템 예를 몇 가지 소개하겠습니다. 실증 실험 단계에서 더 나아가 업무에 가동되고 있는 것도 있습니다.

콜센터

후지쯔로 들어오는 문의 가운데 콜센터가 담당하는 비중은 2할 정도로 가장 기대가 높은 분야 중 하나입니다. AI는 콜센터 상담원 업무의 보조적 역할을 담당하고 있습니다. 상담원이 전화로 받은 질문 내용을 들으면서 입력하면 자연어 처리 AI가 내용을 분석하고 순식간에 적절한 응답 내용을 표시합니다. 경험이 적은 상담원도 베테랑 상담원처럼 재빨리 대응할 수 있습니다.

신규 상담원의 교육 시간을 단축할 수 있어 서비스 품질 향상뿐만 아니라, 인력 부족 문제의 개선에도 도움이 됩니다.

도로 붕괴 방지

가와사키 지질(川崎地質)은 도로 붕괴 방지를 목적으로 도로 지하에 있는 공동(空洞)[3] 탐색에 AI를 도입하고 있습니다.

거리를 차로 주행하며 레이더로 땅속의 데이터를 계측하고 이미지 데이터를 생성한 후 AI를 통해 공동을 찾아냅니다. 지금까지는 인간이 직접 찾아내고 있었지만 딥러닝에 의해 AI가 공동과 배관의 차이 등을 알아볼 수 있게 되면서 육안으로 할 때 보다 검색 시간이 1/10로 단축되었습니다.

딥러닝에는 학습을 위한 데이터가 필요하지만, 그동안의 조사로부터 축적한 풍부한 이미지 데이터를 이용할 수 있었기 때문에 바로 학습에 들어갈 수 있었고 조기에 실용화할 수 있었습니다.

그림 3-10-3 | 가와사키 지질 주식회사 · AI와 공동 탐사

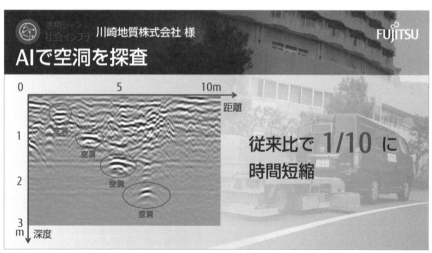

출처 "인공지능 비즈니스 활용 사례와 디지털 혁신으로 접근"(후지쯔 주식회사 제공)

....

3 공동 : 텅빈 굴, 동굴

Health Risk 판단

의료기관에서도 AI가 실용화되고 있습니다. 스페인의 산카를로스 의료 연구소에서는 정신병 환자의 병력이나 생활 습관 기록 등 의료 데이터와 학술 논문 등의 오픈 데이터, 기후 환경 데이터 등 여러 데이터를 종합적으로 분석하여 환자의 Health Risk를 산출하고 있습니다.

예를 들어 환자에 따라서는 날씨로 인하여 증상이 악화되거나 자살 위험이 높아지는 등 Risk가 존재하는데, AI는 그 Risk를 수치화하여 제시합니다. 의사가 진단하는 경우와 비교해서 85% 정도 정확도로 자살, 알코올 중독, 약물 중독 등 Risk를 산출할 수 있어서 의사에 의한 신속한 진단과 부담 경감이 실현되었습니다.

의료 데이터를 진단에 이용하려면 개인 정보 보호가 큰 걸림돌이지만, 후지쯔가 보유하고 있는 익명화 기술을 적용하여 실제로 가동할 수 있었습니다. 스페인 지방의 풍속이나 상태, 축구 시합 결과의 영향도를 고려하기 위해서 입력 데이터를 추가하여 분석해 보았지만, 명확한 상관관계는 없었다고 합니다.

✣ 강점은 "다 되는 것"

진라이는 5개 서비스가 제공되고 있습니다. 기존 시스템 개발과 마찬가지로 활용 컨설팅부터 구축, 운용까지 모든 단계를 제공할 뿐만 아니라 플랫폼 서비스도 제공하고 있습니다. API를 공개하기 때문에 후지쯔 AI 기술을 사용하여 자신의 아이디어를 실현할 수도 있습니다.

반대로 클라우드를 이용하고 싶지 않은 경우는 자사 내부에 서버 랙(Rack)을 설치하는 Closed 환경 구축도 제공하고 있습니다. 시스템을 자사 내부에 설치하여 온프레미스로 운용하고 싶은 경우에도 클라우드 환경에서와 같은 조작성 및 확장성을 갖춘 시스템을 구축하도록 하고 있습니다.

이용자의 기술력과 다양한 이용 목적에 대응하는 유연함도 진라이의 특징이라고 할 수 있습니다.

표 3-10-4 | 진라이 서비스

고객의 AI 활용 라이프 사이클을 종합적으로 지원

Zinrai 서비스

Zinrai 플랫폼 서비스

| API | Zinrai 깊은 학습 |

Zinrai AI 솔루션 서비스

| 활용 컨설팅 | 도입 지원 | 구축 | 운용 |

하드웨어 소프트웨어

Zinrai 딥 러닝 시스템

관련 상품

ReNom

출처 http://www.fujitsu.com/jp/solutions/business-technology/ai/ai-zinrai/

후지쯔의 최대 무기는 종합적인 지원이 가능하다는 것입니다. 소프트웨어뿐만 아니라 슈퍼컴퓨터나 프로세서 등 하드웨어 개발을 하는 몇 안 되는 기업이며, 진정한 의미의 Total Coordinator 역할을 할 수 있는 강점을 가지고 있습니다.

후지쯔가 내세우는 "공창(共創)⁴"이라는 키워드는 그 강점을 단적으로 나타내고 있습니다. AI 기술은 변화가 크고 이용 방법도 확립되어 있지 않습니다. 사업자와 개발자가 입안부터 도입, 운용까지 해야 하기 때문에 전반적인 지원이 가능한 후지쯔 같은 존재에게 기대가 모이는 것은 당연합니다. 향후 기업과 공동으로 데이터를 활용하여 비즈니스를 수행할 예정이어서 AI를 활용한 새로운 비즈니스 창출에도 기여할 것으로 예상됩니다.

....
4 공창 : 다양한 입장의 사람들과 대화하면서 새로운 가치를 "함께", "창조"하는 것

실증 실험에서 실제 가동으로 진행되기 위한 조건

AI 실증 실험은 수없이 많이 진행되고 있지만, 실제 사업까지 진행되는 예는 많지 않습니다. 후지쯔에 따르면 실제 가동을 위해서는 다음과 같은 과제가 있다고 합니다.

1. **지속적인 데이터 제공 : AI를 실제 서비스에 활용하기 위해서는 지속적으로 데이터의 생성과 수집이 필요하다.**
2. **결과의 수용 : 특히 딥러닝의 경우 AI가 결론을 내리게 되는 논리를 설명할 수 없다. 그래서 경영 전략이나 의료 등 실수가 허용되지 않는 곳에는 사용하기 어렵다.**

1번을 해결하기 위해서는 자연스럽게 데이터를 수집 · 활용할 수 있는 구조를 만들어야 합니다. 2번 해결은 성공 사례를 통해 AI의 결론은 보충적인 정보로 이용하고 사람이 최종적인 결론을 내리는 방법이 있습니다.

후지쯔가 진행하는 AI가 실제 가동되고 있는 시스템에는 상기 2개의 과제가 없다고 합니다. 예를 들어, 앞에서 소개한 실제 가동 예시는 어느 것이나 데이터 축적이 지속적이며 일상적으로 가능하고 최종 판단은 인간이 하는 공통된 특징을 보여 주고 있습니다.

딥러닝 전용 AI 프로세서 "DLU"

후지쯔는 자체적으로 딥러닝 전용 AI 프로세서 "DLU" 개발을 진행하고 있습니다.
지금까지 딥러닝에는 GPU가 주로 이용되어 왔는데 처음부터 설계를 재검토함으로써, AI 프로세서가 보다 고속화되고 저전력 사용을 목표로 하고 있습니다.

세계 최고 속도 등급인 진라이 딥러닝

- **슈퍼컴퓨터의 병렬 처리 기술을 기반으로 세계 최고 속도 등급의 학습 처리 능력**
  - 고속 프레임워크 : Distributed Caffe
  - 고속 노드 병렬 성능 : 후지쯔의 병렬화 · 튜닝 기술
  - 고속 노드 자체 성능 : 8GPU/Node
  - 최고 속도 · 최신 GPU : NVIDIA Tesla P100 채용
- **Deep Learning 처리 방식 프로세서 DLU**
  슈퍼컴퓨터 '경'의 개발 기술을 투입 → 제공 2018년도∼

출처 "인공지능 비즈니스 활용 사례와 디지털로의 혁신 접근"(후지쯔 주식회사 제공)
※ 본 기사는 후지쯔 주식회사 취재(2017년 7월)에 근거하여 집필했습니다.

AI 브랜드 corevo를 발표

세계 제일의 음성 인식 기술을 활용하는 NTT 그룹

일본 통신사업 최대 기업인 NTT는 그룹 전체적으로 AI에 대한 대응에 노력하고 있습니다. AI는 사람의 능력을 보강해 주는 "IA(Intelligence Amplifer)"이어야 한다는 사상 아래 통일 AI 브랜드 Corevo를 출범시켰습니다. 이름의 유래인 Co-revolution에는, Collaboration 서비스를 창출하고 생활 스타일을 혁신하겠다는 의미를 담고 있습니다.

이용자가 이미지화하기 쉬운 4개로 구분

NTT 동일본, NTT 서일본, NTT 커뮤니케이션즈, NTT 도코모, NTT 데이터 등으로 구성된 NTT 그룹은 이제 통신 사업자의 테두리를 넘어 다양한 서비스나 기술을 제공하고 있습니다. AI 기술 또한 기본적인 자세에는 변함 없이 다양한 파트너들과 협업함으로써 새로운 서비스와 생활 스타일을 제공하겠다는 목적을 가지고 있습니다. NTT가 쌓아 온 연구 성과나 기술을 "코레보(Corevo)"란 브랜드로 일괄함으로써 많은 사람에게 사용되는 것을 목표로 하고 있습니다(그림 3-11-1).

AI는 적용할 수 있는 범위가 넓고 기술 요소도 다양한 만큼 명확하게 정리하기는 어렵습니다. 따라서 이용자가 이미지화하기 쉽도록 코레보에서 AI를 4개 영역으로 분류하여 다루고 있습니다.

그림 3-11-1 | 코레보 공식 웹 사이트
출처 http://www.ntt.co.jp/corevo/e/index.html

Agent-AI는 인간의 의도를 이해하고 지식의 확장을 실시하는 AI입니다. 대화 내용 이해와 대화가 이에 해당합니다.

Ambient-AI는 온도, 소리 등 센서에서 취득한 데이터나 빅 데이터 등으로부터 예측하는 AI로, IoT 분야와 잘 맞습니다.

현재 세상에서 실용화되기 시작한 AI는 대부분 이 2개의 AI로 분류할 수 있습니다.

나머지 2개의 AI는 미래를 예측하는 AI라고 할 수 있습니다.

Heart-Touching-AI는 Agent-AI의 발전 방향의 연장선에 위치하고 있으며, 인간의 심층 심리와 본능을 이해하고 거기에 대응하는 AI를 목표로 하고 있습니다. 인간의 뇌 활동은 신체와도 떼어 놓을 수 없기 때문에 스포츠 등을 통한 신체 기능에도 주목하여 다양한 각도에서 AI를 수용해 가는 시도입니다.

Network-AI는 복수의 AI가 연결되어 전체로서 사회 시스템을 최적화한다는 컨셉을 가지고 있습니다.

AI 운용 4대 분야

- **[Agent-AI] 인간이 내는 정보를 취득하여 의미 · 감정을 이해**

  Contact center · 창구 업무 대체 · 지원, 일상적인 생활 지원, 고령자 간호 · 활동 지원
  : 시끄러운 환경에서도 다국어를 높은 정확도로 인식하고 자동 번역하여 언어의 벽을 넘은 커뮤니케이션

- **[Ambient-AI] 인간 · 물건 · 환경을 읽고 해석, 순식간에 예측 · 제어**

  Health care, 운전 지원, Event 발생에 따른 혼잡 회피, 재해 예측 · 복구
  : 인프라의 고도화에 의한 자율주행으로 사고가 없는 사회

- **[Heart-Touching-AI] 마음과 신체를 읽고 해석, 심층 심리 · 지성 · 본능을 이해**

  스포츠에 숙달, Mental wellness, 인간 관계 향상
  : 기분이나 내면을 생체 정보로부터 센싱하고 환경을 최적화

- **[Network-AI] 복수의 AI가 연결되어 사회 시스템 전체를 최적화**

  지구 규모의 전체 최적화, 네트워크 고장 대응, 고장 예방
  : 네트워크 로그(Log) 데이터로부터 해석한 고장 예측으로 안정된 네트워크를 언제까지라도 사용할 수 있음

출처 "NTT가 지향하는 4개의 AI와 그것을 지지하는 커뮤니케이션 과학"(NTT 그룹 제공)

통신 기술에서 발전한 음성 인식 기술

NTT의 강점은 뭐니 뭐니해도 음성 신호 처리 기술입니다. 그 배경은 휴대전화 통화 품질 향상의 역사에 있습니다. 옛날에는 통신 회선이 빈약했기 때문에 통화 음성을 압축하고 수신 측에서 통화 음성을 재생하기 위한 "음성 부호화 기술"이 발달하였

습니다. 이러한 목소리 모델화 기술은 현재의 음성 인식과 음성 합성에도 활용되고 있습니다.

2000년 이전에 이미 음성 인식 기술은 개발되었으며 나가노 올림픽에서 배포한 시계형 PHS에는 목소리로 발신하는 기능이 탑재되어 있었습니다. 게다가 2000년 들어 명확하게 읽혀진 글을 자동 인식하여 자막을 작성할 수 있게 되었습니다. 그 후 약간의 정체기가 이어졌지만 2011년경부터 단번에 기술이 발전하였습니다. 다른 AI 기술 발전과 마찬가지로, 딥러닝이 돌파구로 이어진 것입니다. 현재는 자연스러운 대화를 인식하고 잡음이 섞인 대화를 분석하는 것도 가능하게 되었습니다. 그 기술 수준은 세계에서 최고 수준으로, 모바일 음성 인식에 대한 국제기술평가에서 정확도 부문 세계 1위를 달성한 사실이 그 실력을 말하고 있습니다.

이처럼 대화 내용 이해는 꽤 높은 수준에 이르고 있지만, 인간과 비슷하게 대화를 하려면 아직 부족한 것이 있습니다. 그중에 하나는 목소리에 담긴 감정의 이해입니다. 문자로 쓰면 똑같아도 말하는 방식 하나로 반대 의미를 갖게 되는 말들이 있는데, 인간이라면 누구나 다 아는 거지만 컴퓨터는 이해하기가 매우 어렵습니다. NTT는 목소리의 억양 등에서 말하는 사람의 감정을 이해하는 기술도 개발하고 있으며, 기분의 좋고 나쁨뿐만 아니라 "냉정하지만 분노의 감정이 들어가 있는 것" 등의 복잡한 감정 판단도 가능하게 되고 있습니다.

이러한 음성 인식 기술과 자연어 처리를 모아서 분석하는 "음성 마이닝" 서비스도 제공하고 있습니다.

✺ AI의 적용 사례

음성 마이닝은 콜 센터에서 이용되고 있습니다. 문의 내용을 음성으로 인식하고 FAQ에서 가까운 내용을 선별하여 답변을 주는 것까지 일련의 동작이 행해지고 있습니다.

또한 로봇 분야로의 적용도 진행되고 있습니다. 자신과 닮은 인조인간(Android)을 만든 것으로 유명한 이시구로 히로시(石黒浩) 교수(오사카 대학) 연구실과 NTT가 협업하여 더욱더 인간처럼 대화하는 AI를 만들기 위해 연구하고 있습니다(그림 3-11-2). 인간과 로봇 간 대화뿐만 아니라 로봇끼리의 대화나, 여러 로봇들 간의 대화에 인간을 추가한 대화도 가능하게 되어 가고 있습니다.

그림 3-11-2 | 이시구로 교수와 콜라보레이션

출처 https://www.youtube.com/watch?v=Z0fwqLP7Hlg

로봇이 자연스러운 대화를 하려면 목소리의 억양이나 발성의 타이밍, 시선의 방향 등 다양한 기술이 필요합니다. 인간은 상대방의 얘기를 완전히 알아 듣지 못하는 경우가 있지만 일일이 따지지 않아도 대화를 지속할 수 있습니다. 추론 능력은 물론, 무심하지 않으며 다음 화제로 연결시키는 능력이 있기 때문입니다.

로봇이나 에이전트가 인간에게 호감을 갖으려면 정확한 판단뿐만 아니라 복합적인 커뮤니케이션 능력이 필수입니다. 코레보의 4대 분야 중 Heart-Touching-AI가 지향하는 목표 중 하나는 사람과 사람이나, 사람과 로봇과의 자연스런 대화로 마음이 서로 통하고 있다고 느껴지는 것, 즉 "마음까지 전해지는" 커뮤니케이션의 실현입니다.

❖ 사람과 함께하는 앞으로의 AI

NTT는 음성 인식은 물론 이미지 인식과 촉각 등, 외에도 여러 분야에서 AI 연구를 진행하고 있습니다.

AI의 요소 기술이 발전함으로써 정확성과 속도가 향상되고 적용 범위도 확대되고 있으며, NTT는 그 이후의 세계를 내다보고 대처를 하고 있습니다. AI가 할 수 있는 일이 늘어나는 것이 사람에게 보다 좋은 것인지 아닌지가 중요합니다. NTT의 코레보를 구성하는 4개 AI 중 하나가 "Heart-Touching-AI"인 것은 그 미래를 향한 의지의 표현이라고 할 수 있을 것입니다.

NTT가 그리는 미래를 실현하기 위해서는 다양한 파트너와의 연계가 필수입니다. 코레보라는 브랜드 이름과 같이 NTT의 AI 기술과 외부 기업의 기술이나 노하우가 융합한 다양한 협업 제품과 서비스의 탄생이 기대됩니다.

사업 성장의 새로운 기둥으로

AI 사업에 주력하는 소프트뱅크 그룹

소프트뱅크는 휴대폰 통신사로서 인지도가 높지만, 최근에는 AI와 로봇 분야에서도 일본 IBM과 공동으로 개발한 IBM 왓슨 일본어 버전 제공 및 퍼스널 로봇 페퍼로 주목을 끌고 있습니다.

⊶ 일본 IBM과 공동으로 IBM 왓슨 일본어 버전 제공

2015년 2월 소프트뱅크는 일본 IBM과 전략적 제휴를 발표하며 IBM의 인지 · 컴퓨팅 시스템 "IBM 왓슨"(→ P.128)의 일본어 버전 개발을 시작하고 이듬해 2월에 법인 전용으로 서비스를 제공하고 있습니다.

소프트뱅크 서비스는 시스템과의 연계나 기존 애플리케이션과의 통합 등 고객 기업의 요구 사항에 맞는 형태로 처음부터 개발을 실시하는 "풀 맞춤형"과 100개가 넘는 파트너 기업과 함께 개발한 "회사에서 접객 업무", "EC 사이트 챗봇 Q&A 대응" 등 도입 목적을 좁혀서 저가격으로 신속히 도입할 수 있는 "패키지형"의 2가지 형태가 있습니다.

그림 3-12-1 | 소프트뱅크가 제공하는 솔루션 패키지

출처 소프트뱅크 주식회사 제공 자료

소프트 뱅크는 후자인 "패키지형"에 적극적이어서 2017년 8월 11종의 솔루션 패키지를 제공하고 있으며, 다양한 기업이 "패키지형"을 도입하고 있습니다.

사내 업무 효율화와 문의 대응에 AI를 활용

왓슨은 자연어 처리를 자랑하고 있어 자연어 형태의 문의 내용을 이해하고 기업에 축적되어 있는 매뉴얼이나 FAQ 등 비구조화 데이터를 바탕으로 최적의 답변을 찾아 제안할 수 있습니다. 그래서 사내의 헬프 데스크와 고객 지원에 활용하는 경우가 많습니다.

예컨대 일본의 통신 판매 대기업인 아스쿨에서는 이전부터 고객용 헬프 데스크에 챗봇을 도입하여 문의 건수 중 30%를 대응시키고 있었으며, 2017년 2월부터 왓슨을 도입하여 추가적으로 대응 범위를 확대하려 하고 있습니다. 또한 회사 내의 문의 업무에 왓슨을 도입한 또 다른 기업에서는 사람이 문의에 대응하는 건수가 감소하고 업무 효율화와 지식의 공유가 예상되는 등 효과가 나타나고 있습니다.

그림 3-12-2 | 문의 대응 업무에 왓슨을 활용

출처 소프트뱅크 주식회사 제공 자료

◌⬡ 사내에서도 왓슨을 활용

소프트뱅크는 사내에서도 많은 용도로 왓슨을 활용하고 있습니다.

가령 2017년 5월부터 신규 졸업생 채용 선발 엔트리시트(Entrysheet)[5] 평가에 왓슨 (일본어 버전)을 활용하고 있습니다. 구체적으로는 엔트리시트의 내용을 자연어 분류에서 인식하여 항목별로 평가를 하고 합격 기준을 충족한 항목에 대해서는 전형 통과, 그 외의 항목에 대해서는 인사 담당자가 확인 후 최종 합격 여부를 판단합니다. 이로써 인사 담당자가 엔트리시트의 확인 작업에 소모하던 시간을 75% 정도 줄일 수 있었으며, 이렇게 생겨난 시간을 응모자와 면담을 통한 커뮤니케이션에 충당하고 있습니다.

그림 3-12-3 | 신규 졸업생 채용 평가에 AI 활용

도입 효과
출처 SoftBank World 2017
기조 강연 프레젠테이션 자료

◌⬡ 감정이 있는 로봇 페퍼

"**페퍼**"는 소프트뱅크 그룹의 소프트뱅크 로보틱스가 사업을 하고 있는 퍼스널 로봇입니다. 일반 가정에서 구입하여 가족의 일원이 되는 것을 목표로 하는 일반 판매 모델과, 상점이나 회사 등에서 주로 접대 업무를 실시하는 법인 전용 모델, 프로그래밍 교육 현장 등에 제공되는 학습(교육)을 위한 모델이 판매되고 있습니다.

일반 판매 모델은 가족의 얼굴과 이름을 기억하여 인사를 하거나, 말을 걸면 대화를 할 수 있습니다. 페퍼는 상황과 본체에 배치된 센서를 활용하여 클라우드에 존재하는 "**감정 생성 엔진**"으로 방치하면 우울해 하고 칭찬하면 밝아지는 등 사람과의

....

5 엔트리시트 : 취업을 위해 기업에 제출하는 자료(이력서와 자기소개서)

만남이나 주위 상황에 맞게 복잡하게 감정이 변하는 것이 특징입니다.

그림 3-12-4 | 페퍼

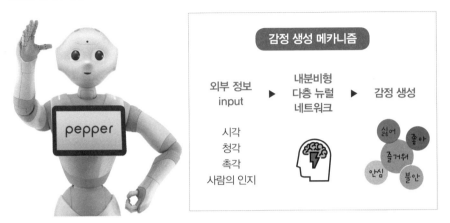

얼굴과 이름을 인식하고 대화하는 페퍼(왼쪽). 감정 생성 엔진은 외부 정보를 바탕으로 뉴럴 네트워크를 통해 감정이 생성된다(오른쪽/https://www.softbank.jp/를 참고로 그림).

또안 법인용 모델은 "접수", "호객", "추첨" 등의 애플리케이션을 사용해서 접객과 접수, 인바운드 대응이나 Health care 등의 업무를 수행한다. 기업마다 개별적으로 커스터마이징 된 애플리케이션을 개발할 수도 있다.

※본 기사 안의 왓슨 사업에 관해서는 소프트뱅크 주식회사 취재(2017년 8월)에 근거하여 집필했습니다.

산학관 공동 연구 기관을 설립

미래를 내다보고 독자 연구를 진행하는 드완고

··· **SECTION 3-13**

일본 최대의 동영상 커뮤니티 "니코니코 동영상"을 운영하는 드완고(Dwango)는 프로 기사와 AI가 맞붙었던 "전왕전(電王戦)"의 공동 주최자로 알려져 있습니다. 2014년에 산관학 공동의 인공지능 연구 기관을 설립하여 주목을 끌고 있습니다.

⬡ 전왕전 종료와 니코니코 동영상 활용

2014년에 대형 출판사인 KADOKAWA와 경영 통합하였고 동영상 공유 서비스 "니코니코 동영상"을 운영하는 드완고는 일본 장기연맹 공동 주최로 프로 기사와 AI가 맞붙었던 "전왕전(2015년까지 장기 전왕전)"을 운영(➜ P.22)하는 것으로 알려졌습니다.

전왕전은 2017년에 종료되었지만 드완고는 바둑 AI "딥젠고(DeepZenGo)" 개발에 GPU 서버 "크리스"를 제공하여 협력하였고 2017년 8월 중국에서 개최된 "제1회 세계 사이버 바둑"에서 대만의 "CGI", 중국의 "절대기예" 같은 강호를 꺾고 우승하여 Google의 "알파고"가 은퇴한 현재 세계 최강 바둑 AI가 되었습니다.

니코니코 동영상, 이미지에 AI 활용

니코니코 동영상에 올라오는 부정적인 코멘트를 자동 추출하여 삭제하는 것에도 딥러닝 기반의 AI를 사용하고 있습니다. 도입 전에는 70%로 나타난 추출 비율이 도입 후에는 90%를 넘어서고 연간 1억 엔 이상의 인건비 절감 효과가 나오고 있습니다.

또한 니코니코 이미지(일러스트 공유 서비스)에 투고된 일러스트 "내용"에서 그 일러스트를 열람하는 최종적인 숫자를 AI로 예측하는 실험도 하고 있으며, 상당히 정확한 예측이 가능하다고 합니다(**그림 3-13-1**).

⬡ "전뇌 아키텍처"로 범용형 AI를 만든다

드완고는 2014년 11월, 소장에 사단법인 인공지능 학회 이사인 야마카와 히로시(山川宏)를 임명하고 일본에서의 "초인적 AI 실현"을 목표로 하는 사내 연구 기관 "드완고 인공지능 연구소"를 발족시켰습니다(**그림 3-13-2**).

야마카와 히로시는 뇌를 참고하여 AI를 만드는 "전뇌(全脳) 아키텍처"를 제창하고 있으며, 단일 기능에 국한된 "특화형"이 아닌 "범용형 AI"(→P.26) 개발을 목표로 산학관을 포함한 다양한 기관과 연계를 통해 연구를 진행해 왔으며, 연구 성과의 일부는 웹 사이트에서 공개하고 있습니다.

그림 3-13-1 | 조회 수 · 추천 수 예측

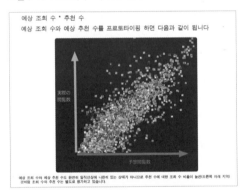

"조회 수 · 추천 수 예측"의 개요, 방법.
서비스로의 응용 등은 nico-opendata에서 확인할 수 있다.
출처 https://nico-opendata.jp/ja/casestudy/view_count_prediction/index.html

그림 3-13-2 | 드완고 인공지능 연구소 웹 사이트

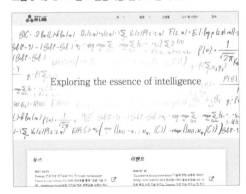

출처 http://ailab.dwango.co.jp/en

AI가 애니메이터가 되는 미래

2017년 6월 드완고는 딥러닝을 이용하여 애니메이션을 작화(作画)하는 실험을 실시했습니다.
일반적으로 애니메이션은 원화(原画)로 불리는, Key가 되는 그림과 원화와 원화 사이를 메우는
나카와리[6] 동영상으로 구성되어 있습니다. 실험에서는 매끄럽게 나카와리를 그리지는 못했지만
연관성을 살리는 것에는 어느 정도 성공하였습니다. 보다 연구가 진행된다면 지금까지 모두 장인
이 했던 애니메이션 제작 현장에 AI의 작화가 채용될지도 모릅니다.

그림 3-13-A ǀ AI에 의해서 삽화된 영상

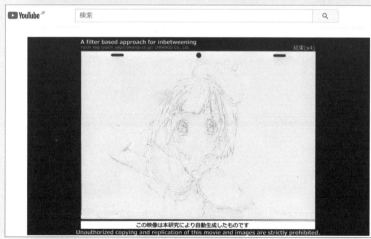

출처 https://youtu.be/_RM1zUrY1AQ

6 나카와리 : 中割り, 원화와 원화 사이를 보완하는 작업, 원화와 원화 사이에 동작이 자연스럽게 보이도록 넣는 것(그림, 동영상 등)

개인·법인 관계 없이 누구나 사용할 수 있다

AI를 이용한 API를 무료로 제공하는 리크루트 테크놀로지

SECTION 3-14

다수의 매칭 사이트를 운영하는 Recruit 그룹에서 기술을 담당하고 있는 리크루트 테크놀로지는 이미지 인식과 챗봇 등 기계 학습 기술을 이용한 API 그룹 "A3RT"를 완전 무료로 공개하고 있습니다. 귀중한 연구 성과를 무료로 공개하는 의도는 무엇일까요?

AI 관련 API 그룹 A3RT를 공개

2017년 3월, Recruit 그룹의 주식회사 리크루트 테크놀로지는 기계 학습이나 딥러닝을 이용한 솔루션 API 그룹(군, 群) "A3RT"를 공개했습니다. 계정 등록을 하면 개인, 법인에 관계 없이 누구나 무료로 사용할 수 있습니다.

제공되고 있는 API는 2017년 8월에 8개, 향후에도 수시로 추가될 예정입니다.

그림 3-14-1 | A3RT의 공식 사이트

A3RT 웹 사이트에서 사용자 등록만 하면 자유롭게 API를 이용할 수 있다.

출처 https://a3rt.recruit-tech.co.jp/

표 3-14-1 | A3RT에서 공개되고 있는 API

아이콘	API 명	기능
	Listing API	사용자의 행동 로그로부터 관련 리스트나 추천 리스트를 작성
	Image Influence API	채점된 이미지 리스트를 바탕으로 모르는 이미지에도 점수를 매김
	Text Classification API	문장 내용을 자동으로 분석하고 라벨을 붙이고 분류한다
	Text Suggest API	입력한 단어나 문장 뒤에 출현하는 글을 예측하고 작성한다
	Proofreading API	문장에 오탈자가 없는지 체크한다
	Talk API	입력문에서 일상적인 대화 문장을 자동 생성한다. 챗봇 등으로 사용
	Image Generate API	학습한 이미지를 합성해서 오리지널 이미지를 자동 생성
	Image Search API	이미지와 텍스트의 관계를 학습하고 텍스트와 이미지를 상호 검색

🔷 사내 프로젝트에서 AI 연구를 시작

리크루트 테크놀로지는 여행 서비스 "자란", 중고 차 중개 서비스 "카 센서", 취업 사이트 "리크내비" 등, Recruit 그룹이 운영하는 서비스 사이트·인프라 구축, 인터넷 마케팅 등의 사업 영역을 다루고 있는 기업입니다.

기계 학습을 이용한 API 개발을 시작한 계기는 각 사이트에서 다루고 있는 점포 사진, 상품 사진 등 방대한 이미지와 접속 로그 같은 비구조화 데이터를 해석에 이용함으로써 매칭 시 높은 정확도와 컨버전(Conversion up)에 이용할 수 있지 않을까? 라는 생각으로 시작되었습니다.

이와는 별도로 딥러닝을 응용한 텍스트 자동 교정 시스템이나 룰을 설정하여 날짜, 주소를 목록화하는 기술 등도 API화를 추진하고 있습니다.

이들은 당초 그룹 내부에서 한정적으로 사용되었으나, A3RT를 그룹 밖에서 무료 공개함으로써 AI 기술 활용의 기회를 늘리는 기술 발전에 기여함과 더불어 보다 많은 피드백을 얻음으로써 정확도를 향상시키는 것을 목적으로 하고 있습니다.

🔷 촬영된 자동차 사진에서 차종 명을 자동 판별

Recruit 그룹의 사이트에는 이미 A3RT를 이용한 다양한 시스템이 실제로 사용되고 있습니다.

예를 들어 중고차 중개 서비스 "<u>카 센서</u>"에서는 80만 장이 넘는 차의 이미지를 바탕으로 기계 학습을 하여 스마트 폰 카메라로 촬영한 자동차 사진을 업로드하면 자동으로 차종의 이름이 표시되고 그대로 그 차종에 대한 검색 결과 일람으로 옮겨 감으로써 정보를 제공하고 있습니다.

그림 3-14-2 | "카 센서" 앱의 차종 검색

거리에서 본 차의 이름뿐만 아니라 중고차 시세 가격도 순식간에 나타난다.
출처 리크루트 테크놀로지의 프레스 릴리스(2016년 10월 26일)

⚙️ Hotpepper Beauty

미용실과 네일 숍 검색 서비스 "Hot-pepper Beauty"의 스마트 폰 앱에서는 39색에서 선택한 네일 디자인의 컬러 검색과 딥러닝을 활용하여 비슷한 네일 이미지의 후보를 "연관 디자인"이라는 형식으로 표시하는 기능이 제공되고 있습니다. 후자에서는 등록한 네일 사진(손가락 전체)으로부터 손톱 부분을 판별하고 여기에서 디자인과 색깔을 추출하여 유사도를 계산한 후 점수가 높은 이미지부터 표시하는 알고리즘으로 되어 있습니다.

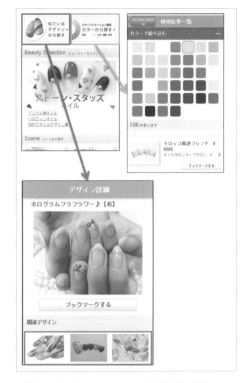

그림 3-14-3 | "Hotpepper Beauty" 앱의 네일 검색
딥러닝을 이용하여 색과 디자인을 판별하다.
출처 리크루트 테크놀로지 프레스 릴리스(2015년 7월 16일)

⚙️ A3RT 무료 제공의 의미

A3RT는 IBM의 왓슨과 Microsoft의 Azure 같은 범용적인 상용. 솔루션과는 달리 기능이 한정적인 데다 문서 이외의 지원도 존재하지 않기 때문에 무료로 제공하는 형식을 띄고 있습니다.

생산자가 직접적 이익을 얻는 것을 목적으로 하지 않아도, 그것에서 AI 기술 발전에 기여하는 것도, 이용자에 의한 피드백 등을 기대한다고 하는 Google의 일부 프로젝트입장과 가깝다고 생각됩니다.

※ 본 기사는 주식회사 리크루트 테크놀로지 취재(2017년 8월)에 근거하여 집필했습니다.

프로세서 메이커 엔비디아와 인텔의 전략

몇 년 전까지 내로라하는 존재였던 그래픽 칩 업체 엔비디아가 이제 AI 관련 하드웨어 업계에서 선두를 달리는 존재가 되고 있습니다. 쫓는 입장이 된 CPU 업계의 패자 인텔의 동향과 함께 소개합니다.

❖ PC용 칩 제조 업체였던 엔비디아의 주가가 급상승

엔비디아(NVIDIA)는 1993년에 설립된 미국 서해안을 근거지로 하는 반도체 메이커입니다. 창업 이래, PC용 칩셋 "nForce" 시리즈와 2D/3D 그래픽의 고속화를 목적으로 하는 GPU(Graphic Processing Unit) "GeForce" 시리즈와 같은 히트 제품을 생산해 온, 개인 제작 PC 세계에서는 누구나 알고 있는 존재였지만 일반적으로는 별로 지명도가 없었습니다. 그런데 2015년경부터 주가가 급격히 상승함으로써 갑자기 업계의 주목을 받았습니다. 그 이유는 딥러닝입니다.

그림 3-15-1 | 엔비디아의 주가 추이

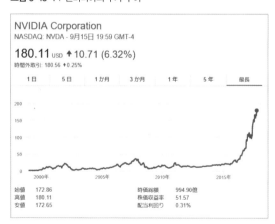

10년 이상 10달러~30달러대를 유지했던 주가가 2017년에 100달러를 돌파

◦◦ 세계 최초의 딥러닝 전용 서버 "DGX-1"

딥러닝을 사용하는 기계 학습에는 처리 시간이 방대하게 걸립니다. AI 관련 소프트웨어 벤더 및 연구 기관은 그 시간을 조금이라도 짧게 할 수 있는 고속 처리 능력을 가진 하드웨어를 갖고 싶어 했습니다.

그 수요에 꼭 맞는 것이 엔비디아입니다. 이 회사의 GPU에서 딥러닝 학습 프로그램을 실행시켰더니 방대한 양의 병렬 연산 처리가 가능했으며, 기존 CPU에 비해서 한 자릿수 다른 성능을 발휘했기 때문에 업계에 주목을 받게 되었습니다.

특히 2016년 4월에 판매가 시작된 세계 최초의 딥러닝 전용 GPU 서버 "DGX-1"은 x86CPU를 사용하는 기존 서버 250대 분량에 필적하며, 슈퍼컴퓨터 수준의 성능을 발휘하여 약 1억 400만 원이라는 가격에도 불티나게 팔렸습니다.

그림 3-15-2 | DGX-1

"DGX-1"에는 엔비디아의 주력 GPU "Tesla P100/V100"이 8개 탑재되어 있다.
출처 https://blogs.nvidia.co.jp/

✿✿ 전력 효율이 뛰어난 슈퍼컴퓨터 "DGX SATURNV"

엔비디아는 2016년 11월 "DGX-1"을 124대 연결한 슈퍼컴퓨터 "SATURNV"를 발표했습니다. "SATURNV"는 미국 정부가 주도하는 암의 조기 발견과 치료 연구를 가속시키는 프로젝트 "Cancer Moonshot"의 일환입니다. 복수의 각 연구 기관이 구축하는 "CANDLE(Cancer Distributed Learning Environment)"이라는 AI 플랫폼상에서 구축된 시스템 가운데 AI 연구용 슈퍼컴퓨터로는 세계 최고 수준의 성능을 가진 데다, 소비 전력에서도 작은 슈퍼컴퓨터의 랭킹을 작성하는 "Green500"의 전력 효율 부문에서 Top(속도는 전체 28위)이 되었습니다.

그림 3-15-3 | SATURNV

"SATURNV"는 엔비디아의 자율주행 차 플랫폼 "NVIDIA DRIVE PX 2"에 탑재된 소프트웨어 개발에도 이용되었다.

출처 https://blogs.nvidia.com/

◦✿ 질 수 없는 인텔의 고집

엔비디아 약진의 그림자로써, AI와 딥러닝 세계에서 CPU 업계 최대 기업인 인텔의 존재감은 크지 않았습니다. 물론 잠자코 보고만 있었던 것은 아닙니다. 2016년 8월에는 AI용 칩을 개발했던 벤처 기업 너바나 시스템즈(Nervana Systems)를 인수하면서 CEO로 있던 나빈 라오(Naveen Rao)를 책임자로 하여 2017년 3월 AI 관련 작업을 총괄하는 새 부문 "Artificial Intelligence Products Group(AIPG)"의 설립을 발표했습니다.

이후 인텔은 AI 플랫폼 명칭을 "너바나(Nervana)"로 하고 이 회사의 주력 CPU "Xeon"을 중심으로 액셀러레이터 칩 "레이크 크레스트(Lake Crest)"와 Xeon에 너바나의 기술을 통합한 "나이츠 크레스트(Knights Crest)" 등 복수의 AI 관련 제품 개발을 진행하고 있습니다.

이외에도 GPU에 대항할 수 있다고 하는 FPGA(하드웨어의 재구성이 가능한 IC) 업체 미국 알테라(Altera), 이스라엘의 자동차용 이미지 해석 반도체 업체인 모빌아이(Mobileye), 센서 기술에 강한 미국 모비디우스(Movidius), 인지 컴퓨팅에 강한 사프론 테크놀로지(Saffron Technology) 등 AI 관련 기업을 속속 인수, AI 분야 최고의 연구원 등 인재 확보에도 적극적으로 움직이고 있으며 엔비디아에 대한 반격을 도모하고 있습니다.

그림 3-15-4 | 너바나 웹 사이트

출처 https://www.intel.co.kr/content/www/kr/ko/financial-services-it/deep-learning-delivers-advanced-analytics-brief.html?wapkw=nervana

Google도 칩을 개발

AI 특화형 칩을 개발하는 것은 엔비디아와 인텔만이 아닙니다. 하드웨어 메이커가 아닌 Google 도 2016년 5월 딥러닝 전용 칩 "TPU(Tensor Processing Units)"를, 2017년에는 제2세대가 되는 "Cloud TPU"를 발표했습니다.

Google에 따르면 TPU는 GPU 보다 최대 30배 고속 성능이라고 주장하고 있어 엔비디아나 인텔 에 대항하려 하고 있습니다.

그림 3-15-A l Cloud TPU

출처 https://cloud.google.com/tpu/?hl=ko-kr

차세대 주역은 누가 될 것인가?

AI 스타트 업

지금까지 소개했던 여러 대기업 이외에도 AI 기계 학습 분야를 다루는 스타트 업 · 벤처 기업은 기하급수적으로 늘고 있습니다. 여기서는 일본의 AI 스타트 업을 몇 가지 소개하겠습니다.

토요타에서 대규모 출자를 받은 Preferred Networks는?

2014년 10월에 설립된 프리퍼드 네트웍스(Preferred Networks)는 IoT에 초점을 둔 딥러닝 연구 개발을 실시하는 스타트 업 기업입니다. 회사 설립 초 토요타 자동차, NTT, DeNA, 파낙 등 동석한 대기업과 협업뿐만이 아니라 2015년 12월에 토요타에서 10억 엔, 이듬해 8월에 추가로 105억 엔의 출자를 받은 것으로 크게 주목을 받았습니다.

그림 3-16-1 | 프리퍼드 네트웍스 웹 사이트

출처 https://www.preferred-networks.jp/en/

이 회사는 IoT와 AI의 융합에 주목하여 서버가 아닌 차량에 장착되는 모니터나 로봇 같은 단말기(Edge)에서 딥러닝에 의한 데이터 처리를 하고 클라우드 서버에는 학습된 해석 결과만 보내는 "Edge Heavy Computing" 아키텍처를 지향하고 있습니다.

이점은 단말에서 데이터를 처리하기 때문에 송신하는 데이터 용량이 크게 줄고 비용이 낮아지는 데다 지연이 발생하기 어렵게 되며, 단말기가 수집한 프라이버시 데이터 같은 개인 정보가 아니라 해석 이후 통계 정보만 서버에 송신하기 때문에 프라이버시를 지킬 수 있다는 것이 특징입니다.

또한 뉴럴 네트워크, 특히 심층 학습의 계산 및 학습을 수행하기 위한 오픈 소스 소프트웨어 라이브러리인 "Chainer"의 개발을 주도하고 있는 것으로도 알려져 있습니다.

🦟 의류를 중심으로 라이프스타일을 AI로 제시하는 Colorful Board

2011년 11월에 설립된 Colorful Board는 AI로 사용자의 취향인 패션 아이템이나 코디네이션을 제안하는 앱 "SENSY", 미쓰코시 이세탄 홀딩스(三越伊勢丹 Holdings)와 협업한 "인공지능 접객 서비스", EC 사이트용으로 사용자의 취향에 맞추어 상품을 제안하는 추천 엔진, 사용자의 취향을 분석하여 만드는 "퍼스널라이즈 DM"과 같이 의류 분야에 강점을 가진 서비스를 다수 제공하는 AI 관련 스타트 업입니다.

그림 3-16-2 | SENSY 웹 사이트

출처 https://sensy.ai

2017년 4월에는 하루야마 홀딩스, TSI 홀딩스, VINX 3개 회사로부터 총액 80억 원의 제삼자 할당 증자를 받아 AI를 이용한 수요 예측과 마케팅 등 패션에 머무르지 않고 분야를 망라한 라이프스타일 전체를 지원하는 솔루션으로 넓혀 나갈 의향을 가지고 있는 것 같습니다.

AI를 활용한 교통 분석 툴 "AI Analyst"를 개발하는 와카루

2010년에 설립된 와카루(WACUL)는 Google Analytics 데이터를 기반으로 과제를 발견하고 "무엇을 해야 하는가"에 대한 구체적인 개선책을 자동으로 제안하는 툴 "AI Analyst"를 제공하는 스타트 업입니다.

AI Analyst는 레포트 외에도 Facebook과 Search Console 등 외부 툴과 연계하여 사이트 외부에서 전환(Conversion)에 커다란 영향을 주는 일이 있을 때 자동으로 보고하거나 Twitter와 블로그, 뉴스 사이트 등에서 자사에 관련되는 키워드의 탐지 등을 실시하는 기능도 준비되어 있습니다.

그림 3-16-3 | 와카루 웹 사이트

출처 https://wacul.co.jp/

기계 학습을 활용한 데이터 분석 제품 그룹을 개발하는 Brains Technology

2008년에 설립된 브레인즈 테크놀로지(Brains Technology)는 기계 학습을 활용한 데이터 검색 및 데이터 분석 관련 제품을 제공하는 스타트 업입니다.

기계 학습에 의한 고도의 분석과 다양한 데이터의 실시간 수집·축적, 이상 탐지 통보, 데이터 전문 검색 등을 실현하는 차세대 데이터 분석 플랫폼 "Impulse", 로그 자료를 "가시화"하고 시스템 운영/유지 보수 과제를 해결하는 시스템 로그 통합 관리 툴 "Grasper", 심플한 클라우드 기업 내 검색 엔진 "Neuron" 등의 제품을 개발하고 제공하고 있습니다.

그림 3-16-4 | 브레인즈 테크놀로지 웹 사이트

출처 https://www.brains-tech.co.jp/

Nextremer

2012년에 설립된 넥스트레머(Nextremer)는 대화 엔진을 축으로 하여 폭넓은 접근법으로 연구 개발을 하는 기업입니다. 도쿄 · 코치 · 인도에 개발 거점을 둔 산관학 각 부문과 연계하면서 연구 개발을 하고 있습니다.

연구 분야로는 대화 엔진 개발과 딥러닝 적용, 범용형 인공지능 기초와 응용 연구를 폭넓게 하고 있으며, 국내외 학회에도 많은 참여를 하고 있습니다.

그림 3-16-5 | 넥스트레머 웹사이트

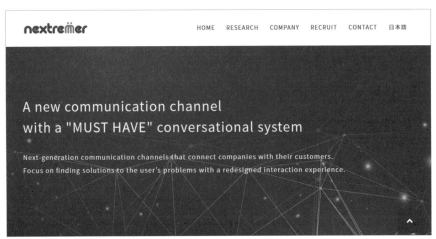

출처 http://www.nextremer.com/

제4장

AI를 지원하는 기술과 구조

기계 학습, 강화 학습, 뉴럴 네트워크,

딥러닝이란?

다양한 정의가 존재

원래 AI란 어떤 기술인가?

.... **SECTION 4-1**

1956년 다트머스 회의에서 존 맥카시에 의해 명명된 Artificial Intelligence(약칭 AI, 한국어
로는 인공지능)은 일취월장하며 그 기술은 끊임없이 발전하고 있습니다. 여기에서는 다시
AI라고 불려지는 것에 대한 정의와 분류를 해 보겠습니다.

◇◈◇ **AI(인공지능)이란?**

AI라는 말은 다음과 같이 정의되어 있습니다.

"인간의 학습능력과 추론능력, 지각능력, 자연언어의 이해능력 등을 컴퓨터 프로그램으로 실
현한 기술."(두산백과)

"인간의 지능이 가지는 학습, 추리, 적응, 논증 따위의 기능을 갖춘 컴퓨터 시스템. 전문가 시스
템, 자연 언어의 이해, 음성 번역, 로봇 공학, 인공 시각, 문제 해결, 학습과 지식 획득, 인지 과
학 따위에 응용한다."(표준국어대사전)

여기서 말하는 인간의 "지능"이란 것은 "학습", "인식과 이해", "예측·추론", "계획
및 최적화" 등을 가리키지만, 원래 "지능"이라는 단어가 가리키는 범위가 너무 넓
어 연구 방향에 따라서 AI에 대한 정의가 다른 경우도 많습니다.

어쨌든 1장에서도 언급했듯이 1956년에 "Artificial Intelligence"라는 말이 생겨난 이
래 1950년, 1980년대 붐을 맞이하면서도 다양한 기술적 문제로 인해 널리 보급되지
는 않았습니다. 그러나 최근 들어 컴퓨터 처리 능력의 비약적 향상, 센싱 디바이스
(Sensing Device)의 진화, 고도의 알고리즘 개발에 따른 선진적인 분석 엔진의 탄생
등에 의해서 단숨에 능력이 향상되었고 드디어 실제로 활용할 수 있는 능력을 획득
하여 비즈니스에도 보급 및 활용되는 단계에 이르고 있습니다.

AI의 분류

AI는 주로, <u>약한 AI</u>(특화형 인공지능, Narrow AI)와 <u>강한 AI</u>(범용형 인공지능, Artificial General Intelligence)의 2종류로 분류됩니다(→P.24).

약한 AI는 자동 운전, 화상 인식, 자연어 분석, 장기나 바둑 등 1개의 역할에 특화된 것으로 현재 실용화 단계에 있는 AI의 대부분이 해당됩니다.

강한 AI는 1개의 역할·분야에 특화되지 않고 인간처럼 혹은 인간 이상으로 범용적인 능력을 가진 AI로, 정보가 입력되면 그것을 바탕으로 자율적으로 생각하거나 실행할 수 있는 것을 말합니다. 물론 아직 실용화되지 않았지만 연구가 중에는 "10년 ~ 15년 후에는" 실용화될 것이라고 생각하는 사람도 있습니다.

"우주소년 아톰"이 실현되는 시대가 온다고 기대할 수 있는 반면, 엘론 머스크(→P.144)처럼 인공지능이 인간에게 해를 끼치는 것 아니냐는 위기감을 보이는 사람도 나타나고 있습니다.

그림 4-1-1 | 2가지로 구분되는 AI

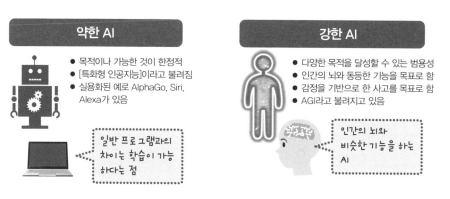

약한 AI
- 목적이나 가능한 것이 한정적
- [특화형 인공지능]이라고 불려짐
- 실용화된 예로 AlphaGo, Siri, Alexa가 있음

일반 프로그램과의 차이는 학습이 가능하다는 점

강한 AI
- 다양한 목적을 달성할 수 있는 범용성
- 인간의 뇌와 동등한 기능을 목표로 함
- 감정을 기반으로 한 사고를 목표로 함
- AGI라고 불려지고 있음

인간의 뇌와 비슷한 기능을 하는 AI

AI의 4단계

일본의 미즈호 정보 종합 연구소는 2016년에 발표된 보고서에서 현재 AI(범용형이 아닌 특화형)로 인식되고 있는 것들의 기술 수준을 4단계로 분류했습니다.

표 4-1-1 | AI의 기술 수준 4단계

Level	기술 Level과 기능	사례
Level 1 제어	온도와 습도 등의 센서로부터 얻은 정보를 바탕으로 자동 운전. 지금까지의 제어 공학에 기반한 시스템	에어컨, 냉장고 등 가전제품. "AI 내장 가전제품", "스마트 가전제품" 등
Level 2 추론	대량으로 입력된 데이터를 기반으로 정해진 룰에 따라 추론하고 판단함	챗봇, Expert(전문가) 시스템 등
Level 3 기계 학습	샘플 데이터를 토대로 학습하고 입력된 데이터를 자동적으로 판단하여 결과(output) 제공	검색 엔진, 체스 프로그램 "딥블루" 등
Level 4 딥러닝	딥러닝을 사용하여 사람의 개입 없이 자율적으로 룰과 특성을 학습하고 결과 제공	화상 인식, 음성 인식, 자연어 처리 등

출처 미즈호 정보 종합 연구소 "미즈호 산업 조사 Vol.54"를 참고로 작성한 표

"레벨 1"은 엄밀히 말하면 AI라고 부를 수 없지만, "레벨 2"나 "레벨 3"으로 AI는 지속적으로 진화를 거듭했습니다. 그리고 현재 "제3차 AI 붐"으로 주목받고 있는 것이 딥러닝을 중심으로 한 "레벨 4" 기술입니다. 또한, 인간의 뇌를 리버스 엔지니어링(Reverse Engineering)해서, 대뇌 신피질을 모델화했다고 여겨지는 알고리즘 "Hierarchical Temporal Memory(HTM)" 등 딥러닝을 넘어서는 새로운 이론을 바탕으로 한 연구도 진행되고 있습니다.

사용자 커뮤니케이션의 우승 후보

챗봇의 구조

주로 메신저 앱상에서 마치 살아 있는 인간과 대화하는 듯이 느껴지며 정보를 수집할 수 있는 AI 기술을 사용한 자동 대화 프로그램 "챗봇"이 새로운 UI(User Interface, 사용자 인터페이스)로 주목받고 있습니다. 그 이유는 무엇일까요? 챗봇의 구조와 함께 설명하겠습니다.

인공지능이 아닌 인공무능?

챗봇이란 명칭은 "채팅"과 "로봇"에서 유래되었습니다. 즉, "인간과 채팅 상대방이 할 수 있는 것을 목적으로 한 컴퓨터 프로그램"을 의미합니다.

MIT에서 계산기 과학을 가르치던 조셉 와이젠바움이 1966년에 개발한 <u>엘리자(→P.60)</u>라는 프로그램이 챗봇의 기원이라고 합니다. 등록된 키워드가 나타나면 정의된 응답을 하는, '패턴 매칭'이라고 불리는 단순한 구조였습니다. 그 후에도 연구가에 의해 다양한 챗봇 프로그램이 개발되어 왔습니다. 그렇지만 "인간처럼" 대화하기는 어려워서 "인공지능"이 아닌 "인공무능"이라고 야유를 받은 것도 많았습니다.

챗봇의 구조

챗봇이 대화하는 구조는 크게 3개로 구별되어집니다.

사전형

미리 사전을 준비해 두고 "○○"이라는 말이 발견되면 "XX"로 대답하는 룰에 따라 대화합니다. 단순한 구조이지만 이용되는 분야가 한정되어 있다면 어느 정도 대화는 성립됩니다. 예를 들면 "아이스크림"이라는 단어가 보여지면 "좋아해"라고 대답하고 "더위"라는 단어가 보여지면 "싫어해"라고 대답하는 것입니다. 말할 수 있는 문구는 사전의 크기에 따라 다릅니다.

회화의 예

> **인간** : 오늘 아이스크림을 먹었어요.
> **로봇** : 아이스크림을 정말 좋아해요.

로그형

과거의 대화 이력(Log, 로그)을 샘플 데이터로써 대량으로 저장하고 질문에 대해서 유사도가 높은 답변을 표시합니다. 로그의 양이 늘어나면 상당히 자연스러운 대화가 가능하게 됩니다. 예를 들면, "동영상이 매끄럽게 재생되지 않습니다"라는 질문을 찾으면, 과거 대화 이력에서 그 질문에 가까운 것을 찾아 그때의 응답을 그대로 출력합니다. 지원이나 FAQ 같은 정형화된 대화가 많은 곳에 적합합니다.

회화의 예

> **인간** : 동영상이 매끄럽게 재생되지 않습니다.
> **로봇** : 캐시 메모리(cache memory)를 청소해 보세요.

생성 모델형

사용자와의 대화를 잘게 분해하고 이후 계속되는 단어의 확률을 계산하여 원본 문장을 만들어 가는 방법입니다. "마르코프 체인(markov chain)"이나 "RNN"(→ P.207) 같은 알고리즘을 사용합니다. 예를 들어 "커피를 마시고 싶어"라고 입력하면 "커피"의 뒤를 따를 확률이 높은 단어를 검색하고 "카페인"이라는 단어를 찾은 다음 "커피에는 카페인이 많이 포함되어 있습니다"라고 답변하기도 합니다. 확률로 문장을 생성해서 가끔 문맥이 통하지 않을 수도 있습니다.

회화의 예

> **인간** : 커피를 마시고 싶어.
> **로봇** : 커피에는 카페인이 많이 포함되어 있습니다.
> **인간** : 카페인 많이 먹으면 잠이 오질 않아요.
> **로봇** : 잠 자는 숲 속의 공주네요.

대부분 챗봇은 이 중 1개 또는 여러 개를 조합하여 개발되고 있습니다. 최근 기계 학습 및 알고리즘의 진화로 인해 대화의 정확도가 올라가서 인간에 가까운 대화가 가능한 챗봇이 다수 개발되고 있습니다.

◦◦◦ 메신저 앱이 챗봇의 플랫폼에

최근 몇 년 스마트 폰 사용자가 주로 이용하는 앱은 SNS에서 사용하는 메신저 앱 (messenger app)입니다. 이러한 경향에 따라 기업도 메신저 앱을 사용하여 사용자와 소통하는 방법을 모색하기 시작했습니다.

2016년 4월, Facebook은 자신들이 제공하는 메신저 앱 "Messenger"에서 챗봇을 이용할 수 있는 "봇온메신저(bots on Messenger)"라는 프로그램을 공개하였고 그 해 9월에는 일본의 LINE도 "LINE"에서 챗봇을 이용할 수 있는 "Messaging API"를 공개하였습니다.

이것이 큰 계기가 되어 예전에는 오락 목적으로 챗봇이 제공된 경우가 많았지만, 다수의 기업이 사용자를 위한 서비스로써 메신저 앱상에서 챗봇을 이용하게 되었습니다.

그림 4-2-1 | 메신저 앱의 약진

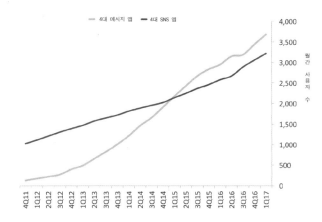

● 4대 메시지 앱: WhatsApp, Messenger, WeChat, Viber
● 4대 SNS 앱: Facebook, Instagram, Twitter, Linkedin
● 데이터 소스: Companies, TechCrunch, BI Intelligence estimates (2017년)
● X축의 1Q, 2Q, 3Q, 4Q는 각각 제1 ~ 제4사분기(Quarter)를 나타내고 뒤에 2자리는 연도를 나타내고 있음
　예) 1Q17 = 2017년 제1사분기
2015년에는 4대 메신저 앱 사용자 수가 4대 소셜 네트워크 애플리케이션 이용자 수를 뛰어넘었다.

출처 Business Insider(http://www.businessinsider.com/the-messaging-app-report-2015-11)

프로그램이 자동으로 학습한다

AI를 지탱하는 "기계 학습"이란?

AI와 관련하여 쏟아져 나오는 "기계 학습". 말은 들어 본 적이 있어도 실제로 어떤 구조로, 어떤 일에 이용되고 있는지 이해하는 사람은 많지 않습니다. 여기에서는 기계 학습의 기본에 대한 설명을 하겠습니다.

이것은 "개"? 아니면 "고양이"?

기계 학습은 인간이 자연에서 수행하고 있는 학습 능력과 같은 기능을 컴퓨터로 실현하려고 하는 기술·방법입니다. 이것만으로는 이해하기 어렵기 때문에 "한 장의 사진에 나와 있는 것이 개인지 고양이인지 판별한다"라는 과제에 대해서 생각해 봅시다.

인간에게 사진에 찍힌 동물이 "개"인지 "고양이"인지를 판별하는 것은 전혀 어렵지 않습니다. 그러나 기존의 컴퓨터에게 있어서는 이것이 너무나 어려운 문제였습니다. 왜 그럴까요?

컴퓨터가 "개"나 "고양이"의 사진을 판별하기 위해서는 "개와 고양이를 분별하는 법"을 디지털 수치로 파악할 수 있는 방법을 알려 주지 않으면 안됩니다. 예를 들어 다음과 같이 분별하고 있다고 가정해 봅니다.

"큰 것이 개, 작은 것이 고양이"
"털이 긴 것이 고양이"
"귀가 뾰족한 것이 고양이"

어떠한 것도 어떤 의미에서는 정답일지도 모르지만, 결정적인 것이 아닙니다. 왜냐하면 이러한 조건은 모호하고 예외적인 경우도 다수 존재하기 때문입니다(그림 4-3-1).

그럼 왜 인간은 알아볼 수 있을까요?

인간은 사진에 찍힌 동물의 형태를 "뇌 속에서 해석하고 특징을 알아내며, 그동안의 지식과 경험에 따라서 개인지 고양이인지 이도 저도 아닌지 판단"하고 있습니다.

이 과정을 프로그램으로 재현하고자 생각해 낸 것이 기계에게 스스로 "학습"하는 기능을 추가하는 "**기계 학습**" 기술입니다.

그림 4-3-1 I 개와 고양이의 분류

컴퓨터에게 개와 고양이를 판별하는 일은 매우 어렵다.

⚙️ 기계 학습의 2단계

좀 더 자세히 살펴봅시다. 기계 학습은 2단계로 구성됩니다.

1단계에서는 프로그램에게 대량의 데이터(빅 데이터)를 입력시켜 반복적으로 **학습**시키고 거기에서 규칙성과 판단 기준이 되는 수치를 계산하게 합니다. 2단계에서는 학습한 결과를 사용하여 **추론**을 하고 그 결과(output)를 내거나 미래에 대한 예측을 합니다(**그림 4-3-2**).

기계 학습이란 미리 개발자가 모든 동작과 룰을 정해야만 하는 기존의 프로그래밍과 달리 주어진 정보를 토대로 자동적으로 법칙이나 규칙을 찾아내는 프로그램이라고 말할 수 있습니다.

기계 학습의 아이디어 자체는 이전부터 존재했지만, 막상 실행하려고 하자 오랜 시간이 걸려서 실용화될 수 없었습니다. 기술이 발전하며 빅 데이터에 대해서 복잡한 계산을 초고속으로 몇 번이라도 할 수 있게 된 덕택에 겨우 가능하게 되었습니다.

그림 4-3-2 | 기계 학습의 단계

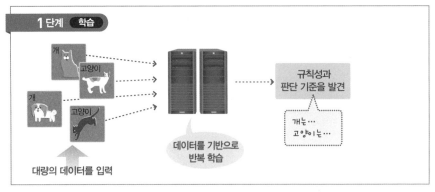

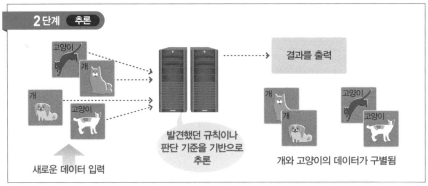

기계 학습으로 무엇을 할 수 있을까?

AI의 급속한 진화를 지탱하는 기계 학습, 실제로는 어떻게 이용되고 있을까요? 대표적으로 어디에 사용되는지 5개로 구분하여 소개합니다.

등급 분류(지도 학습)

주어진 데이터를 미리 설정한 적절한 등급으로 분류합니다. 스팸 메일 필터링과 필기체 문자 인식, 신용 카드의 부정 사용 검출 등에 이용합니다.

회귀 · 예측(지도 학습)

환율이나 주가 등 핀테크 분야에서 상품의 수요 예측, 기기의 이상 여부 탐지 등에 이용합니다.

클러스터링(자율 학습)

고객의 기호에 따라 세그먼트 분류 등, 데이터군 전체에 어떤 경향이 있는지 분석하고 싶은 경우 등에 이용합니다.

정보 압축 및 최적화(자율 학습)

검색 엔진의 밀도를 높이거나 상대의 흥미에 맞추어 최적의 광고를 표시하고자 하는 경우 등에 사용합니다.

추천(지도 학습 · 자율 학습)

사용자의 과거 행동 이력 등으로부터 반응할 만한 정보를 추측합니다. EC 사이트나 동영상 사이트의 "추천" 등에 사용합니다.

또한, 이러한 것을 여러 가지 용도로 조합하여 이용하는 경우도 많습니다. 자율주행 차량 등이 대표적입니다. 지도 학습 · 자율 학습에 대해서는 다음 섹션 4-4에서 설명하겠습니다.

기계 학습 알고리즘 1

지도 학습과 자율 학습

기계 학습에는 알고리즘으로 불리는 문제를 해결하기 위한 방법과 절차가 필요합니다. 가장 많이 채용되고 있는 것은 "지도 학습"이라고 불리는 알고리즘이지만, "자율 학습", "강화 학습" 등 다른 알고리즘이 채택되기도 합니다.

기계 학습에 사용되는 알고리즘

섹션 4-3에서 설명한 것처럼, 기계 학습에서는 처음에 대량의 데이터를 입력하고 거기에서 규칙성과 판단 기준을 찾아내는 작업을 실시합니다. 이 작업을 실시하기 위한 몇 가지 알고리즘(방법, 순서)이 있으며 용도에 따른 적절한 것을 적용합니다.

여기에서는 현재 사용되고 있는 대표적인 알고리즘 몇 가지를 소개합니다.

알고리즘이란?

알고리즘은 문제를 해결하기 위한 계산 방법 및 처리 순서, 더 간단히 말하면 "문제의 해결 방법"입니다. 알고리즘을 그림으로 표시한 것이 흐름도, 프로그래밍 언어를 사용하여 컴퓨터가 알 수 있도록 기술한 것이 프로그램입니다.

지도 학습

미리 사람이 정답 라벨을 붙인 데이터를 컴퓨터에 대량(수천 장, 경우에 따라서는 수백만 장 이상)으로 읽고 그것을 가이드로 학습시키는 방법입니다.

예를 들어 "개"에 대한 정답 라벨을 붙인 "개" 사진을 대량으로 읽는 것으로 기계는

"개"의 특징을 학습하여 정답 라벨에 부합하지 않은 사진에 대해서도 "개" 여부를 판단할 수 있게 됩니다. 또한, 기계가 판단한 결과를 교사가 채점(정답/오답)하는 것으로 더욱 정확도를 높이는 일도 수행합니다.

지도 학습의 응용으로써는 이외에도 "스팸 메일", "일반적인 메일"이라는 라벨을 붙인 데이터를 읽고 학습시킴으로써 스팸 메일 필터를 만들고 문자로 정답 라벨을 붙인 필기체 데이터를 읽어 들여 필기체 문자에 대한 인식 기능을 강화합니다. 말한 내용에 정답 라벨을 붙인 음성 데이터를 읽고 음성 인식 기능을 강화하는 것도 있습니다.

또한, 주식 거래에 있어서 시장 예상 등 과거의 데이터로부터 미래를 예측할 때도 사용됩니다. 그 경우에는 과거의 데이터 자체가 정답 데이터가 됩니다.

그림 4-4-1 | 지도 학습

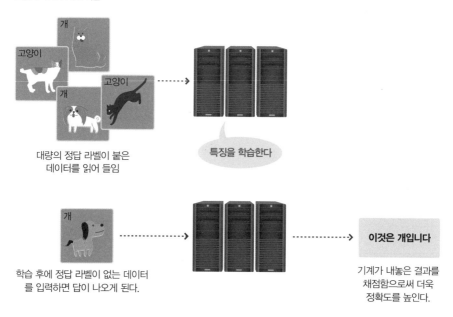

자율 학습(비 지도 학습)

정답 라벨이 없는 데이터를 읽고 그중에서 어떤 규칙성과 공통점, 관련성을 컴퓨터 자신이 발견하여 분류하는 방법입니다. 지도 학습과 달리 정답 · 오답이 없는 것이 특징입니다.

정답 라벨을 붙인다는 전처리가 필요 없기 때문에 지도 학습보다 시험하기 쉽지만, 기계의 분류 기준이 맞지 않거나 예측이 안 되어 실용화했을 때 쓸모없는 결과가 출력될 가능성도 있습니다.

"클러스터링(clustering)"으로 불리는 사진이나 텍스트 데이터의 분석과 분류, 이용자의 행동 이력에서 추천하는 메뉴나 제품을 소개하는 "추천 기능" 등에 사용되고 있습니다. 또한 지도 학습을 하기 전에 분류 항목 연구 목적으로 실시되는 경우도 있습니다.

그림 4-4-2 | 자율 학습

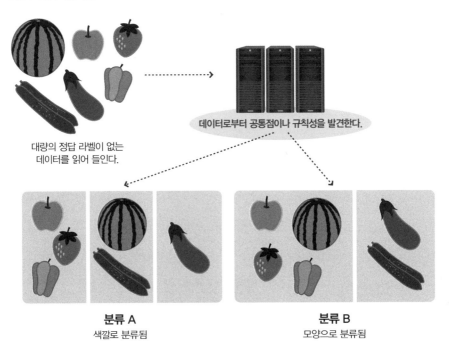

대량의 정답 라벨이 없는
데이터를 읽어 들인다.

데이터로부터 공통점이나 규칙성을 발견한다.

분류 A
색깔로 분류됨

분류 B
모양으로 분류됨

소량의 정답 라벨이 있는 데이터와 대량의 정답 라벨이 없는 데이터를 사용하는 "반 지도 학습" 방법도 있습니다.

기계 학습 알고리즘 2

강화 학습

강화 학습은 기계 학습 알고리즘 중의 하나입니다. 지도 학습처럼 "정답"을 주는 것은 아니며 "보수"을 줌으로써 기계에게 시행 착오를 시키면서 최적의 값을 학습시키는 것이 특징입니다.

✧ 정답이 아닌 보수를 주는 것이 강화 학습

강화 학습도 기계 학습 알고리즘의 하나입니다. 지도 학습(섹션 4-4참조)과 비슷하지만 지도 학습처럼 명확한 "정답"은 제시되지 않습니다. 정답을 대신하는 것이 "보수"입니다. 주어진 조건(환경)에서 어떤 행동을 취하면 최대의 "보수"를 얻을 수 있는지를 컴퓨터 스스로에게 시행착오를 발생시키면서 배우게 하는 수법입니다.

예를 들어, 로봇 자동차 운전 기술을 강화 학습으로 향상시키고 싶다고 합시다. 복수의 장애물을 준비한 코스(환경)에서 "시작부터 끝까지 무사히 도달할 수 있다면 +10점", "도중에 장애물에 접촉하면 −5점", "10초 이내로 이동하면 +5점" 처럼 1개 또는 복수의 "보수"를 설정하는 것입니다. 프로그램은 여러 차례 시행을 하면서 "이런 행동을 취하면 더 많은 보수를 얻을 수 있다"라고 학습하게 되어 결과적으로 운전 기술을 향상시키게 되는 것입니다.

또한 게임을 하는 AI를 강하게 할 때에도 쓰입니다. 예를 들어 "테트리스(환경)에서 최종적으로 가능한 높은 점수를 기록한다(보수)"라고 할 경우에 사용합니다.

순간적으로 점수를 올리려면 1줄이라도 바로바로 지우는 식의 플레이 방법을 사용하지만 장기적으로는 최대한 모아서 한 번에 지우는 게 점수가 높아지므로 AI는 이러한 전략을 선택하게 됩니다. 왜냐하면 강화 학습의 보수는 "도중에서 수행된 행동"에 대해서는 없으며 "연속된 행동의 결과"에 대해서 주어지기 때문입니다.

◦◉◦ 강화 학습의 활용 장면

이처럼 대부분의 게임은 경과가 아니라 최종적인 보수(승부나 점수)를 최대화하는 것이 목적이기 때문에 강화 학습과는 궁합이 좋은 문제입니다.

2013년에 영국의 AI 기업 딥마인드는 강화 학습으로 단련된 AI가 비디오 게임을 공략하는 과정을 유튜브에 공개하여 화제가 되었습니다. 이것은 섹션 1-2에서도 소개한 ATARI의 '벽돌깨기'를 플레이하는 AI "DQN"입니다(→P.15). 처음에는 바로 게임 오버가 되어 버리지만, 600회를 넘는 강화 학습을 한 결과, 처음에 구멍을 뚫어 위쪽에서 단숨에 블록을 허무는 전략을 찾아내어 점수를 올립니다. 딥마인드는 다음 해인 2014년에 Google에 인수되고 바둑의 톱 기사에 승리한 알파고(→P.20) 개발에 참여했습니다. 물론 알파고도 강화 학습이 사용되었습니다.

또한, 기존에는 티칭(→P.104)으로 기록된 동작을 재생하는 것이 주류였던 로봇 제어에도 강화 학습이 사용되고 있습니다. 현재는 복수의 로봇이 협조하여 작업하는 자율형 로봇만 존재합니다.

기타 알고리즘

기계 학습에는 이외에도 관측된 구체적인 예시로부터 새로운 출력을 예측하는 "트랜스덕션(transduction)"이나 관련된 여러 문제를 동시에 학습시키고 예측 정밀도를 향상시키는 "멀티 태스킹(multi tasking) 학습" 같은 알고리즘도 존재합니다.

인간에 근접하기 위해 우선 인간의 뇌를 모방하기

뉴럴 네트워크

인공지능이란 컴퓨터에 인간 같은 지능을 갖게 하는 것을 목표로 하고 있습니다. 이것은
실제로 인간의 뇌 구조를 조사하고 그것을 모방해서 프로그램을 만들면 되지 않겠느냐는
발상에서 생겨났습니다. 그것이 뉴럴 네트워크입니다.

인간의 뇌를 모방한 프로그램

"뉴럴 네트워크(neural network)"란 인간의 뇌가 정보를 전달하는 시스템을 컴퓨터 프
로그램에서 모방한 수학 모델로, 기계 학습 발전에 중요한 핵심 개념이라고 할 수
있습니다. 인간의 뇌 구조 자체는 아직 완전히 규명되지는 않았습니다. 알려진 것
은 대량의 뇌신경 세포(뉴런)가 시냅스에 의해서 결합되고 속속 정보를 전달한다는
것으로 인지, 기억, 학습, 언어 등 다양한 일을 동시에 처리할 수 있다는 것입니다.
이는 인간의 뇌는 고성능으로, 고속 병렬 처리 슈퍼컴퓨터라는 시각도 있을 수 있
는 이유입니다.

그림 4-6-1 | 뇌의 뉴런과 인공 뉴런

뇌의 뉴런(신경세포)

시냅스
다른 신경세포와 결합
하여 정보를 전달한다.

인공 뉴런(퍼셉트론, perceptron)

시냅스에 의한 정보 전달(입력)에 해당한다.

입력 x_1 무게 w_1
입력 x_2 무게 w_2
입력 x_3 무게 w_3

관계 θ

출력 y

뇌의 뉴런 처리에 해당
다시 한 번 시냅스에 의해 정보가 출력됨

뉴럴 네트워크의 최소 단위는 뇌의 뉴런을 본뜬 "**인공 뉴런**"으로 불리는 단순한 프로그램(알고리즘)입니다. 인공 뉴런을 여러 개 조합함으로써 인간의 뇌처럼 복잡한 처리가 가능하지 않을까 라고 생각한 것입니다(**그림 4-6-1**).

⸙ 퍼셉트론 알고리즘

<u>퍼셉트론</u>은 1950년대부터 1960년대까지 개발된 가장 단순한 형태의 인공 뉴런입니다. 이 알고리즘에 대해서 좀 자세히 살펴봅시다.

퍼셉트론은 복수의 이진 수(0 또는 1)를 입력하면 1개의 이진 숫자를 출력하는 알고리즘입니다. 입력에는 각각 **무게**가 설정되어 있습니다. 입력한 값(0 또는 1)에 무게(w)를 곱셈한 수치를 합하고 그 수치가 <u>역치</u>[1] 이상이면 "1", 작으면 "0"을 돌려줍니다.

그럼 "특정 커피숍에 갈지 안 갈지 판단하는 프로그램"을 예로 들어 봅시다. 입력되는 조건은 아래의 3가지입니다.

> **입력1** : 체인점인가?
> **입력2** : 가까운 역에서 5분 이내인가?
> **입력3** : 흡연이 제한되고 있나?

각 조건의 무게는 "1", "2", "4", 역치는 "4"로 합니다.
판단할 커피숍은 "비 체인점", "근처 역에서 7분", "흡연 제한"입니다.
이를 각각 입력에 대입하면

> **입력1** : 0 × 1 = 0
> **입력2** : 0 × 2 = 0
> **입력3** : 1 × 4 = 4

3개의 입력값 합계는 "4"로 역치는 "4" 이상이 되므로, 출력은 "1"로써 이 커피숍에 "간다"로 판단됩니다. 물론 무게와 역치의 수치를 변경함에 따라 판단은 달라집니다.

....
1 역치 : 생물체가 자극에 대한 반응을 일으키는 데 필요한 최소 한도의 값(출처 : 두산백과)

현재의 연구에서는 퍼셉트론이 아니라 보다 복잡한 "s자 뉴런"이라고 불리는 형식 뉴런이 채용되는 경우가 많지만 기본적인 것은 같습니다.

🔅 3개 계층 구조

뉴럴 네트워크의 구조를 좀 더 자세히 살펴보기 위해 **그림 4-6-2**를 참고합니다.

그림 4-6-2 | 뉴럴 네트워크 구조

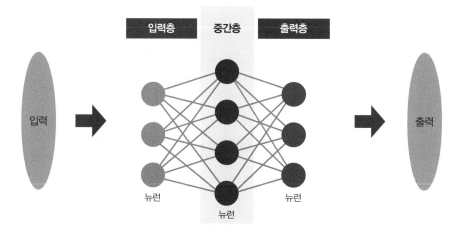

3계층 뉴럴 네트워크의 모식도[2]

뉴럴 네트워크는 뇌의 구조를 단순화하고 컴퓨터로 재현한 것입니다. 어떠한 데이터를 입력하면 데이터는 "**입력층**"이라고 불리는 층에 있는 뉴런에서 처리되어 그 결과를 "**중간층(숨겨져 있는 층)**"에 있는 다수의 뉴런에 보냅니다. "중간층"에서 처리된 데이터는 "**출력층**"에 전달되고 마지막으로 결과(응답)가 출력됩니다. 이 처리를 반복함으로써 인식 · 분류 · 예측 · 학습 · 대화 등 다양한 것이 가능한 것입니다.

....
2 모식도 : 模式圖 어떤 물건 또는 구조물의 모양을 그대로 따서 입체적으로 그린 그림(출처 : 표준국어대사전)

다층화된 뉴럴 네트워크로 기계 학습을 파워 업

딥러닝

기계 학습에 신경 회로망 기술을 응용하여 개발된 것이 최근 자동 번역이나 화상 인식 등
여러 분야에서 주목을 받고 있는 딥러닝(심층 학습)입니다.

◌◌◌ 중간층을 다층화한 뉴럴 네트워크

앞 섹션에서 소개한 뉴럴 네트워크는 AI 연구의 초창기부터 존재했었지만, 매우 심
플한 뉴럴 네트워크마저 계산 처리에 엄청난 시간과 비용이 들어 실용적이지 않았
기 때문에 연구가들로부터 외면당하여 왔습니다.

그러나 2010년 이후 컴퓨터의 고성능화, 병렬 처리, 높은 계산 처리 성능을 가진
GPU 컴퓨팅의 발전 등을 배경으로, 뉴럴 네트워크를 사용한 기계 학습이 각광을
받게 되었습니다.

특히 중간층의 뉴런 수를 늘리고 다층 구조를 가진 뉴럴 네트워크(심층 신경망,
Deep neural network)를 이용한 기계 학습은 "딥러닝(심층 학습)"으로 불리며 Google
의 자동 번역 기능이나 Apple의 Siri, Amazon의 알렉사 같은 음성 인식 기능 등 최
근 몇 년간 AI 기술의 비약적 진보에 크게 공헌하고 있습니다(그림 4-7-1).

◌◌◌ 딥러닝의 특징은 특징량[3]의 자동 추출

다층화된 뉴럴 네트워크를 이용한 딥러닝은 기존의 기계 학습과 어떻게 다를까요?

....
3 특징량 : feature amount(quantity) 특징을 나타내는 수량

Section 4-3(→ **P.191**)에서 설명한 것처럼, 기계 학습에는 "학습"과 "추론"의 2가지 국면이 있는데, 딥러닝이 활약하는 것은 대량의 데이터에서 규칙성과 판단 기준을 찾아내는 "학습" 단계입니다.

그림 4-7-1 | 딥러닝의 구조

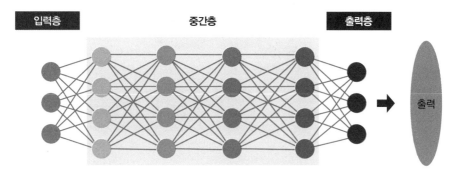

단순한 뉴럴 네트워크에 비해서 "중간층"에 배치되는 뉴런이 다층화되면서 보다 복잡한 처리와 사고가 가능하게 됨

기존의 기계 학습에서는 분석 대상을 구별하고 규칙성을 발견할 때 미리 "색상" 이나 "꼬리 길이" 같은 육안으로 착안해야 하는 사항(**특징량**)을 지정할 필요가 있었습니다. 특징량은 수치로써 정량적으로 측정할 필요가 있었으며, 그동안은 전문가가 시간을 갖고 검토해야 하는 필요가 있었습니다.

그런데 오차역전파법(→ **P.205**) 같은 복잡한 처리를 고속으로 반복할 수 있게 된 딥러닝에서는 그 "특징량"을 지정하지 않아도 자동으로 찾아낼 수 있게 된 것입니다. 이것을 통해서 기계 학습의 정확도가 올라가 처리 시간도 단축될 뿐만이 아니라, 인간의 눈에서는 보이지 않는 숨겨진 특징이 발견된다는 장점도 나왔습니다.

그림 4-7-2 | 기계 학습과 딥러닝의 학습 차이

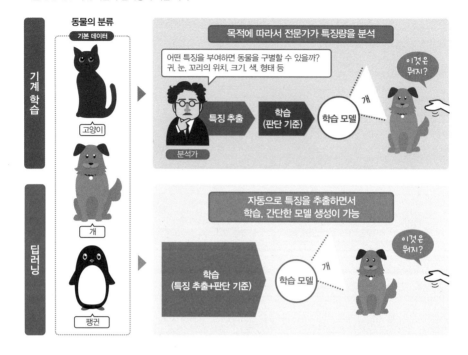

딥러닝은 특징량 추출도 자동으로 실시한다.

출처 NEC 사이트를 참조로 만든 그림(http://jpn.nec.com/bigdata/analyze/rapid.html)

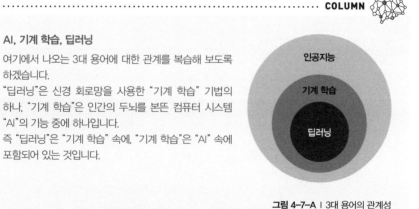

COLUMN

AI, 기계 학습, 딥러닝

여기에서 나오는 3대 용어에 대한 관계를 복습해 보도록 하겠습니다.

"딥러닝"은 신경 회로망을 사용한 "기계 학습" 기법의 하나, "기계 학습"은 인간의 두뇌를 본뜬 컴퓨터 시스템 "AI"의 기능 중에 하나입니다.

즉 "딥러닝"은 "기계 학습" 속에, "기계 학습"은 "AI" 속에 포함되어 있는 것입니다.

그림 4-7-A | 3대 용어의 관계성

가장 큰 개념은 "인공지능(AI)"이며, "기계 학습"과 "딥러닝"은 인공지능 속에 포함된다.

딥러닝을 보다 깊이 있게 알기 위한

오차역전파법과 과잉 학습

딥러닝은 지금 가장 주목을 받고 있는 연구 주제이므로 매일 많은 연구와 기법, 알고리즘 등이 발표되며 엄청난 속도로 진화하고 있습니다. 그중 몇 가지 중요한 것, 주목을 받는 것을 소개합니다.

░ 딥러닝 기술의 근간 "오차역전파법"

딥러닝에는 "오차역전파법(Backpropagation)"이라는 기술이 있습니다. 이는 지도 학습(→ P.194) 등을 실시했을 때, 만약 출력된 결과가 오답이거나 기대 값과 동떨어진 경우에 그 오차를 출력층에서부터 입력층으로 거슬러 올라가 원인을 분석하고 오차를 줄이는 구조입니다.

예를 들어 "사과"라는 정답 라벨을 붙인 사과 사진을 읽어 들이게 했을 때 "귤"과 같이 틀린 답이 출력되면 어느 부분에서 어떻게 잘못됐는지 입력층으로 거슬러 올라가 분석하고 뉴런에 대한 튜닝(tuning)을 실시합니다. 이 작업을 예측이 거의 정확하게 되어 개선의 여지가 없어질 때까지 반복함으로써 특징량(→ P.203)을 자동 추출하는 기계 학습의 정확도를 높여 갑니다.

그림 4-8-1 | 오차역전파법

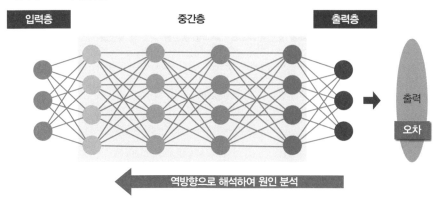

출력층에 오차가 식별되면 입력층 방향으로 거슬러 올라가 원인을 분석한다.

과적합 문제와 콘볼루션 신경망

딥러닝은 신경 회로망의 중간층을 늘림으로써 보다 깊고 치밀한 학습이 가능하게 되었으나, 한편 뉴런이 증가하고 복잡하게 되어 "과적합(overfitting)"이라고 하는 현상에 시달려 왔습니다.

과적합이란 교사가 되는 데이터의 특징에 적응하는 것으로 판단 기준이 어려워지면서 미지의 데이터에 대한 범용성이 사라지고 운용했을 때 정확성이 낮아지는 현상입니다.

이 해결책으로 나온 것이 화상 인식에서 흔히 쓰이는 기술 "CNN(Convolutional Neural Network)"입니다. 이는 화상을 분할하여 작게 처리함으로써 뉴런 수는 그대로인 상태에서 연결 숫자만 줄여서 처리를 단순하게 하려는 기술입니다.

그림 4-8-2 | 과적합과 CNN

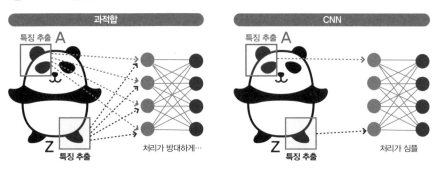

왼쪽은 분할된 부분의 데이터를 모두 입력층의 뉴런으로 보냈지만, 오른쪽에서는 관련성이 높은 뉴런에게만 보냄으로써 학습 효율을 높이고 있다.

주목되는 "순환 신경망"

"순환 신경망" 또는 "재귀형 신경망"으로 불리는 "RNN(Recurrent Neural Network)"은 자연어 처리, 기계 번역 등에서 사용되는 기술입니다. 일반적인 심층 신경망(Deep Neural Network)에서는 어떤 층에서 다음 층으로 차례로 처리가 전달되는데, 이 신경망은 같은 층에서 여러 차례(회귀적으로) 처리를 반복할 수 있어 단어별이 아니라 문절이나 과거의 문맥을 고려한 해석이나 번역이 가능하게 되는 것으로 주목을 끌고 있습니다.

그림 4-8-3 I RNN에 의한 데이터 처리

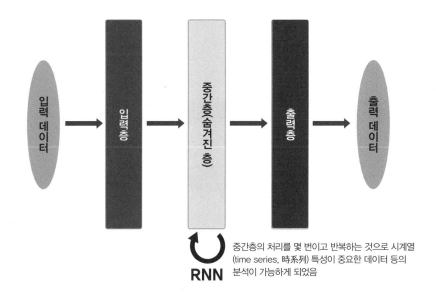

중간층의 처리를 몇 번이고 반복하는 것으로 시계열 (time series, 時系列) 특성이 중요한 데이터 등의 분석이 가능하게 되었음

GPGPU, 양자 컴퓨터

딥러닝을 실현하는 하드웨어

· **SECTION 4-9**

기계 학습이 급속히 발달한 이유는 딥러닝을 비롯한 프로그램 기술의 진보뿐만이 아니라, 빅 데이터를 고속으로 처리하게 된 하드웨어의 등장도 있습니다. 여기서는 기계 학습을 지원하는 하드웨어에 대해서 설명합니다.

✦ 그래픽 전용이었던 GPU의 이용

뉴럴 네트워크를 다층화함으로써 딥러닝은 오랫동안 걸리는 학습 시간과 계산 비용에 문제가 있었지만, 2010년경 보다 비교적 저렴하게 강력한 병렬 처리를 실현할 수 있는 "GPU(Graphics Processing Unit)"에 의한 범용 계산 "GPGPU"의 등장으로 급속히 발전했습니다.

GPU는 원래 컴퓨터를 제어하는 CPU 아래에서 주로 이미지에 대한 처리를 전담하는 보조적인 연산 장치였지만, 그래픽이 2D에서 3D로 진화하면서 그 성능을 진화시켜 독자적으로 발전을 하였고 마침내 일반적인 컴퓨터 사용에는 남아돌 정도의 파워를 가지게 되었습니다.

그림 4-9-1 I GPGPU 하드웨어

엔비디아가 제공하는 세계 최고의 딥러닝용 GPU 액셀러레이터 "TESLA M40"

이 파워를 그래픽 이외에도 사용할 수 있도록 하고자 만들어진 구조가 GPGPU입니다. GPGPU의 사용으로 딥러닝의 실행을 10배에서 20배까지 높일 수 있게 되어 급격하게 연구가 가속화되었습니다.

방대한 스토리지와 빅 데이터

GPGPU 등으로 처리 성능의 고속화 외에, 기계 학습의 연구가 진행된 요인으로, 실질적으로 보존할 수 있는 데이터의 양을 무한히 늘릴 수 있는 스케일 아웃 스토리지(scale-out storage) 기술의 등장과 사진, 텍스트, 행동 이력, GPS 데이터 등 모든 종류의 방대한 데이터를 정리할 수 있는 빅 데이터 시스템이 있습니다.

이들 3가지 요인의 극적인 진화가 겹치면서 현재 기계 학습 분야의 브레이크 스루(break through)라고 할 수 있는 기술 혁신이 시작되었습니다.

양자 컴퓨터도 이미 실현

양자 컴퓨터는 "양자 역학"의 원리를 응용한 컴퓨터입니다. 지금까지의 컴퓨터에 비해 압도적으로 고속 처리가 가능한 "꿈의 컴퓨터"라고 불리며 1990년대부터 전 세계에서 개발이 진행되어 왔지만 실현하는 것은 수십 년 후라고 여겨졌습니다.

그런데 2011년 캐나다의 D-웨이브 시스템(D-Wave Systems)이 세계 최초로 양자 컴퓨터를 상용화하였습니다. 이것은 도쿄 공업대 니시모리 히데토시(西森秀稔) 교수와 카도와키 마사시(門脇正史)가 언급한 이론 "양자 어닐링(quantum annealing)"에 근거한 "양자 어닐링 방식"의 양자 컴퓨터였습니다. 이후 Google이 계약하여 나사와 공동으로 "Quantum Artificial Intelligence Lab(QuAIL, 양자 인공지능 연구소)"을 설립, 딥러닝의 계산에 사용할 수 있게 연구를 시작하였습니다.

가까운 미래, 양자 컴퓨터를 사용하고 GPGPU 보다 더 고속으로 처리가 실현되며
인공지능 연구가 더욱 크게 발전할 수 있는 가능성이 큽니다.

그림 4-9-2 | D-웨이브 시스템 웹 사이트

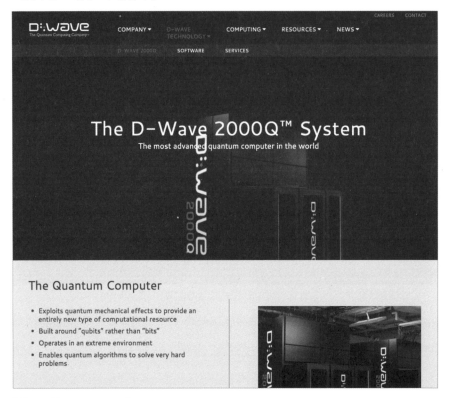

출처 https://www.dwavesys.com/

································· COLUMN

AI의 최신 정보를 입수하려면

AI 기계 학습은 일취월장으로 기술이 갱신되고 새로운 서비스나 상품이 매일같이 발표되는 세계
에서 가장 활발한 토픽 중의 하나입니다. 최신 주제를 알려면 역시 인터넷 매체가 좋습니다. 여기
에서는 AI에 특화된 웹 사이트를 몇 가지 소개합니다.

● **Google 뉴스 AI** (https://news.google.
com/news/headlines/section/q/AI/AI)
Google의 뉴스 사이트에서 "AI"에 대한 검색,
다양한 국내 뉴스 사이트에서 AI 관련 기사만
체크할 수 있습니다.

● 인공지능 학회
(https://www.ai-gakkai.or.jp/)
인공지능 연구가 학회의 웹 사이트입니다. 논문
과 학회지 일부를 읽을 수 있습니다.

●AINOW(http://ainow.ai/)
딥 주식 회사가 운영하는 일본 최대의 인공지능
전문 미디어입니다. AI 관련 뉴스는 물론 취재
기사도 풍부합니다.

●WIRED AI[인공지능]
(https://wired.com/tag/ai/)
테크놀로지와 문화를 중심으로 한 미국의 종합
잡지 위키입니다. AI와 관련된 뉴스를 게재하고
있습니다.

●AI4U(http://ai-4-u.com/)
인큐비트가 운영하는 AI 업계 기술의 비즈니스
활용에 관한 기사를 다수 소개하는 미디어입
니다.

주요 참고 자료 · 출처 명단

이 책 집필에 참고한 자료 및 취재에 응해 주신 분(경칭 생략)을 Section별로 게재합니다.

제1장 ▶ AI의 최신 동향과 기초 지식

SECTION 1-1

- Reed Exhibitions Japan (주최) 보고서 (http://www.ai-expo.jp/Previous-Show-Report/Previous-Show/)

SECTION 1-2

- 총무성 총무성 "CT 진화가 고용과 업무 방식에 미치는 영향에 관한 조사 연구"
  (http://www.soumu.go.jp/johotsusintokei/linkdata/h28_03_houkoku.pdf)
- Google "Building High-level Features Using Large Scale Unsupervised Learning"
  (http://static.googleusercontent.com/media/research.google.com/en/archive/unsupervised_icml2012.pdf)
- DeepMind Technologies "Playing Atari with Deep Reinforcement Learning"
  (https://www.cs.toronto.edu/~vmnih/docs/dqn.pdf)
- Electronic Products Magazine "Eugene Goostman-First computer AI to pass Turing Test"
  (https://www.youtube.com/watch?v=hOG0VBfIJgY)
- UCL "Why we should take artificial intelligence in education more seriously"
  (http://www.ucl.ac.uk/ioe/news-events/news-pub/april-2016/New-paper-published-by-pearson-makes-the-case-for-why-wemust-take-artificial-intelligence-in-education-more-seriously)

SECTION 1-3

- DeepMind "AlphaGo vs AlphaGo:self play games"
  (https://deepmind.com/research/alphago/alphago-vs-alphago-self-play-games/)
- DeepMind "Google DeepMind Challenge Match:Lee Sedol vs AlphaGo(Match 1-5)"
  (https://www.youtube.com/playlist?list=PLqYmG7hTraZA7v9Hpbps0QNmJC4L1NE3S)
- 니코니코 동영상 "장기 텐오센 HUMAN VS COMPUTER" (http://denou.jp/)
- DeepStackA "I@ThinkingPoker:Nice Catch DeepStack" (https://www.youtube.com/watch?v=rYWdXFXizdE)
- CLAUDE E. SHANNON "Programming a Computer for Playing Chess"
  (http://s3data.computerhistory.org/chess/programming-a-computer-for-playing-chess.shannon.062303002.pdf)
- 사이토 와타루(齊藤亘), 유가 아키라(劉嘉毅) "수학 연구부 헤세이 21년도 활동 보고"
  (http://sukenweb.s206.xrea.com/2009/SF2009Leaflet.pdf)
- Deepstack (https://www.deepstack.ai/)
- 코넬대 "DeepStack" (https://arxiv.org/pdf/1701.01724.pdf)
- photoAC/acworks "체스 40" (https://www.photo-ac.com/)

SECTION 1-4

- WBA (I https://wba-initiative.org/)
- 문부과학성 과학연구비 · 신학술영역 연구(2016~2020년도) "인공지능과 뇌 과학의 대조와 융합"
  (https://sites.google.com/site/aibrainfusion/)

SECTION 1-5

- World Economic Forum "The Future of Jobs" (http://reports.weforum.org/future-of-jobs-2016/)
- Carl Benedikt Frey, Michael Osborne "The Future of Employment"
  (http://www.oxfordmartin.ox.ac.uk/downloads/academic/future-of-employment.pdf)
- 총무성, 헤세이 28년 5월 "AI뇌 연구 WG(안)" (http://www.soumu.go.jp/main_content/000423565.pdf)

SECTION 1-6

- The Next Rembrand (t https://www.nextrembrandt.com/)
- Flow Machines (http://www.flow-machines.com/)
- 변덕스러운 인공지능 프로젝트 작가입니다. (https://www.fun.ac.jp/kimagure_ai/index.html)
- 늑대인간 지능 소설 작성 시스템 (http://kotoba.nuee.nagoya-u.ac.jp/sc/gw2016/)

SECTION 1-7

- AutoDraw (https://www.autodraw.com/)Vol.26"(https://staff.aist.go.jp/s.kajita/rsj_column_kajita.pdf)

- MakeGirlsMoe (http://make.girls.moe/)
- 도이켄지(土井賢治) "Large Scale Jirou Classification–딥러닝에 의한 라면 지로 전체 점포 식별" (https://www.slideshare.net/knjcode/large-scale-jirou-classification)
- 파란 하늘 저쪽으로 "Microsoft Cognitive Services를 시작한다~전 21종 서비스 설명과 개발준비" (https://blogs.msdn.microsoft.com/bluesky/2016/05/06/microsoft-cognitive-services-api-overview/)
- 소니 "Neural Network Libries" (https://nnabla.org/)
- 소니 "인공지능(AI)을 실현하는 딥러닝(심층 학습) 프로그램을 생성할 수 있는 "Core Library"를 오픈 소스화 (2017년 6월 27일)" (https://www.sony.co.jp/SonyInfo/News/Press/201706/17-065/index.html)
- DeepAge "Microsoft가 공개한 Deep Learning 프레임워크 CNTK의 3가지 특징" (https://deepage.net/deep_learning/2016/11/20/microsoft_cntk.html)

SECTION 1-8
- 총무성 "AI 네트워크화 검토회의 중간보고서" (http://www.soumu.go.jp/menu_news/s-news/01iicp01_02000049.html)
- 총무성 "보고서 2017 AI 네트워크화에 관한 국제적인 논의 추진을 위하여" (http://www.soumu.go.jp/main_content/000499624.pdf)
- 인공지능학회 윤리위원회 "[개최 보고(상세판)] 2017년도 인공지능 학회 전국 대회 『공개토론:인공지능학회 윤리위원회』" (http://ai-elsi.org/archives/583)
- 인공지능학회 윤리위원회 "『인공지능학회 윤리지침 』에 대해서" (http://ai-elsi.org/report/ethical_guidlines)
- 총무성 "국제적인 논의를 위한 AI개발 가이드 라인 방안" (http://www.soumu.go.jp/main_content/000499625.pdf)

SECTION 1-9
- Miningoo "빅 데이터로 장래의 범죄를 예측하는 시스템 프레드폴(PredPol)" (https://miningoo.com/904)
- PredPo (l http://www.predpol.com/)
- 일본경제 신문 "LA, 애틀랜타-미국 경찰 범죄 예지 기술을 도입" (https://www.nikkei.com/article/DGXMZO83355560Y5A210C1000000/)
- HunchLab (https://www.hunchlab.com/)
- 자율주행의 논점 "오키타 세이고(沖田征吾) 『SF안의 자율주행 차』" (https://jidounten.jp/archives/1389)
- 산업기술종합연구소 "일본 로봇 학회지 Vol.26" (https://staff.aist.go.jp/s.kajita/rsj_column_kajita.pdf)

SECTION 1-10
- 총무성 "인텔리전트화가 가속화되는 ICT 미래상에 관한 연구회 보고서 2015" (http://www.soumu.go.jp/main_content/000363712.pdf)
- Future of Life Institute "AWOS signatories" (https://futureoflife.org/awos-signatories/)
- 레이 커즈와일(Raymond Kurzweil, 2016년) "싱귤래리티는 가까운[에센스 판]인류가 생명을 초월하는 시점" NHK출판
- 요시나리 마유미(吉成真由美)/Yahoo!소식 "AI가 인류를 뛰어 넘는다는 의미 — 커즈와일의 예언" (https://news.yahoo.co.jp/feature/571)
- Slashdot "Interviews:Linus Torvalds Answers Your Question" (https://linux.slashdot.org/story/15/06/30/0058243/interviews-linus-torvalds-answers-your-question)
- ArubaCloud "Linux Founder:Fears AI Could End Human Race Are'Bad Sci-Fi" (http://www.silicon.co.uk/e-innovation/linux-linus-torvalds-ai-fears-171892#SjymTgG81do18qqG,99)
- 마츠다 타쿠야(松田卓也) "싱귤래리티가 찾아온다" 슬라이드 자료 (https://www.slideshare.net/codeblue_jp/code-blue-2015-by)
- 나카가와 히로시(中川裕志) "싱귤래리티 이후" 슬라이드 자료 (https://www.slideshare.net/hirsoshnakagawa3/ss-64701276)
- anywhere "싱귤래리티 – 인공지능이 인류를 뛰어넘는 날" (https://anywher.net/2016/07/singularity/)
- 기초과학연구소 "기술적 특이점과 초지능" (http://jein.jp/jifs/scientific-topics/1085-topic-62.html)
- 싱귤레리티 살롱 "『싱귤래리티를 말하는 모임』 설립 취지" (http://singularity.jp/statement/)

제2장 ▶ 생활에 침투한 일상의 AI

SECTION 2-2

- SILVER EGG TECHNOLOGY "추천 엔진의 구조와 비즈니스 활용 방법" (http://www.silveregg.co.jp/archives/blog/49)
- 데이터 분석 기초 지식 "협업 필터링" (http://www.albert2005.co.jp/technology/marketing/c_filtering.html)
- DeepAge "추천으로 침투하고 있는 Deep Learning:대형 서비스의 실용예시로부터 최신 알고리즘을 살펴보자" (https://deepage.net/deep_learning/2016/09/26/recommend_deeplearning.html)
- Sander Dieleman "Recommending music on Spotify with deep learning" (http://benanne.github.io/2014/08/05/spotify-cnns.html)
- LINE Corporation "베이지안 추론과 Deep Learning을 사용한 추천 엔진 개발"

(https://www.slideshare.net/linecorp/b-6-47983042)
- excite "인공지능(AI) 탑재 레커멘드 엔진 『wisteria』의 외부 제공을 개시(2016년 9월 20일)"
  (https://corp.excite.co.jp/press/wisteria20160920/)

SECTION 2-3

- 마이니치 신문(毎日新聞) "AI 가전 『방문 판매』차 안에서 『집안의 난방 ON』, 냉장고에 『식재료 주문하고』"
  (https://mainichi.jp/articles/20170108/ddm/008/020/072000c)
- 로봇 청소기 룸바 (http://www.irobot-jp.com/roomba/index.html)
- IoTNEWS "샤프의 친구들 가전과 IoT플랫폼 OMC2016" (https://iotnews.jp/archives/12574)
- 샤프 "SJ-TF49C의 특징" (http://www.sharp.co.jp/reizo/feature/sjtf49c/)
- Home Connec (t http://www.home-connect.com/)
- BSH "MyKie" (https://www.bsh-group.com/newsroom/press-releases/mykie-a-personal-assistant-for-the-kitchen)

SECTION 2-4

- Gartner "Gartner Says Worldwide Spending on VPA-Enabled Wireless Speakers Will Top$2 Billion by 2020"
  (http://www.gartner.com/newsroom/id/3464317)
- eMarketer "Alexa, Say What? Voice-Enabled Speaker Usage to Grow Nearly 130% This Year" (https://www.emarketer.com/
  Article/Alexa-Say-What-Voice-Enabled-Speaker-Usage-Grow-Nearly-130-This-Year/1015812)
- Amazon.com "Amazon Echo"
  (https://www.amazon.com/Amazon-Echo-Bluetooth-Speaker-with-WiFi-Alexa/dp/B00X4WHP5E)
- Google "Google Home 소개" (https://madeby.google.com/home/)
- Apple "HomePod, 가정에서 음악을 즐기는 방법을 다시 발명(2017년 6월 5일자)"
  (https://www.apple.com/jp/newsroom/2017/06/homepod-reinvents-music-in-the-home/)
- LINE FRIENDS STORE ONLINE "WAVE" (https://www.linefriends.jp/products/317551472)

SECTION 2-5

- 헨나 호텔 "디지털 팜플렛" (http://www.h-n-h.jp/pamphlet/)
- Hmcomm 주식회사 (http://hmcom.co.jp/)
- 샤프 "로보혼" (https://robohon.com/)
- 샤프 "하우스텐보스(HUIS TEN BOSCH)의 『헨나 호텔』에 당사에서 만든 로봇을 납품"
  (http://www.sharp.co.jp/corporate/news/150724-a.html)
- Takaratomy "COZMO" (http://www.takaratomy.co.jp/products/cozmo/)
- FRONTEO 커뮤니케이션 "Kibiro" (https://www.fronteo-cc.com/kibiro/)

SECTION 2-6

- 일본경제신문 "고속도로에서의 자율주행, 22년에 상업화 정부 성장전략에 명기"
  (http://www.nikkei.com/article/DGXLZO16026610S7A500C1EE8000/)
- 총리관저 "제1회 도로교통 WorkingTeam 제26회 SIP자동 주행 시스템 추진 위원회" 배포 자료
  (http://www.kantei.go.jp/jp/singi/it2/senmon_bunka/detakatsuyokiban/dorokotsu_dai1/gijisidai.html)
- 마츠 유타카(松尾豊) "AI의 미해결 문제와 Deep Learning" 슬라이드 자료(https://www.slideshare.net/yutakamatsuo/ss-29407641)
- Brainvalley "심볼그라운딩 문제(기호접지 문제)" (http://brainvalley.jp/심볼그라운딩 문제)
- 테슬라 "모든 테슬라 차량에 미래의 완전 자율주행을 위한 하드웨어를 탑재합니다"
  (https://www.tesla.com/jp/blog/all-tesla-cars-being-produced-now-have-full-self-driving-hardware)
- 닛산 세레나 (http://www.nissan.co.jp/SERENA/point_propilot.html)
- CNET Japan "내각부 오키나와에서 일본 최초의 버스 자율주행 시스템을 실증 실험-사고 저감, 지역 활성화"
  (https://japan.cnet.com/article/35099006/)
- 닛케이(日経) 테크놀로지 온라인 "AI의 데이터를 순회하는 『차×IT』, 혼다는 협조, 도요타는 내재"
  (http://techon.nikkeibp.co.jp/atcl/mag/15/031300101/00002/?rt=nocnt)
- 토요타 "Concept-사랑 i" (http://www.toyota.co.jp/jpn/tech/smart_mobility_society/concept-i/)

SECTION 2-7

- 회의 뉴스 사이트 JOINT "의료 · 간호에 AI 이용 후생노동성이 본격적인 검토를 개시 빅 데이터 축적에도 가세"
  (http://www.joint-kaigo.com/article-3/pg540.html)
- 총리관저 "미래 투자회의(제7회) 배포 자료" (http://www.kantei.go.jp/jp/singi/keizaisaisei/miraitoshikaigi/dai7/index.html)
- NEDO 국립연구개발법인 신에너지 · 산업기술 종합개발 기구 "『차세대 인공지능 기술 사회구현 비전 』을 공표 — 인공지능 기술발전 예
  측과 출구 분야의 효과를 가시화 —" (http://www.nedo.go.jp/news/press/AA5_100561.html)
- 총리관저 "데이터 헬스 개혁" (http://www.kantei.go.jp/jp/singi/keizaisaisei/miraitoshikaigi/dai7/siryou5.pdf)
- 나카네 카즈아키(中根和昭)/야마토 증권(大和証券) "암 병리 화상 진단의 자동화에 대해서"
  (http://www.daiwa-grp.jp/dsh/results/38/pdf/23.pdf)
- 일본 병리학회 (http://pathology.or.jp/)
- 일본경제신문 "암세포, AI로 화상 판정 신슈 대학과 오사카 대학교"

(http://www.nikkei.com/article/DGXLZO07406150Y6A910C1TJM000/)
- 일본경제신문 "신약개발 AI로 50개 회사 연합 타케다(武田)나 NEC, 신약 연구 단축"
  (http://www.nikkei.com/article/DGXLASGG15H28_V11C16A1MM8000/)
- Nature "Dermatologist—level classification of skin cancer with deep neural networks"
  (https://www.nature.com/nature/journal/v542/n7639/full/nature21056.html)
- 후생노동성 "제3회 보건 의료 분야에서의 AI활용 추진 간담회 자료" (http://www.mhlw.go.jp/stf/shingi2/0000154214.html)

SECTION 2-8

- SPORTS SQUARE "축구 『보이지 않는 데이터』를 가시화하는 대응" (http://sposqu.net/column/28/)
- DeepAge "스포츠 분석을 위해 AI는 선수나 팀을 『 모방 』하여 배운다"
  (https://deepage.net/ai_watson/2017/03/20/sports—ghost.html)
- DataStadium "추적 시스템(축구)" (https://www.datastadium.co.jp/service/tracking.html)
- ChyronHego "TRACAB OPTICAL TRACKING" (http://chyronhego.com/sports—data/tracab)
- ZUNO씨 (http://www4.nhk.or.jp/zuno—san/)
- 덴츠(電通) "덴츠, 데이터 기술을 활용한 『AI스포츠 해설 프로젝트』을 시동(2017년 3월 27일)"
  (http://www.dentsu.co.jp/news/release/2017/0327—009203.html)
- Sports Innovators Online "스포츠×AI 열쇠는 『전설의 지식』의 구현"
  (http://techon.nikkeibp.co.jp/atcl/feature/15/110200006/011300060/)
- Volleyball unlimited "DATA VOLLEY" (http://unlimited.volleyball.ne.jp/datav/product/shop.html)
- NewsPicks "배구 분석에 『기계학습』을 도입. 올림픽 금메달에 대한 비책" (https://newspicks.com/news/1298541/body/)
- 후지쯔 저널 "체조 경기의 채점을 3D 센싱으로 보다 정확하게! 『미래의 심판』 모습이란?" (http://journal.jp.fujitsu.com/2016/09/07/01/)
- 후지쯔 "일본체조협회와 후지쯔 및 후지쯔 연구소, 체조 경기의 채점 지원 기술 공동 연구에 대해서 합의(2016년 5월 17일)"
  (http://pr.fujitsu.com/jp/news/2016/05/17—1.html)
- 일본경제 신문 "마스터스의 명장면, IBM 왓슨이 자동 편집" (http://www.nikkei.com/article/DGXMZO15153360R10C17A4000000/)

SECTION 2-9

- Wealthfron (t https://www.wealthfront.com/)
- GIGAZINE "인공지능에 의해 자동화가 진행되는 골드만 삭스, 인간 트레이더는 600명에서 두 사람으로"
  (http://gigazine.net/news/20170208—goldman—sachs—automation/)
- 금융청 "사무국 설명자료 거래의 고속화" (http://www.fsa.go.jp/singi/singi_kinyu/market_wg/siryou/20160513/02.pdf)
- The Finance "알고리즘 거래는? 알고리즘 고속거래 실태와 규제 동향" (https://thefinance.jp/law/170207)
- 일본 경제 신문 "NY주식 하이라이트 초고속 거래 Virtue가 합병, 바뀐 HFT업계 모습"
  (http://www.nikkei.com/article/DGXLASFL21H2Q_R20C17A4000000/)
- 미즈타 타카노부(水田孝信) "테마 세미나 인공지능이 바꾸어 투자의 세계, 그 ①" (http://www.geocities.jp/mizuta_ta/20160713.pdf)
- 금융청 금융연구센터 "Discussion Paper" (http://www.fsa.go.jp/frtc/seika/seika.html)
- 미츠비시 UFJ 신탁은행 "신조류로써 퍼지고 있는 Quants 운용의 프런티어" (http://www.tr.mufg.jp/houjin/jutaku/pdf/u201606_1.pdf)
- Bloomberg "알고리즘에는 한계—AI구사하는 헤지펀드 회사 Two Sigma"
  (https://www.bloomberg.co.jp/news/articles/2016—09—29/OE97TC6S972A01)
- 히타치 "금융 분야에서의 AI활용 FinTech 시대를 위한 사례와 전망"
  (http://www.hitachihyoron.com/jp/pdf/2016/04/2016_04_03.pdf)
- 모닝 스타 "AI펀드의 미래에로 다가온다" (http://www.morningstar.co.jp/event/1702/ammufg/)
- IPA "미국의 핀테크 인공지능 활용(핀테크 AI)의 현황과 과제" (https://www.ipa.go.jp/files/000059240.pdf)
- 데이터 섹션 "헤세이 29년 3월 분기 결산 단신" 헤세이 29년 3월 분기 결산 설명 자료"
  (http://www.datasection.co.jp/news/media—2017051201)
- 데이터 섹션 "MASAMITSU 데이터 섹션ㆍ빅데이터ㆍ펀드, Long ㆍ Short 전략인 국내 유명 펀드로 연간 실적이 Top Class 실현(2017년
  2월 14일자)" (http://www.datasection.co.jp/news/pressrelease—2017021401)
- 매일신문 "후코쿠 생명(富国生命) AI도입, 34명 감축, 보험사정을 대체"
  (https://mainichi.jp/articles/20161230/ddm/001/020/105000c)
- 일본경제 신문 "NY주식 하이라이트 초고속 거래 Virtue가 합병, 바뀐 HFT업계 모습"
  (http://www.nikkei.com/article/DGXLASFL21H2Q_R20C17A4000000/)

SECTION 2-10

- FANUC 주식회사 "FANUC 로봇 제품 소개 2017" (https://www.youtube.com/watch?v=DjPp3mM1RKM&t=6s)
- Brainpad "Brainpad, kewpie 식품공장에서 불량품 검지를 딥러닝에 의해 이미지 해석으로 지원"
  (http://www.brainpad.co.jp/news/2016/10/25/3816)
- Google Cloud Japan 공식 블로그 "kewpie 주식회사의 도입 사례: kewpie + Brainpad의 노력으로 차세대 AI 검사장치를 실현"
  (https://cloud—ja.googleblog.com/2017/06/google—ai.html)
- ITpro "kewpie 구글 심층학습에 의한 원료 검사에서 생산성 2배로" (http://itpro.nikkeibp.co.jp/atcl/news/17/061401658/)
- NEC "NEC, AI을 활용한 제조현장 검사업무를 무인화 하는 솔루션을 판매 개시(2017년 6월 21일)"
  (http://jpn.nec.com/press/201706/20170621_04.html)
- Bridgestone "Bridgestone 독자의 제조 ICT를 탑재한 최첨단 타이어 설계 시스템 "EXAMATION"을 히코네(彦根) 공장에 처음 도입

(2016년 5월 25일자)" (http://www.bridgestone.co.jp/corporate/news/2016052502.html)

SECTION 2-11

- AI Analys (https://wacul-ai.com/)
- 덴츠(電通) "덴츠, 인공지능에 의한 광고 카피 작성 시스템 "AICO" (β판)을 개발(2017년 5월 17일)"
  (http://www.dentsu.co.jp/news/release/2017/0517-009291.html)
- 덴츠보(電通報) "AI카피 라이터 AICO의 업무" (https://dentsu-ho.com/articles/5161)
- 시즈오카대학 카노오(狩野) 연구실 (http://kanolab.net/)
- 사이버 에이전트 "광고 Creative 자동 작성을 연구하는 전담 조직 "AI Creative 센터"를 설립(2017년 8월 29일부)"
  (https://www.cyberagent.co.jp/newsinfo/press/detail/id=14037)

SECTION 2-12

- 일반사단법인 행정정보시스템연구소 "인공지능 기술의 행정에서의 활용에 관한 조사 연구" 보고서
  (http://www.iais.or.jp/ja/membersinfo/airesearch/)
- VOLVO "Volvo pioneers autonomous, self-driving refuse truck in the urban environment(2017년 5월 17일)"
  (http://www.volvogroup.com/en-en/news/2017/may/news-2561936.html)
- ZenRobotics (http://zenrobotics.com/)
- 히타치조선주식회사(鼓日立造船株式会社) "이미지 인식 기술을 활용한 노면균열 검출 시스템 공동 개발~사회 인프라 분야에서 인공지능(AI) 기술의 활용." (http://www.hitachizosen.co.jp/release/2017/07/002663.html)
- NEC "후쿠다도로(福田道路)와 NEC, AI기술을 활용한 포장손상 진단 시스템을 개발~노면이미지에서 바퀴 파고와 균열을 동시에 검출~(2017년 1월 31일)" (http://jpn.nec.com/press/201701/20170131_01.html)
- 일본경제신문 "AI활용 도로보수 효율화 치바시(千葉市) · 도쿄대학 등 공동 실험"
  (http://www.nikkei.com/article/DGXLASFB20H9P_Q7A120C1L71000/)
- NTT Com-ware "도로 오류 검출 시스템을 AI기술로 실현" (https://www.nttcom.co.jp/news/cf16113001.html)
- ALSOK "ALSOK와 NEC, 새로운 경비 스타일 제공을 향해서 협업~인공지능(AI)등 ICT를 활용하여 도시공간과 대규모 행사 등 안전 · 안심에 공헌." (http://www.alsok.co.jp/company/news/news_details.htm?cat=2&id2=770)
- NEC "NeoFace Watch" (http://jpn.nec.com/physicalsecurity/solution/watch.html)
- 국토교통성 "토사 재해 탐지에 AI, IoT를 처음 도입하기 위한 공동연구를 시작"
  (http://www.nilim.go.jp/lab/bcg/kisya/journal/kisya20170111.pdf)
- One Concern (http://www.oneconcern.com/)
- JETRO "미국의 전자정부 · 행정서비스에 관한 대처 현황" (https://www.jetro.go.jp/ext_images/_Reports/02/2016/d08b4b699d3cda58/nyRp201607.pdf)
- NICT "대규모 재해 시의 막대한 피해 보고를 인공지능으로 순식간에 정리 · 요약, 재난 상황 요약 시스템"D-SUMM"을 시범 공개~"
  (https://www.nict.go.jp/press/2016/10/18-1.html)
- 교세라(京セラ) "HEMS의 신제품 『NAVIfitz(나비피츠)』 발매(2017년 1월 25일자)"
  (http://www.kyocera.co.jp/news/2017/0108_gpws.html)
- GRID (http://www.gridpredict.jp/)
- JETRO "미국의 전력 인프라와 IT를 둘러싼 동향" (https://www.ipa.go.jp/files/000053295.pdf)
- Flux (https://facebook.github.io/flux/)

제3장 ▶ 기업의 노력과 활용 사례

SECTION 3-1

- Google Cloud "Jeff Dean on Machine Learning:What has surprised you the most in the ML space?"
  (https://youtu.be/-3r5MQdoCQI)
- INSIDE GOOGLE "This year's Founders'Letter" (https://www.blog.google/topics/inside-google/this-years-founders-letter/)
- Research at Google "Google Brain Team" (https://research.google.com/teams/brain/)
- Official Google Blog "Using large-scale brain simulations for machine learning and AI"
  (https://googleblog.blogspot.jp/2012/06/using-large-scale-brain-simulations-for.html)
- Google Japan Blog "Google assistant가 일본어로 Android 단말에 등장"
  (https://japan.googleblog.com/2017/05/google-assistant.html)
- Google Japan Blog "Google 번역이 진화했습니다." (https://japan.googleblog.com/2016/11/google.html)
- Waymo (https://waymo.com/)
- TensorFlow (https://www.tensorflow.org/)
- DeepMind (https://deepmind.com/)
- DeepMind "DeepMind and Blizzard open StarCraft II as an AI research environment"
  (https://deepmind.com/blog/deepmind-and-blizzard-open-starcraft-ii-ai-research-environment/)

SECTION 3-2

- Apple (https://www.apple.com/jp/)

- Apple "HomePod, 가정에서 음악을 즐기는 방법을 다시 발명(2017년 6월 5일자)"
  (https://www.apple.com/jp/newsroom/2017/06/homepod-reinvents-music-in-the-home/)
- DeepDive (http://deepdive.stanford.edu/)

SECTION 3-3

- IBM "Cognitive Business" (https://www.ibm.com/cognitive/jp-ja/?)lnk=mpr_buce_jpja&lnk2=learnquick
- IBM "IBM Watson" (https://www.ibm.com/watson/jp-ja/)
- IBM "THINK Watson" (https://www.ibm.com/think/jp-ja/watson/)
- NewsPicks "infographics로 보는 Watson의 궤적" (https://newspicks.com/news/1086562/body/)

SECTION 3-4

- Microsoft "Cortana:Introducing your personal digital assistant" (https://social.technet.microsoft.com/wiki/contents/articles/25674.cortana-introducing-your-personal-digital-assistant.aspx)
- Microsoft Azure (https://azure.microsoft.com/ja-jp/)
- Microsoft Azure "Cognitive Services" (https://azure.microsoft.com/ja-jp/services/cognitive-services/)
- Microsoft "Bot Framework" (https://dev.botframework.com/)
- Nextremer (https://www.nextremer.com/)
- NAVITIME Travel (https://travel.navitime.com/ja/)
- Face Targeting AD (http://suda-lab.jp/face/)

SECTION 3-5

- Facebook "Facebook AI Research" (https://research.fb.com/category/facebook-ai-research-fair/)
- Facebook "Introducing DeepText:Facebook's text understanding engine"
  (https://code.facebook.com/posts/181565595577955/introducing-deeptext-facebook-s-text-understanding-engine/)
- Facebook "A novel approach to neural machine translation"
  (https://code.facebook.com/posts/1978007565818999/a-novel-approach-to-neural-machine-translation/)
- Facebook "M Now Offers Suggestions to Make Your Messenger Experience More Useful, Seamless and Delightful"
  (https://newsroom.fb.com/news/2017/04/m-now-offers-suggestions-to-make-your-messenger-experience-more-usefulseamless-and-delightful/)

SECTION 3-6

- Amazon.com "Amazon Echo"
  (https://www.amazon.com/Amazon-Echo-Bluetooth-Speaker-with-WiFi-Alexa/dp/B00X4WHP5E)
- Amazon.co.jp "AWS에서 인공지능" (https://aws.amazon.com/jp/amazon-ai/)

SECTION 3-7

- Open AI (https://openai.com/)
- Neuralink (https://www.neuralink.com/)
- Future of Life INSTITUTE "AUTONOMOUS WEAPONS" (https://futureoflife.org/open-letter-autonomous-weapons)
- Quartz "We need to shift the conversation around AI before Elon Musk dooms us all"
  (https://qz.com/1061404/we-need-to-shift-the-conversation-around-ai-before-elon-musk-dooms-us-all/)

SECTION 3-8

- Baidu USA "Baidu's Silicon Valley AI Lab is Hiring!" (http://usa.baidu.com/baidus-silicon-valley-ai-lab-is-hiring/)
- PaddlePaddle (http://www.paddlepaddle.org/)
- Apollo (http://apollo.auto/index_cn.html)

SECTION 3-9

- LINE@ (http://at.line.me/jp/)
- Clova (https://clova.ai/ja)

SECTION 3-10

- Zinrai 공식 웹 사이트 (http://www.fujitsu.com/jp/solutions/business-technology/ai/ai-zinrai/)
- "인공지능 비즈니스 활용 사례와 디지털 혁신 접근" (후지쯔 주식회사 제공)
- 후지쯔 "콜 센터 문의에 AI가 채팅에서 자동 응답하는 서비스를 판매 개시(2017년 5월 16일자)"
  (http://pr.fujitsu.com/jp/news/2017/05/16-1.html)
- 일본 테크놀로지 온라인 "8비트 학습에서 전력은 1/4로, 후지쯔가 AI칩으로 약진"
  (http://techon.nikkeibp.co.jp/atcl/mag/15/320925/050800150/?rt=nocnt)
- Keymans 인터넷" AI는 일자리를 빼앗지 않는다? 후지쯔의 AI가 만드는 미래의 모습" (http://www.keyman.or.jp/at/30009673/)
- 리스폰스(Response.jp) "후지쯔의 AI 「Zinrai」는 슈퍼컴퓨터 「경」과 양자 컴퓨팅 기술로 진화"

(https://response.jp/article/2017/05/17/294830.html)
- 취재 협력 : 후지쯔 주식회사 하시모토 후미유키(橋本文行)

SECTION 3-11

- "NTT가 지향하는 4개의 AI와 그것을 지지하는 Communication 과학" (NTT그룹의 제공)
- corevo 공식 웹 사이트 (http://www.ntt.co.jp/corevo/)
- NTT Techno cross "ForeSight Voice Mining" (https://www.ntt-tx.co.jp/products/foresight_vm/)
- NTT 지주사 뉴스 릴리스 "SXSW2017에서 「여러 인간과 로봇과의 자연스러운 대화」, 「이미지 검색 기술에 의한 interactive signage」을 펼침" (http://www.ntt.co.jp/news2017/1703/170307b.html)
- "NTT 기술저널 2016 Vol.28 No.2" (http://www.ntt.co.jp/journal/1602/index.html)
- "NTT그룹의 AI연구의 대처와 방향성" (http://www.ntt.co.jp/journal/1602/files/jn201602008.html)
- 취재 협력:일본전신전화 주식회사 야마다 타케시(山田武士), 이시이 히로토(石井寛人)

SECTION 3-12

- 소프트뱅크 공식 웹 사이트 "로봇" (https://www.softbank.jp/robot/)
- Press Release(옛 소프트뱅크 텔레콤) "일본 IBM과 소프트뱅크 텔레콤 IBM Watson을 일본에서 공동 전개" (https://www.softbank.jp/corp/group/sbtm/news/press/2015/20150210_01/)
- SofrBank 공식 웹 사이트 "솔루션 패키지" (https://www.softbank.jp/biz/watson/planning/solution/)
- SofrBank 공식 웹 사이트 "아스 크루 주식 회사 도입 사례" (https://www.softbank.jp/biz/case/list/askul/)
- SofrBank 공식 웹 사이트 "신규 졸업자 채용 선발에서 IBM Watson 활용에 대하여" (https://www.softbank.jp/corp/group/sbm/news/press/2017/20170529_01/)
- "SofrBank 그룹 법인을 위한 행사」 SoftBank World 2017 [기조 강연 미야우찌켄(宮内 謙)] 프레젠테이션 자료" (https://www.softbank.jp/corp/irinfo/presentations/#27227)
- 취재 협력 : SofrBank 주식회사

SECTION 3-13

- 니코 니코 동영상 "장기 텐오센" (http://denou.jp/)
- BUSINESS INSIDER JAPAN "Dwango 카와카미(川上) 회장 단독 인터뷰 「우리들이 딥러닝으로 노리는 것」" (https://www.businessinsider.jp/post-100720)
- ITmedia 네토라보와 "Dwango가 딥러닝을 이용한 애니메이션 나카와리 실험 논문을 공개" (http://nlab.itmedia.co.jp/nl/articles/1706/14/news138.html)
- yuichiyag "i A filter based approach for inbetweening" (https://youtu.be/_RM1zUrY1AQ)
- Dwango 인공지능 연구소 (http://ailab.dwango.co.jp/)
- 일본기원 ""DeepZenGo,가 우승! [중신증권(中信証券) 배 제1회 세계 사이버 바둑 오픈]" (http://www.nihonkiin.or.jp/news/etc/deepzengo_1_1.html)

SECTION 3-14

- Recruit Technology, 2015년 8월 9일자 보도 자료 (http://recruit-tech.co.jp/news/images/20160809_PressRelease.pdf)
- Recruit Technology, 2016년 10월 26일자 보도 자료 (http://recruit-tech.co.jp/news/images/20161026_PressRelease.pdf)
- A3RT 공식 웹 사이트(https://a3rt.recruit-tech.co.jp/)
- 취재 협력 : 주식회사 Recruit Technology 이시카와 노부유키(石川信行), 사쿠라이 카즈키(櫻井一貴)/Owl 주식회사 신도 카오리(進藤香織), 사토 타카히로(佐藤崇博)

SECTION 3-15

- NVIDIA BLOG (https://blogs.nvidia.co.jp/)
- NVIDIA "NVIDIA Teams with National Cancer Institute, US Department of Energy to Create AI Platform for Accelerating Cancer Research" (http://nvidianews.nvidia.com/news/nvidia-teams-with-national-cancer-institute-u-s-department-ofenergy-to-create-ai-platform-for-accelerating-cancer-research)
- TOP500 Supercomputer Sites "Green500 Reaches New Heights in Energy-Efficient Supercomputing" (https://www.top500.org/news/green500-reaches-new-heights-in-energy-efficient-supercomputing/)
- 인텔 "인텔, 최첨단 인공지능에 관한 전략을 발표" (https://newsroom.intel.co.jp/news-releases/1555/)

SECTION 3-16

- Preferred Networks (https://www.preferred-networks.jp/ja/)
- Colorful Board (https://www.colorful-board.com/)
- SENSY (http://sensy.jp/)
- WACUL (https://wacul.co.jp/)
- Brains Technology (https://www.brains-tech.co.jp/)
- Nextremer (http://www.nextremer.com/)
- AINOW "(일본 최초)13 카테고리 · 전체 190개! 「to B용 인공지능 업계 지도 2017」~ 계속 확대되고 있는 인공지능 업계에 기대~" (http://ainow.ai/tobaimap/)

- 미끄러지지 않는 기업 "2017년 주목 인공지능(AI) 벤처/스타트 업 8선! " (https://itpropartners.com/blog/9433/)

제4장 ▶ AI를 지원하는 기술과 구조

SECTION 4-1

- 인공지능 학회 "인공지능의 쉬운 설명 『 What's AI』" (https://www.ai-gakkai.or.jp/whatsai/)
- IT용어 사전 바이너리 인공지능(http://www.sophiait.com/content/%E4%BA%BA%E5%B7%A5%E7%9F%A5%E8%83%BD)
- 미즈호 은행 산업 조사부 "미즈호 산업 조사/54" (https://www.mizuhobank.co.jp/corporate/bizinfo/industry/sangyou/pdf/1054_03_07.pdf)
- WBAI "제14회 전뇌 아키텍처 학습회 "심층학습을 넘는 신피질 계산 모델" 보고 리포트" (http://wba-initiative.org/1653/)

SECTION 4-2

- "Eliza, computer therapist" (http://www.manifestation.com/neurotoys/eliza.php3)
- "Business Insider" Messaging apps are now bigger than social networks (http://www.businessinsider.com/the-messaging-app-report-2015-11)
- Messenger Bots for Business&Developers (https://messenger.fb.com/)

SECTION 4-3

- SAS "기계 학습이란" (https://www.sas.com/ja_jp/insights/analytics/machine-learning.html)
- "[도해3분으로 해설] 인공지능, AI의 역사 | 기계학습, 딥러닝이란?" (http://neuro-educator.com/ai1/)
- Growth Seed "기계 학습 알고리즘 요약" (http://growthseed.jp/experts/patent/machine-learning/)

SECTION 4-4

- @IT "인공지능은 어떻게 "학습"하는 걸까? — 교사학습, 자율학습, 강화학습" (http://www.atmarkit.co.jp/ait/articles/1610/01/news002.html)
- Analytics News "교사학습에서 예측 분석으로, 데이터 사이언스를 지탱하는 인공지능(AI) 기술" (https://analytics-news.jp/expert/articles/?column=201609-00001)
- Pharma Science "인공지능도 선생님이 있어? 『교사 있는 학습』과 『교사 없는 학습』『강화학습』" (http://pharma-sc.com/machine_lerning_column2_1/)

SECTION 4-5

- Platinum Data Blog "강화학습 입문, 지금부터 강화학습을 배우고 싶은 사람을 위한 기초 지식" (http://blog.brainpad.co.jp/entry/2017/02/24/121500)
- HELLO CYBERNETICS "심층학습과 함께 인공지능의 거탑인 강화학습이란 무엇인가?" (http://s0sem0y.hatenablog.com/entry/2017/04/27/043721)
- Slideshare "강화학습의 하나 Cybozu Laboratory 니시오 타이허(西尾泰和)" (https://www.slideshare.net/nishio/1-70974083)

SECTION 4-6, 4-8

- Tech Crunch "수학 지식도 필요 없는 제로에서부터의 뉴럴 네트워크 입문" (http://jp.techcrunch.com/2017/04/15/20170413neural-networks-made-easy/)
- 비즈니스+IT "뉴럴 네트워크의 기초 해설:구조와 기계학습 · 딥러닝과 관계는?" (https://www.sbbit.jp/article/cont1/33345)
- Qiita "딥-러닝의 원리, 뉴럴 네트워크의 원리에 대한 입문의 입문" (http://qiita.com/jintaka1989/items/17c9ddd571b9b080828f)
- @IT "『AI』『기계 학습』『딥러닝』은 각각 다른 게 뭔가?" (http://www.atmarkit.co.jp/ait/articles/1608/12/news056.html)
- LEAPMIND BLOG "딥러닝(Deep Learning)이란? [입문 편] (http://leapmind.io/blog/2017/06/16/%E3%83%87%E3%82%A3%E3%83%BC%E3%83%97%E3%83%A9%E3%83%BC%E3%83%8B%E3%83%B3%E3%82%B0%EF%BC%88deeplearning%EF%BC%89%E3%81%A8%E3%81%AF%EF%BC%9F%E3%80%90%E5%85%A5%E9%96%80%E7%B7%A8%E3%80%91/)
- 일본경제 신문 "딥러닝은 무엇이 『Deep』인가" (https://www.nikkei.com/article/DGXMZO11923100Q7A120C1000000/)

SECTION 4-9

- NVIDIA "Deep Leaarning AI" (https://www.nvidia.com/ja-jp/deep-learning-ai/)
- NVIDIA "DGX SATURNV 세계에서 가장 전력 효율이 뛰어난 슈퍼 컴퓨터로 2위 이하를 크게 따돌리다" (https://blogs.nvidia.co.jp/2016/11/16/dgx-saturnv/)
- INTEL "Nervana" (https://www.intelnervana.com/)

Index

가

가전 · · · · · · · · · · · · · · · 042
감정 생성 엔진 · · · · · · · · · · 082
강한 AI · · · · · · · · · · · · · · 025
강화 학습 · · · · · · · · · · · · · 015
과잉 학습 · · · · · · · · · · · · · 197
광고 · · · · · · · · · · · · · · · · 042
기계 학습 · · · · · · · · · · · · · 013
기업실증특례제도 · · · · · · · · · 045
기차 선로 딜레마 · · · · · · · · · 052

나

뇌 정보 통신 융합 연구 센터 · · · 027
뉴런 · · · · · · · · · · · · · · · · 199
뉴럴 네트워크 · · · · · · · · · · · 199
늑대인간 지능 소설 작성 시스템 · 034

다

다국어 컴포저 · · · · · · · · · · · 138
다트머스 회의 · · · · · · · · · · · 012
도라에몽 · · · · · · · · · · · · · · 047
딥러닝 · · · · · · · · · · · · · · · 010
딥블루 · · · · · · · · · · · · · · · 018
똑똑함 · · · · · · · · · · · · · · · 012

라

라면 지로 · · · · · · · · · · · · · 039
레이 커즈와일 · · · · · · · · · · · 055
렘브란트 · · · · · · · · · · · · · · 032
로그형 · · · · · · · · · · · · · · · 188
로보 어드바이저 · · · · · · · · · · 099
로보혼 · · · · · · · · · · · · · · · 080
로봇 고양이 야마토 · · · · · · · · 086
로봇 공학의 원칙 · · · · · · · · · 052
로봇 의사 · · · · · · · · · · · · · 089
룸바 · · · · · · · · · · · · · · · · 070
린나 · · · · · · · · · · · · · · · · 062

마

마르코프 체인 · · · · · · · · · · · 188
메신저 앱 · · · · · · · · · · · · · 189

바

바이두 · · · · · · · · · · · · · · · 147
반 교사 학습 · · · · · · · · · · · · 196
범죄 예측 · · · · · · · · · · · · · 048
베이지안 추론 · · · · · · · · · · · 068
벽돌 깨기 · · · · · · · · · · · · · 015
보수 · · · · · · · · · · · · · · · · 197
불완전 정보용 게임 · · · · · · · · 022

사

사전형 · · · · · · · · · · · · · · · 187
산업용 로봇 · · · · · · · · · · · · 079
생성 모델형 · · · · · · · · · · · · 188
서비스 로봇 · · · · · · · · · · · · 079
소설 · · · · · · · · · · · · · · · · 034
스마트 가전 · · · · · · · · · · · · 070
스마트 스피커 · · · · · · · · · · · 074
스타크래프트 2 · · · · · · · · · · 123
스포츠계 · · · · · · · · · · · · · · 094
신약 개발 · · · · · · · · · · · · · 092
실리콘밸리 인공지능 연구소 · · · 147
심볼 그라운딩 · · · · · · · · · · · 054
싱귤래리티 · · · · · · · · · · · · · 055
쓰레기 수집, 선별 · · · · · · · · · 112

아

알파고 · · · · · · · · · · · · · · · 020
암 · · · · · · · · · · · · · · · · · 089
아실로마 원칙 · · · · · · · · · · · 046
앨런 튜링 · · · · · · · · · · · · · 018
약한 AI · · · · · · · · · · · · · · 025
양자 어닐링 · · · · · · · · · · · · 209
양자 컴퓨터 · · · · · · · · · · · · 209
얼굴 인식 · · · · · · · · · · · · · 136
없어지는 일자리 · · · · · · · · · · 028

에너지 관리 · · · · · · · · · · · · 115
엘론 머스크 · · · · · · · · · · · · 045
영화 · · · · · · · · · · · · · · · · 047
완전 정보용 게임 · · · · · · · · · 022
위험 감지 · · · · · · · · · · · · · 114
음성 어시스턴트 · · · · · · · · · · 060
음성 마이닝 · · · · · · · · · · · · 160
음성 신호 처리 기술 · · · · · · · · 159
의료 · · · · · · · · · · · · · · · · 088
이세돌 · · · · · · · · · · · · · · · 020
일시적인 인공지능 프로젝트 · · · 034
인공 무능 · · · · · · · · · · · · · 187
인텔 · · · · · · · · · · · · · · · · 174
입력층 · · · · · · · · · · · · · · · 201

자

자율주행 · · · · · · · · · · · · · · 063
자율형 무기 개발 금지 · · · · · · · 053
장기 · · · · · · · · · · · · · · · · 022
전뇌 아키텍처 · · · · · · · · · · · 027
전문가 시스템 · · · · · · · · · · · 012
제1차, 제3차 AI 열풍 · · · · · · · 012
제조업 · · · · · · · · · · · · · · · 029
중간층 · · · · · · · · · · · · · · · 203
지도 학습과 자율 학습 · · · · · · · 194

차

챗봇 · · · · · · · · · · · · · · · · 060
체스 · · · · · · · · · · · · · · · · 018
출력층 · · · · · · · · · · · · · · · 201

카

카 센서 · · · · · · · · · · · · · · · 172
카스파로프 · · · · · · · · · · · · · 018
콜센터 · · · · · · · · · · · · · · · 061
클로드 섀넌 · · · · · · · · · · · · 018
트레이더 · · · · · · · · · · · · · · 100
특징량 · · · · · · · · · · · · · · · 202
티칭 · · · · · · · · · · · · · · · · 105

파

퍼셉트론 · · · · · · · · · · · · · · · · · 013
평가 함수 · · · · · · · · · · · · · · · · · 018
포커 · 023
프레임 문제 · · · · · · · · · · · · · · · 024
핀테크 · · · · · · · · · · · · · · · · · · · 099

하

하부 요시하루 · · · · · · · · · · · · · 022
헨나 호텔 · · · · · · · · · · · · · · · · · 079
협업 필터링 · · · · · · · · · · · · · · · 067
후지쯔 · · · · · · · · · · · · · · · · · · · 097

A

A3RT · · · · · · · · · · · · · · · · · · · 170
AGI · 185
AICO · 110
AI 개발 원칙 · · · · · · · · · · · · · · 046
AI 교사 · · · · · · · · · · · · · · · · · · 017
AI 닥터 · · · · · · · · · · · · · · · · · · 088
AI 분석가 · · · · · · · · · · · · · · · · 108
AI 스피커 · · · · · · · · · · · · · · · · 074
AI 애니메이터 · · · · · · · · · · · · · 169
AI의 네트워크화 · · · · · · · · · · · 043
AI의 역사 · · · · · · · · · · · · · · · · 012
Alexa · 060
AlphaGo · · · · · · · · · · · · · · · · · 020
Amazon Echo · · · · · · · · · · · · · 141
Amazon · · · · · · · · · · · · · · · · · · 140
Apple · 124
AutoDraw · · · · · · · · · · · · · · · · 037

B

Brains Technology · · · · · · · · 181

C

Caffe · 041
CANDLE · · · · · · · · · · · · · · · · · 176

Chainer · · · · · · · · · · · · · · · · · · 180
Career trek · · · · · · · · · · · · · · · 066
Clova · 078
CNN · 206
Concept–사랑 i · · · · · · · · · · · 050
Colorful board · · · · · · · · · · · · 180
Corevo · · · · · · · · · · · · · · · · · · 158
Cortana · · · · · · · · · · · · · · · · · · 132
COZMO · · · · · · · · · · · · · · · · · · 081
Custom Vision Service · · · · · 040

D

DATA VOLLEY 4 · · · · · · · · · · 096
Deep Q–Network · · · · · · · · · 015
Deep Thinking · · · · · · · · · · · · 019
DeepFace · · · · · · · · · · · · · · · · 138
DeepMind · · · · · · · · · · · · · · · · 122
DeepStack · · · · · · · · · · · · · · · 023
DeepText · · · · · · · · · · · · · · · · 137
DeepZenGo · · · · · · · · · · · · · · 167
DGX–1 · · · · · · · · · · · · · · · · · · 175
Disney Research · · · · · · · · · · 035
DistBelief · · · · · · · · · · · · · · · · 118
DLU · 157
Dwango · · · · · · · · · · · · · · · · · · 167
Dwango 인공지능 연구소 · · · · 168
D–Wave Systems · · · · · · · · · 209

E

ELIZA · · · · · · · · · · · · · · · · · · · 060
e–Pathologist · · · · · · · · · · · · 090
EXAMATION(Bridgestone) · · · · · · 107

F

Face Targeting AD · · · · · · · · 135
Facebook · · · · · · · · · · · · · · · · 136
FACOMα · · · · · · · · · · · · · · · · 152
FAIR · 136
Flow Machines · · · · · · · · · · · 033
Foodini · · · · · · · · · · · · · · · · · · 049

FUNUC · · · · · · · · · · · · · · · · · · 105

G

Game Tree 탐색 · · · · · · · · · · 018
Google Brain · · · · · · · · · · · · · 119
Google Home · · · · · · · · · · · · · 119
Google · · · · · · · · · · · · · · · · · · 118
Google assistant · · · · · · · · · · 119
Google 번역 · · · · · · · · · · · · · · 120
Google의 고양이 · · · · · · · · · · 014
GPU · 174

H

Health 서버 · · · · · · · · · · · · · · 149
HEMS · · · · · · · · · · · · · · · · · · · 116
HFT · 100
Home Connect · · · · · · · · · · · 073
Home Pod · · · · · · · · · · · · · · · 077
hotpepper–beauty · · · · · · · · 173
HunchLab · · · · · · · · · · · · · · · · 048

I

IBM · 128
Inception v3 · · · · · · · · · · · · · · 089
Industry 4.0 · · · · · · · · · · · · · · 009

K

Kibiro · · · · · · · · · · · · · · · · · · · 082

L

Libratus · · · · · · · · · · · · · · · · · 023
LINE · 060
LINE 스탬프 · · · · · · · · · · · · · · 068
LOHACO · · · · · · · · · · · · · · · · · 062

M

MakeGirlsMoe · · · · · · · · · · · · · 038
Messaging API · · · · · · · · · · · 150
miCoach Elite · · · · · · · · · · · · 095
Microsoft Azure · · · · · · · · · · · 133
Microsoft Cognitive Services · 133
Microsoft Cognitive Toolkit · · 039
Microsoft · · · · · · · · · · · · · · · · 132
MINARAI · · · · · · · · · · · · · · · · · 135
MyKie · · · · · · · · · · · · · · · · · · · 073

N

NAVIfitz · · · · · · · · · · · · · · · · · 116
Nervana · · · · · · · · · · · · · · · · · 177
Neuralink · · · · · · · · · · · · · · · · 145
Nextremer · · · · · · · · · · · · · · · 182
NICT · 027
NTT 그룹 · · · · · · · · · · · · · · · · 158
NUGU · · · · · · · · · · · · · · · · · · · 078
NVIDIA · · · · · · · · · · · · · · · · · · 174

O

Open AI · · · · · · · · · · · · · · · · · 144

P

PaddlePaddle · · · · · · · · · · · · · 148
Pepper · · · · · · · · · · · · · · · · · · 082
PredPol · · · · · · · · · · · · · · · · · · 048
Preferred Networks · · · · · · · · 041
Project Apollo · · · · · · · · · · · · · 149

Q

Qunme · · · · · · · · · · · · · · · · · · 066

R

Recommend · · · · · · · · · · · · · 065
Replicator · · · · · · · · · · · · · · · 049
RNN · 207

S

SAE · 085
SATURNV · · · · · · · · · · · · · · · · 176
SENSY · · · · · · · · · · · · · · · · · · 180
SF(영화, 소설) · · · · · · · · · · · · · 047
Siri · 060
SJ-TF49C · · · · · · · · · · · · · · · 072
Spotify · · · · · · · · · · · · · · · · · · 067

T

Tay · 063
TensorFlow · · · · · · · · · · · · · · 106
The Next Rembrandt · · · · · · · 032
TPU · 178
TRACAB · · · · · · · · · · · · · · · · · 094
Two Sigma investment · · · · · · 101

V

VOLVO · · · · · · · · · · · · · · · · · · 112

W

WACUL · · · · · · · · · · · · · · · · · · 181
Watson · · · · · · · · · · · · · · · · · · 041
WAVE · · · · · · · · · · · · · · · · · · · 078
wisteria · · · · · · · · · · · · · · · · · · 069
Wit.ai · 040

X

Xiaoice · · · · · · · · · · · · · · · · · · 064

Z

Zinrai · · · · · · · · · · · · · · · · · · · 152
Zo · 132
ZUNO씨 · · · · · · · · · · · · · · · · · · 098

숫자

2045년 · · · · · · · · · · · · · · · · · · 056

생활을 변화시키는
인공지능

1판 1쇄 발행 2018년 11월 3일

저 자 | 다쿠치 카즈히로, 모리시마 료코
번 역 자 | 양성건
발 행 인 | 김길수
발 행 처 | (주)영진닷컴
주   소 | (우)08505 서울 금천구 가산디지털2로 123
         월드메르디앙벤처센터 2차 10층
등   록 | 2007. 4. 27. 제16–4189호

도서문의처 | http://www.youngjin.com   YoungJin.com **Y.**
                                        영진닷컴